中华人民共和国教育部高等学校优秀青年教师教学科研奖励计划资助项目
国家"985工程"华东师范大学当代中国基础教育发展创新基地建设项目

基础教育的传统与创新丛书

主编／黄书光

变革与创新

BIANGE YU CHUANGXIN

中国中小学德育演进的文化审视

黄书光 著

山东教育出版社

图书在版编目(CIP)数据

变革与创新:中国中小学德育演进的文化审视/黄书光著. 济南:山东教育出版社,2007
(基础教育的传统与创新丛书)
ISBN 978-7-5328-5834-7

Ⅰ.变... Ⅱ.黄... Ⅲ.德育—教学研究—中小学—中国 Ⅳ.G631

中国版本图书馆 CIP 数据核字(2007)第 170648 号

基础教育的传统与创新丛书

变革与创新

中国中小学德育演进的文化审视

黄书光 著

主 管:山东出版集团
出版者:山东教育出版社
(济南市纬一路 321 号 邮编:250001)
电 话:(0531)82092663 传真:(0531)82092661
网 址:http://www.sjs.com.cn
发行者:山东教育出版社
印 刷:山东新华印刷厂
版 次:2007 年 12 月第 1 版第 1 次印刷
印 数:1—3000
规 格:787mm×1092mm 16 开本
印 张:14.25 印张
字 数:222 千字
书 号:ISBN 978-7-5328-5834-7
定 价:25.00 元

总序

现代意义上的中国基础教育已走过了百年历史。百年来，中国基础教育始终在东西方文化的剧烈冲突与交融中向前迈进。这其中既有沉痛的教训，又不乏可贵的经验。当代基础教育的理论创新不可能无中生有，而只能是植根实践基础上的历史传统之现代转化与学术再创造。为了多角度、相对系统深入地剖析中国基础教育的变革历程、基本特点、主要症结和发展路向，本丛书将研究思路定位于面向现实和未来的史论结合的动态研究。在研究过程中，既需要查阅大量的相关历史文献资料，包括以往正统史学所不屑一顾的下层民间资料，尽可能地回到真实的“历史场域”；又要求深入了解当代基础教育改革实际，直面全球化背景下的火热生活，使理论与实践互动并行；全方位地反映20世纪中国基础教育改革的艰难行程，寻找其发生发展的内在逻辑和运行机制，并努力就相关重大问题提出自己的独立判断和对策建议。

为了使研究对象相对集中，我们精心选择了基础教育领域中最具活力的教师发展、德育变迁、课程改革、教学话语、私人办学等核心要素进行专题性的历史考察和理论分析，旨在推动当代中国基础教育的转型性变革和教育现代化事业的实质性进展。具体而言，本丛书（首批书目）由如下5本著作组成：

1.《回溯与展望：中国中小学教师发展的世纪转型》（卜玉华著）

2.《变革与创新：中国中小学德育演进的文化审视》（黄书光著）

3.《冲突与融合：中国中小学课程改革的文化路向》（李彦荣著）

4.《移植与重建：中国中小学教学的话语转换》（黄忠敬等著）

5.《传统与再生：中国私立和民办中小学的本土成长》（马镛著）

如上5本著作的撰著者都是华东师范大学毕业的教育学博士，现在都是教授或副教授，分别来自教育史和教育学原理专业，略有不同的专业知识和学术背景恰好满足了本丛书研究“史论结合”的初衷。不过，作为学术专著，我们并不希望强求一律，而是在基本认同“传统”与“创新”辩证统一关系的前提下，主张以历史唯物主义和辩证唯物主义为方法论的指导思想，借鉴历史学、教育学、社会学、文化学、人类学等多学科最新研究成果，综合采纳历史叙事、逻辑分析、理论比较、个案剖析、实践体验等研究方式，充分挖掘各自的学术特长，自由地释放各自的学术潜能，对自己所确定和心仪的研究对象进行深层次的学术批判、反思、前瞻与重建，力求提出自己独树一帜的学术见解。

面对共同的学术理想，我们志趣相投，意气风发，研究态度也非常认真投入，相互之间常常为一些学术细节问题争论不休，整个研究过程呈现出一种勃勃向上的生机与灵动的良好状态。但需要指出的是，我们所选择的5个专题及其研究路径毕竟为前人所较少涉足，具有相当的研究难度，也具有一定学术挑战性和开拓性。我们选择的视角、方法与研究框架是否合理？所把握的核心问题和本质内涵是否准确？所做出的考证和分析是否得当？所推断的预测与展望是否合乎实际？凡此种种，我们虽然已尽了心中的良知与天平，但最终做出审判的还是读者诸君的敏锐眼光。热切地期待着专家、学者们的真诚批评与指正。

感谢山东教育出版社一如既往的支持和帮助。在本丛书出版之际，特向山东教育出版社的领导和编辑们致以崇高的敬意和深切的谢意。

华东师范大学基础教育改革与发展研究所　黄书光

2007年9月25日

目 录

引 言

德育的理论与实践是当代教育研究的热点领域，已取得许多重要的研究成果；相比较而言，中小学德育的历史研究则相对薄弱。近年来，学术界已开始注目德育史研究，并取得了一些相关的研究成果，如张志建著的《中学思想政治课发展史研究》(北京师范大学出版社 1994 年)、高谦民主编的《中国小学思想品德教学史》(山东教育出版社 1995 年)、孙少平编著的《新中国德育 50 年》(福建教育出版社 2002 年)、郑航著的《中国近代德育课程史》(人民教育出版社 2004 年)等，但这些研究或偏重于中小学德育的某些侧面，或着眼于德育发展的某个时期，至今仍缺少一部较为系统、能够贯通整个 20 世纪中国中小学德育变革的研究著作。清末以来，中国中小学德育变革确实十分复杂，特别是这一变革在转型期的当代中国社会仍在戏剧性进行中，具有很强的时代现实感。职是之故，本书尝试以核心问题的形式对中国中小学德育变革演进进行深层次的学术反思和文化审视，并力图对全球化际遇中的当代中国德育创新提出一得之见。这一问题研究取向的目的，即是强调德育历史与现实的内在关联，旨在“使过去、现在、未来的教育生命之流连绵接续，推陈出新，以便更好地服务于当代火热的教育改革与实践”。①

以问题为主线的教育史研究，关键在于对问题的把握是否准确，对问题的理解是否贴近时代精神，是否有自己独特的研究视角与方法。经过大量历史文献资料的阅读消化和现实经验的感受体悟，本书逐渐将探视镜头聚焦在：中国中小学德育改革的内在逻辑和制度变迁、德育目标从“臣民”到“公民”的现代建构、价值观念变迁中的德育课程教学以及全球化时代的多

① 黄书光：《教育史学科发展的自我意识及其思考》，《当代教育论坛》，2005 年第 9 期。

元文化环境与当代德育创新等核心问题上。其中，之所以把德育课程与教学放在一起讨论，是因为考虑到二者的关系过于密切，若分别论述之，反而有人为割裂之感，且易造成背景知识的重复。因此，本部分内容拟安排上、下两章作重点探究。事实上，以问题为进路的教育史研究固然突出了问题意识，彰显了特定问题的历史与现实的血肉关系，但它的缺点是容易造成研究对象的整体逻辑发展相对弱化。有鉴于此，本书不仅注意挖掘特定德育问题的价值蕴涵，而且十分关注其纵向逻辑嬗变；且第一章"中国中小学德育改革的内在逻辑与制度变迁"，既可理解为一个问题，又在很大程度体现了对中国中小学德育改革发展的整体勾勒。概言之，本书虽然采用了以问题为主线的研究取向，但也在有意识地克服这一研究取向的固有弱点。

至于研究视角与方法，本人一贯坚持史料为先、史论结合，力求做到历史叙事与逻辑分析、宏观把握与微观透视、理论反思与实践考察的有机统一，并努力从文化哲学层面进行学理提升。全书正文共分五章。

第一章，中国中小学德育改革的内在逻辑与制度变迁。本章从清末民初新旧德育观的博弈入手，探讨了民族危难中西方近代德育的本土化阐释、"中体西用"指导下的晚清学堂德育的制度化建构，以及民国初年德育革新与复古的双重变奏。在此基础上，着重分析"五四"新文化运动对传统德育观念的激烈批判，考察了这一时期中国现代德育体系的可贵探索，并对风行一时的"学生自治制"作了个案剖析。其后，为了重新树立专制权威，南京国民政府热衷于文化统制和思想控制，企图以"党化教育"统领德育改革，制定了一系列十分严密的训育规范与制度。与之相反，人民共和国则确立了以人民为本位，以"五爱"为核心，以社会主义的苏联德育为学习榜样的新德育范式，并在建国初期取得了一定的成效。但随着"左"倾思潮泛起，中国德育的政治化倾向愈演愈烈，至"文革"时更全面走向异化。"改革开放"后，特别是 1992 年邓小平南巡讲话以后，中国德育才开始摆脱长期以来的德育政治化遮蔽，逐渐实现德育观念的本体回归和德育实践的转型性变革。

第二章，从臣民到公民：德育目标的现代建构。本章依据百年来中国社会经济、政治和文化发展的复杂变化，描绘了中国中小学德育目标如何从"臣民"走向"公民"的曲折演化轨迹。由于近代中国社会经济结构的异动和国民教育思潮的兴起，传统德育模式及其所塑造的臣民人格遭致有识之士的强烈批判，并通过"新文化"运动、"五四"运动和"新教育"运动的连环激荡，彻底暴露了传统德育的负面意义，从而使现代意义上的个性独立和健全人格得以浮出水面。然而，一定社会的教育，特别是作为教育重要组成部分的德育，总是一定社会政治的产物。在国共两党激烈斗争的日子里，双方分别标举“三民主义”和“共产主义”为各自德育目标的精神向导。需要指出的是，被蒋介石篡改后的“三民主义”已非孙中山“联俄、联共、扶助农工”的新三民主义，而是排斥异己的专制主义；与之相反，中国共产党人则是以最广大的人民利益为本位，其所倡导的新民主主义、社会主义和共产主义理想，无疑代表了中国现代德育的发展方向。新中国的中小学德育目标即是以老解放区德育为基础、以社会主义苏联德育为榜样而很快建立起来，但由于新中国所处的特殊历史际遇和其后不断升级的“左”倾思潮，致使德育目标被不断拔高，德育的政治功能被无限夸大，战争时期的“革命”话语被盲目搬用，至“文革”达于极点且被严重扭曲。“文革”后，中国中小学德育目标才开始从“天上”回到“人间”，回到完全人格、健全公民的基点上，回到生活化、人本化和理性化的科学发展的轨道上。

第三章，价值观念变迁与德育课程教学的深层透视（上）。本章旨在求索清末民国时期价值观念变迁中的德育课程教学复杂面相和丰富内涵。作为清末新政教育改革的价值原则，“中体西用”不仅确保了“西学”知识得以较大程度地融入现代学校系统的制度建构，而且“中学”伦理本位的坚持必然使清末学堂的德育课程设置、教科书编写与实际教学实践仍然表现出浓厚的传统文化色彩，同时也自然折射出一定的西学因素。辛亥革命的胜利标志着专制帝国的覆灭和民主共和国的兴起，以及其后不久的“五四”新文化运动，都充分显示了中国社会的剧烈转型和新旧价值观念的根本转换；与之相应，中小学读经废除了，修身教科书与修身教学也都在不断改进，甚至于修身科也最终走向了坟墓。这是历史发展的客观规律，是共和国“公民”理想的身体投射。国民政府成立后的“三民主义”文化统制和“党化德育”的政策导向，显然加速了德育课程标准的历史建构，加强了德育课程实施的设计和监控，并进而在学校乃至整个社会推广所谓“新生活运动”。凡此种种，均反映了国民政府对德育课程教学的规范化需求及其探索。但其真实的意图乃在于：对“五四”新文化运动以来的现代德育进行特定意义的政治化和军事化改造，以服从和服务于国民党的党国整体利益。

第四章，价值观念变迁与德育课程教学的深层透视（下）。本章先是论述了中国共产党在土地革命、抗日战争和解放战争等不同历史时期所体现出来的极具革命气魄的红色创造精神，突出了革命根据地中小学为革命战争及生产建设服务的课程设置原则，分析了简明、易懂、鲜活的革命教材，并考察了富有革命浪漫主义色彩的联系实际、机动多样之教学策略。继而对“后革命时代”中国中小学德育课程教学的曲折发展进行深入探究，既考察了建国后17年“五爱”教育的实施、苏联德育思想的引入与共产主义道德教育的高扬；又指出了当时阶级教育的突显与强化，以及政治化情结所带来的德育课程教学的频繁变动；更进而对“文革”时期的“斗、批、改”极左路线和狂热“革命化”的课程、教材与教学进行深入剖析；最后较系统地阐述了粉碎“四人帮”以来德育工作的拨乱反正，德育课程的规范化和科学化建设，以及来自德育教学实践第一线的种种改革探索。

第五章，全球化时代的多元文化环境与当代中国德育创新。本章针对席卷而来的全球化及多元文化挑战，探讨了当代中国中小学德育的改革创新与发展路向。全球化作为当代中国教育现代化进程中的特殊际遇，我们别无选择，只有最大限度地吸收其有利因素，包括世界各国的先进道德文化思想，尽可能地防范其不利影响；致力于传统德育的现代转化与传统人格的现代转型，努力培养具有现代素质、全球意识的“世界中国人”。多元文化的相互激荡是当代中国社会文化的基本构成，数字化生存、网络化世界是当代中国社会生活的客观现实，全球伦理建构则是经济一体化、文化全球化和信息网络化的必然要求，如何以全球伦理建构为契机，弘扬民族精神，创造性地整合东西方道德文化教育智慧，无疑是当代中国德育实现自我更新和主动参与世界的自觉选择。至于与工业化、现代化和全球化同生共长的德育政治化、功利化乃至工具化现象，我们不能不转变思维方式和更新价值观念，让长期累积的过于崇高化的德育回归真实的“生活世界”，用儿童熟悉的前进的生活引导其向上发展；树立完整的生命意识，关爱儿童的内在需要与人格尊严，促使其身心健康成长；融入多元的文化生态环境，积极养成主流价值取向和人生态度，以期共同谋划以人为本、富强、民主的和谐社会。

第一章　中国中小学德育改革的内在逻辑与制度变迁

现代意义上的中国中小学德育已经走过了20世纪。百年来，由于社会经济、政治和文化的不断发展变化，中国中小学德育形态必然呈现出相应的时代特征。梳理中国中小学德育改革的内在逻辑与制度变迁，探讨其不同时期德育发展变化的复杂性、独特性和规律性，对于我们更加理性地面对当代中小学德育问题显然不无裨益。

第一节　清末民初：新旧德育观的博弈与相持

清末民初是中国社会文化发展的转型期，也是中国中小学德育从传统迈向现代的过渡期。在这一“过渡时代”，新旧德育观进行了一场没有硝烟的生死博弈，彼此观点迥异，争持甚烈，互不相让。此时，西方近代德育观念已被资产阶级维新派和革命派陆续引入，进行着不同程度的“中西汇合”之本土化阐释。而“中体西用”指导下的德育观则由于满足了当时最高统治层的需要，自然成为清末学校德育变革的主角，甚至在民国初年袁世凯复辟帝制时又回光返照，但终因落后于时代而被挤出历史舞台。

一、民族危难中旧学批判与西方近代德育观念的本土化阐释

1840年鸦片战争的爆发，揭开了中国近代社会和民族双重危机的序幕。其后，不断升级的外国侵略战争日益将中华民族推向生死存亡的边缘。面对强大的外力冲击和数千年未遇之变局，国人最初的选择是“师夷长技以制夷”（魏源语）和兴办洋务事业，企图在不变更传统“伦理”本体的基础上进行

前所未有的器物变革，主动学习西方的先进军事科技和自然科学。然而，从19世纪60年代至90年代，苦心经营30多年的洋务运动却在甲午海战中大败于“撮尔小国”的日本，民族危难顿时弥漫全国。有鉴于此，康有为、梁启超、谭嗣同、严复等维新志士们在创巨痛深之际都不约而同地将矛头指向中国传统伦理教育观念的批判反思，由“器”入“道”，致力于西方近代德育思想的导入，并与中国传统文化进行必要的融通。虽然他们的学术个性并不相同，但其努力的方向是一致的。

作为维新派的精神领袖，康有为深知包括德育在内的整个教育在其维新变法事业中的重要地位。为了政治变法不得不培养变法人才，而为了培养变法人才又不得不对传统的专制主义教育及其理论基础进行深入批判。在一度“大购西书”、“大讲西学”之后，康有为开始自觉以西方人道主义精神为武器，来审视“穷天理，灭人欲”的理学教育纲领。在他看来，“理者，人之所立”，只存在“人理”，并不存在“天理”；相反，“欲者，天也”，人生而有食色之欲、喜怒哀乐之情，倒是十分正常的。因此，为学治教当顺其欲而导引之，不是“穷天理，灭人欲”，而是要自“天欲而人理”。① 强调“天欲”的自然本性与“去苦求乐”的主体需求乃是后天教育的理论基础，称：“治教以去苦求乐”，“能令生人乐益加乐，苦益少苦者，是进化也，其道善；其于生人乐无所加而苦尤甚者，是退化也，其道不善”。② 很显然，这是以西方近代自然人性论去抗击和否定中国封建专制主义的道德本性论，其目的在于人的解放和西方人本主义德育理念的引入。

为了让国人能够尽快地接受西方近代德育思想，康有为十分注重通过托古、比附的方法进行理论阐述。虽然这种阐述并不科学，但其良苦用心是值得肯定的。如：博爱，这一广泛流传的西方资产阶级伦理思想，康有为直接将其等同于孔子的“仁”，称“博爱之谓仁”③。反之，不仁则必背人道而残害天下。他说：“老子以不仁为道，故以忍人之心行忍人之政。韩非传之，故以刑名法术督责钳制，而中国二千年受其酷毒。”④又如：自由，康有为把它与子贡所言进行比附，说：“子贡不欲人之加诸我，自立自由也；无加诸人，不侵

① 《康子内外篇·理气篇》，见《康有为全集》(第一集)，上海古籍出版社1987年版，第197页。

② 康有为著：《大同书》，中州古籍出版社1998年版，第357～358页。

③ 《论语注》，中华书局1984年版，第85页。

④ 《孟子微·礼运注·中庸注》，中华书局1987年版，第10页。

犯人之自立自由也。”[①]在这里，他突出了自由的权界，既注意到与儒家的思想沟通，又把握住西方自由精神的深刻内涵。再如：平等，康有为干脆把这一神圣不可侵犯的人类“几何公理”——“平等”精神归功于孔子，直呼“孔子创平等之义”[②]，企图把孔子改造成专制主义制度的改革先锋，以期为自己的维新变法张目，而全然不顾孔子是等级制度的倡导者和维护者的基本事实。诚然，康有为的托古比附有难以自圆其说之弊，但其反封建的启蒙思想显然“已壁立其中了”[③]。

与康有为齐名的另一个维新派重要人物梁启超，他不仅全程参与了维新政治变法，而且在变法失败后仍然醉心于西方近代伦理教育思想的引入与传播，有些见解甚至比乃师更进一步。以“自由”为例，康有为习惯于把它论证成儒家思想所固有，且担心自由过度而酿成惨祸，故时有改制托古、尊孔保教之论。对此，梁启超在戊戌变法失败流亡日本后，渐起疑窦，并因此在思想上与乃师决断。他说：“及至孔子之改制，何为必托古？诸子何为皆托古？则依傍混淆而已。此病根不拔，则思想终无独立自由之望，启蒙盖于此三致意焉。”[④]在他看来，不受“三纲之压制”，“不受古人之束缚”，还人以堂堂正正的“为人之资格”，才是真自由。他说：“自由之界说，有最要者一语，曰‘人人自由，而以不侵人之自由为界’是矣。而省文言之，曰‘人人自由’四字，意义亦已具足……要之，言自由者无他，不过使之得全其为人之资格而已。质而论之，即不受三纲之压制而已，不受古人之束缚而已。”[⑤]除自由外，梁启超对平等、独立、竞争、利己等西方近代伦理观念也都一一予以讴歌、阐发，并注意审视中国传统文化且与之调和汇合。而所有这一切努力都是为了其理想中的“新民”人格。他说：“新民云者，非欲吾民尽弃其旧以从人也。新之义有二：一曰，淬厉其所本有而新之；二曰，采补其所本无而新之。二者缺一，时乃无功。”[⑥]无论是“淬厉其所本有而新之”，还是“采补其所本无而新之”，梁启超都堪称那个时代的精神导师。他所极力阐发的“国家意识”、“公

---

① 《论语注》，中华书局1984年版，第61页。

② 《大同书》，中州古籍出版社1998年版，第144页。

③ 黄书光著：《中国教育哲学史》（第四卷），山东教育出版社2000年版，第86页。

④ 《清代学术概论》，见《梁启超论清学史二种》，复旦大学出版社1985年版，第72～73页。

⑤ 《致康有为书》，见李华兴、吴嘉勋编：《梁启超选集》，上海人民出版社1984年版，第137～138页。

⑥ 《新民说》，见李华兴、吴嘉勋编：《梁启超选集》，上海人民出版社1984年版，第211页。

德”、“独立”、“竞争”、“进取”、“冒险”等新人格素质，不仅具有强烈的反封建意义，而且契合了时代发展的需要，极大地推动了中国近代德育观念的推陈出新。

作为维新阵营中的激进人士，谭嗣同有着侠客般的鲜明个性。他不满于洋务派所谓“道”不可变的“中体西用”说，以为：“道，用也；器，体也。体立而用行，器存而道不亡。自学者不审，误以道为体，道始迷离徜徉，若一幻物……器既变，道安得独不变？”[①]在他看来，如果变法不能触及“三纲五常”，便是没有击中要害。为此，他决心要冲决包括“君主之网罗”、“伦常之网罗”在内的一切束缚人的封建教条，大胆宣称：“二千年来之政治，秦政也，皆大盗也；二千年来之学，荀学也，皆乡愿也。惟大盗利用乡愿；惟乡愿工媚大盗。”[②]强调“大盗”与“乡愿”互相勾结，致使百姓生活在水深火热之中；而“饿死虽小，失节事大”的说教，更使谭嗣同感到极大愤慨，禁不住为中国妇女发出“何不幸而为妇人”的哀怨，对封建专制制度提出了强烈抨击。与此同时，谭嗣同通过创造性的中西伦理会通形式，大力引进西方近代伦理精粹。他认为，原始儒家的核心观念“仁”是“以通为第一义”，而“通之象为平等”。[③]在他看来，层层笼罩的“上以制其下”之封建网罗致使人与人之间否塞不通，其“惨祸烈毒”令人不寒而慄。职是之故，他力图重建“仁”学精神，希望通过“中外通”、“上下通”、“男女通”、“人我通”的理想社会构建，去召唤其心目中的平等、自由、博爱等西方近代人道主义精神。

维新派中对西学了解最深切者当推严复，多年留学英国的学术背景和长期钻研西方学术名著使他锻造出一双“火眼金睛”，颇能敏锐地指出旧学的弊病，并对症下药地引进西方近代最新学术思想和德育新知。依据“优胜劣汰，适者生存”的天演法则，严复深知“法已大弊”的中国若不思变革必不能久立；贸然引进西方富强之政而无视其人的素质之培育，同样是劳而无功。他说：“苟民力已，民智已卑，民德已薄，虽有富强之政，莫之能行。”[④]在他看来，国民素质之所以薄弱，不仅与封建专制主义愚民政策有关，而且是长期以来礼教牢笼与科举制度的直接结果。以“男女大防”为例，严复称，中

① 《报贝元徵》，见《谭嗣同全集》(上册)，中华书局 1981 年版，第 197 页。
② 《仁学》，见《谭嗣同全集》(下册)，中华书局 1981 年版，第 337 页。
③ 《仁学》，见《谭嗣同全集》(下册)，中华书局 1981 年版，第 291 页。
④ 《原强修订稿》，见《严复集》(第一册)，中华书局 1986 年版，第 26 页。

国女子“有三从之义，故终其身无自主之一日”[①]。严密的礼教之网无一不是用以束缚人的手脚心思，致使国人但知循规蹈矩、柔顺服从，不知“自主”、“自由”为何物。而锢人智慧的八股取士制度，更“使天下消磨岁月于无用之地，堕坏志节于冥昧之中，长人虚骄，昏人神智，上不足以资事畜。破坏人才，国随贫弱”[②]。有鉴于此，严复疾呼要“痛除八股而大讲西学”，自觉接受斯宾塞的三育论，强调要“鼓民力”、“开民智”、“新民德”。其中，“新民德”之说，就是要引入西方近代以平等、自由为旨趣的新德育精神，以此来破除相沿成袭的封建纲常礼教。他分析说：“西之教平等，故以公治众而贵自由。自由，故贵信果。东之教立纲，故以孝治天下而首尊亲。尊亲，故薄信果。然其流弊之极，至于怀诈相欺，上下相遁，则忠孝之所存，转不若贵信果者之多也。”[③]即是说，注重自由的西方“平等”之教，其特点是“贵信果”，并由此而奠立其富强基础；讲求尊亲的中国“立纲”之教，其特点是“薄信果”，流弊之极乃至于相互欺诈。在他看来，这一“薄信果”的封建主义旧德育不能不让位于“贵信果”的资产阶级新德育。

二、旧学批判的深入与西方近代德育观念本土化阐释的进一步探索

如上所述，维新志士们在西方近代德育观念的导入及本土阐释方面做出了重要贡献。资产阶级革命派则在基本认同维新派反封建的启蒙思想基础上，更自觉地将德育变革与民族复兴、国家独立的暴力革命结合起来，进一步开展中西德育的汇合融通工作，从而极大地推动了中国近代德育的历史发展。

关于封建专制制度及其理论基础——纲常名教，资产阶级革命派就整体而言较之维新派进行了更为猛烈的批判。以封建专制统治的核心——“君主独裁”为例，资产阶级革命派义愤地指出：“一人掩尽天下目，一人独压万人上”的晚清专制魔王正在一步一步地把国家逼向“内制于蛮奴，外扼于洋鬼”的绝境，呼唤国人要以“张良之大铁锥，荆卿之利匕首，其飞鸣出匣轰

① 《〈法意〉按语》，见《严复集》（第四册），中华书局1986年版，第955页。

② 《救亡决论》，见《严复集》（第一册），中华书局1986年版，第43页。

③ 《原强修订稿》，见《严复集》（第一册），中华书局1986年版，第31页。

然落地，直取国中专制魔王之首于百步之外乎，此其时矣！此其时也！”[①]很显然，革命派已不是简单地批判封建专制制度，而是要以暴力革命将其连根拔除。邹容在《革命军》中更是热情洋溢地赞美革命，称：“革命者，天演之公例也；革命者，世界之公理也；革命者，争存争亡过渡时代之要义也；革命者，顺乎天而应乎人者也；革命者，去腐败而存良善者也；革命者，由野蛮而进文明者也；革命者，除奴隶而为主人者也。”[②]在他看来，针对暮气沉沉的晚清专制统治，简单地批判已无济于事，只有通过暴力革命，才有可能将自由、平等、人权等西方近代伦理种子植入本土家园。他说：“我同胞今日之革命，当共逐君临我之异族，杀尽专制我之君主，以复我天赋之人权，以立于性天智日之下，以与我同胞熙熙攘攘，游幸于平等自由城郭之中。”[③]

面对数千年来顽梗的纲常名教，资产阶级革命派提出了十分尖锐的批判。他们深信，西方近代的自由、平等、博爱是“真道德”，而封建纲常名教乃是“伪道德”，称：“中国数千年相传之道德，皆人为之道德，非天然之道德也；皆原于习惯、纲常名教矫揉造作之道德；非根于心理、自由平等博爱真实无妄之道德也；皆伪道德，非真道德也。”[④]虽然这一判语并不准确，因为所有道德无不根源于当时的社会经济发展，并不存在什么“天然之道德”；但这里所表达的乃是数千年封建道德对人性的禁锢，顺之者生，逆之者亡，从而演绎出无数名教杀人的丑剧。至于被压在社会最底层的妇女，更由于理学教育的非人性规训而备受摧残：“盖饿死事小之一语，又不知于饿乡中埋几许幽魂矣。呜呼，是何道德！是何纲常！”[⑤]在革命派看来，纲常名教的直接目的即是为了维护君权专制统治，认为：“所谓三纲，出于狡者之创造，以伪道德之迷信保君父等之强权也。”[⑥]特别是经过制度化之后的儒家，其与权力已胶着一体，颇注重以“富贵利禄”钳制人心，满足人的权力与利益驱动。对此，章太炎先生分析得十分透彻，他说：“用儒家之道德，故艰苦卓厉者必绝无，而冒没奔竞者皆是。俗谚有云‘书中自有千钟粟’，此儒家必至之弊。贯于

① 《中国尊君之谬想》，见胡伟希编选：《民声——辛亥时论选》，辽宁人民出版社 1994 年版，第 125 页。

② 《猛回头——陈天华　邹容集》，辽宁人民出版社 1994 年版，第 182～183 页。

③ 《猛回头——陈天华　邹容集》，辽宁人民出版社 1994 年版，第 205 页。

④ 《论道德》，见胡伟希编选：《民声——辛亥时论选》，辽宁人民出版社 1994 年版，第 254 页。

⑤ 《名说》，见胡伟希编选：《民声——辛亥时论选》，辽宁人民出版社 1994 年版，第 197 页。

⑥ 《三纲革命》，见胡伟希编选：《民声——辛亥时论选》，辽宁人民出版社 1994 年版，第 148 页。

征辟、科举、学校之世，而无乎不遍也。用儒家之理想，故宗旨多在可否之间，论议止于函胡之地。”[①]

关于西方近代德育观念的本土化阐释，资产阶级革命家也做了许多可贵的探索。与维新志士们的见解相通，资产阶级革命派普遍赞赏西方近代的自由、平等、博爱精神，热衷于中西德育的比较汇合。以孙中山为例，他公开礼赞西方近代文明的自由、平等、博爱精神，称：“欧美两三百年来，人民所奋斗的所竞争的，没有别的东西，就是为自由，所以民权便由此发达。法国革命的时候，他们革命的口号是：‘自由、平等、博爱’三个名词，好比中国革命，用民族、民权、民生三个主义一样。”[②]何以不直接借用西方的自由、平等、博爱，而要代之以民族、民权、民生呢？这在孙中山看来，完全是依据中国的国情民性。他说：“因为提出一个目标，要大家去奋斗，一定要和人民有切肤之痛，人民才热心来附和。欧洲人民因为从前受专制的痛苦太深，所以一经提倡自由，便万众一心去赞成。假若现在中国来提倡自由，人民向来没有受过这种痛苦，当然不理会。”[③]特别是近代中国已逐渐沦为外国殖民地，“做十多个主人的奴隶，是很不自由的”，因此我们的当务之急便是恢复国家自由，而恢复国家自由自然则离不开民族主义。同理，民权主义、民生主义的提倡也同样与中国近代社会发展状态密不可分。孙中山总结说：“用我们三民主义的口号和法国革命的口号来比较，法国的自由和我们的民族主义相同，因为民族主义是提倡国家自由的。平等和我们的民权相同，因为民权主义是提倡人民在政治之地位都是平等的，要打破君权使人人都是平等的，所以说民权是平等相对待的。此外，还有博爱的口号，这个名词的原文是兄弟的意思，和中国同胞两个字是一样解法，普遍译成博爱，当中的道理，和我们的民生主义是相通的。因为我们的民生主义，是图四万万人幸福的，为四万万人谋幸福就是博爱。”[④]与此同时，孙中山还认为，在学习西方的同时不应该忘记自己民族“固有的道德”——忠、孝、仁、爱、信、义、和、平。在他看来，忠君固然不可以，但“忠于国”、“忠于民”仍然要提倡。很显然，孙中山既反对全盘西化，又不主张全盘古化，而是要务必“保持吾民族之独立地位，发扬吾固

---

① 《论诸子学》(1906)，见朱维铮、姜义华编注：《章太炎选集》，上海人民出版社 1981 年版，第 366 页。

② 《三民主义》，见《孙中山选集》(下卷)，人民出版社 1957 年版，第 678 页。

③ 《三民主义》，见《孙中山选集》(下卷)，人民出版社 1957 年版，第 684 页。

④ 《三民主义》，见《孙中山选集》(下卷)，人民出版社 1957 年版，第 690～691 页。

有之变化，且吸收世界之文化而光大之，以期与诸民族并躯于世界，以驯致于大同"[①]。应该肯定，这一平等对待中外文化的理性态度，对当代德育建设和发展仍具有重要的启迪意义。

除孙中山外，资产阶级革命派的另一个重要教育家蔡元培亦十分注重中西德育的创造性融通。作为民国首任教育总长，蔡元培提出的"五育并重"教育方针影响深远，其中"公民道德教育"充分体现了中国资产阶级革命教育家关于道德教育的现实追求。他说："何谓公民道德？曰法兰西之革命也，所表示标揭者，曰自由、平等、亲爱。道德之要旨，尽于是矣。"[②]作为资产阶级新道德，法兰西革命所揭示的自由、平等、亲爱固然是对封建道德的反动，其反封建意义可谓不言而喻。但就深层的学理而言，蔡元培认为，它与中国传统的优秀道德精华有其相通之处，指出：自由就是义，就是"富贵不能淫，贫贱不能移，威武不能屈"；平等就是恕，就是"己所不欲，勿施于人"；亲爱或友爱就是仁，就是"己欲立而立人，己欲达而达人"。[③] 这种比附虽有牵强之意，但在中西文化剧烈撞击的民初社会，显然有利于新道德观念的流播。当然，更为重要的是，蔡元培在文化建设上一贯主张兼容并包、有容乃大，他说："择怎样是善，怎样是人类公认为善，没有中国与非中国的分别的。怎样是中国人认为善，而非中国人或认为不善的；怎样是非中国人认为善，而中国人却认为不善的。把这些对象分别列举出来，乃比较研究何者应取，何者应舍。"[④]正是凭借这一超地域的人类公认之善，蔡元培对中西德育观念做了大胆的比较融通，其目的乃在于努力探索一种具有民族特色的现代德育之路。

三、"中体西用"与晚清学堂德育的制度化建构

中日甲午海战后，资产阶级维新派和革命派所引进的西方近代德育观念及其本土化探讨，不仅引领了当时中国德育发展的先进方向，而且深刻刺激了洋务派人士。以张之洞为首的后期洋务派针对剧烈变动的晚清思想状况，开始对30多年的洋务运动进行自觉反思，提出了系统化的"中体西用"

---

① 《中国革命史》，见《孙中山全集》(第七集)，中华书局1985年版，第60页。

② 《对于新教育之意见》，见《蔡元培全集》(第二卷)，中华书局1984年版，第131页。

③ 《我在教育界之经验》，见《蔡元培全集》(第七卷)，中华书局1989年版，第197页。

④ 《复何炳松函》，见《蔡元培全集》(第六卷)，中华书局1985年版，第483页。

思想，并借助清末学制改革之机，致力于学堂德育的制度化建构。

张之洞曾经是维新派的支持者，但随着政治意识形态斗争的微妙变化，他开始主动与维新派分道扬镳，并于维新运动高潮之际的1898年5月撰成《劝学篇》，内藏“救时自保”的双重深刻意蕴。诚然，张之洞并非“中体西用”的首倡者，在他之前的冯桂芬、郭嵩焘、沈寿康、李鸿章、郑观应已多所论及，但张之洞确实是“最乐道之”（梁启超语），且论述得最为系统。他认为，中学就是旧学，西学就是新学，“四书、五经、中国史事、政书、地图为旧学；西政、西艺、西史为新学”。强调二者的关系当是“旧学为体，新学为用，不使偏废”[①]。何以要“旧学为体，新学为用”呢？这是因为中学蕴涵着代代相传的纲常名教之道，此道统精神乃永恒真理，是圣人之所以为圣人、中国之所以为中国的根本，不可得而变之。他说：“‘君为臣纲，父为子纲’，此《白虎通》引《礼纬》之说也……《礼记·大传》：‘亲亲也，尊尊也，长长也，男女有别，此其不可得与民变革也。’五伦之要，百行之原，相传数千年，更无异义。圣人所以为圣人，中国所以为中国，实在于此。”[②]也正是在这个节骨眼上，他不赞成维新派和革命派的兴民权、男女平权等学说，坦言：“知君臣之纲，则民权之说不可行也；知父子之纲，则父子同罪免丧废祀之说不可行也；知夫妇之纲，则男女平权之说不可行也。”[③]

但时势发展已充分证明，光固守中学而不学西学，同样将导致衰亡。对此，张之洞也有清醒认识，他说：“今欲强中国，存中学，则不得不讲西学。”[④]张之洞所设计的西学已十分广泛，不只是制“西艺”，还包括“西政”。他说：“政艺兼学。学校、地理、度支、赋税、武备、律例、劝工、通商，西政也。算、绘、矿、医、声、光、化、电，西艺也。”[⑤]他甚至认为：“大抵救时之计，谋国之方，政尤急于艺。”[⑥]不过，张之洞所说的“西政”，并不包括设议院和兴民权。

然而，就中西学的顺序与轻重而言，张之洞始终坚持中学为根本的立场。他说，若“不先以中学固其根柢，端其识趣，则强者为乱首，弱者为人奴，

① 《劝学篇·设学第三》，张之洞著：《劝学篇》，中州古籍出版社1989年版，第121页。
② 《劝学篇·明纲第三》，张之洞著：《劝学篇》，中州古籍出版社1989年版，第70页。
③ 《劝学篇·明纲第三》，张之洞著：《劝学篇》，中州古籍出版社1989年版，第70页。
④ 《劝学篇·循序第七》，张之洞著：《劝学篇》，中州古籍出版社1989年版，第90页。
⑤ 《劝学篇·劝学第三》，张之洞著：《劝学篇》，中州古籍出版社1989年版，第121页。
⑥ 《劝学篇·明纲第三》，张之洞著：《劝学篇》，中州古籍出版社1989年版，第121页。

其祸更烈于不通西学者矣。"[①]也正是基于这样的立场，张之洞在参与清末的学制改革中颇能尽其全力将"中体西用"思想渗透其中，无论是办学宗旨还是课程建构都得到充分体现，从而对清末中小学堂的德育实践产生了深刻影响。

张之洞素来重视教育，热衷于兴办各类近代学堂。1901 年，清末新政以来，他更注意从整体上考虑中国的学校制度建设，其与刘坤一共同拟订《江楚会奏变法三折》中已提出一套较系统的从小学校至高等学校的学制初步构想。他受命与张百熙、荣庆共同拟订《奏定学堂章程》，于 1904 年 1 月正式颁布实行，史称"癸卯学制"。该学制三段六级（另一说为"三段七级"，把学前的蒙养院也划入其中）：即初等教育段——设初等小学和高等小学二级；中等教育段——设中学堂一级；高等教育段——设高等学堂及大学预科、分科大学和通儒院三级。该学制虽是明显效法日本学制，但毕竟是中国近代第一个实行了的学制，迈出了中国近代教育制度建设的第一步。不过，就学制指导思想而言，则是不折不扣的"中体西用"。这一点，张之洞、容庆、张百熙等学制设计者并不讳言，他们说："至于立学宗旨，无论何等学堂，均以忠孝为本，以中国经史之学为基。俾学生心术壹归于纯正，而后以西学沦其智识，练其艺能，务期他日成材，各适实用，以仰副国家造就通才、慎防流弊之意。"[②]

为了贯彻这一"立学宗旨"，《奏定初等小学章程》、《奏定中等学堂章程》均专设了"读经讲经"、"修身"课程，并规定了具体的课时数。其中，"读经讲经"科所用的每周课时数远远超过了其他科目（详见后述）。至于"修身"科，也无非是"摘讲朱子《小学》、刘忠介《人谱》、各种蒙养图说，读有益风化之极短古诗歌"[③]；"讲《四书》之要义，以朱注为主，以切于身心日用为要，读有益风化之古诗歌"[④]。凡此种种都充分显示，清末中小学堂德育在坚持忠孝伦理本位的问题上与传统德育旨趣并无本质不同。为了强化"读经讲经"的教

---

① 《劝学篇·循序第七》，张之洞著：《劝学篇》，中州古籍出版社 1989 年版，第 90 页。

② 张百熙、容庆、张之洞：《重订学堂章程折》，见朱有瓛主编：《中国近代学制史料》（第二辑上册），华东师范大学出版社 1987 年版，第 78 页。

③ 《奏定初等小学堂章程》，见舒新城编：《中国近代教育史资料》（中册），人民教育出版社 1961 年版，第 421～424 页。

④ 《奏定高等小学堂章程》，见舒新城编：《中国近代教育史资料》（中册），人民教育出版社 1961 年版，第 437～438 页。

化意义，慈禧于1907年12月特下"整顿士风"诏，强调"如有废弃读经讲经功课，荒弃国文不习，而教员不问者，品行不端，不安本分，而管理员不加惩革者，不惟学生立即屏弃，其教员管理员一并重处，决不姑息"①。

事实上，清末中小学堂的德育实践也确实贯彻了"中体西用"的指导思想。以清末广州府中学堂为例，有学者回忆说：该学堂"本着所谓'以中学为体，以西学为用'为宗旨的。所以广府中学堂在所定课程中，重点是放在读经和讲经方面。我记得当时经学的课程，每星期是九个课时的，六个课时讲经，三个课时读经，所教的经学有：周礼和左传，这是主要课程中之一种，目的是灌输学生们忠君思想，以巩固清朝的统治，其它实用科学，还是放在次要的地位的。修身一科则教授经典，如《五种遗规》；历史地理两种，则本国外国的都有"②。1911年3月，黄炎培在调查镇江府中学堂时也对当时的"修身"、"读经讲经"科有描述，称："修身由监督自课，以《五种遗规》、《弟子箴言》为蓝本（讲义未见，据监学言）。历史以陈庆年编为蓝本，经学授《周礼》及《左传》，曾见所谓《左传》讲义，每节录传文首句为题，后即缀以甚长之评语。"③

需要指出的是，清末中小学堂的德育实践也不能完全等同于传统的州县学或书院德育实践，前者的内涵无疑更为丰富，它不能不随着时代的发展而发展。这一点，在张之洞自编的《学堂歌》中也有突出反映。他写道："天地泰，日月光，听我唱歌赞学堂。圣天子、图自强，除却兴学别无方。教体育，第一桩，卫生先使民族壮。教德育，先蒙养，人之爱国民善良。孝父母，尊君上，更须公德联四方。教智育，开愚氓，普通知识破天荒。"④在这里，我们不难体会出张之洞"中体西用"思想对学堂德育的渗透，如歌词中的"孝父母，尊君上"；同时，也有溢出传统德育之处，如歌词中的"更须公德联四方"。事实上，清末学堂德育除受洋务派"中体西用"的直接影响外，还或多或少受到资产阶级维新派和革命派"中西汇合"德育观的间接影响，此时学堂德育

① 《慈禧下诏整顿士风》，见李桂林等编：《中国近代教育史资料汇编·普通教育》，上海教育出版社1995年版，第287页。

② 《沈祥龙、陈伯蘅记清末广州府学堂》，见李桂林等编：《中国近代教育史资料汇编·普通教育》，上海教育出版社1995年版，第338页。

③ 黄炎培：《调查镇江府中学堂报告》（1911年3月），见李桂林等编：《中国近代教育史资料汇编·普通教育》，上海教育出版社1995年版，第336页。

④ 《张之洞全集》（第六册），河北人民出版社1998年版，第4258页。

乃是德智体三育中之一育，与传统儒家教育过分注重德育的德育本位有明显差别。

四、民国初年的德育革新与复古逆流

辛亥革命不仅推翻了清王朝，而且也为二千多年的封建帝制画上了句号。1912年1月1日，南京临时政府的成立标志着中国社会进入了一个新纪元，资产阶级革命家梦寐以求的共和国——“中华民国”得以正式成立。这一剧烈的社会转型也为当时学校德育革新带来了机遇。

1912年1月19日，新成立的中华民国教育部即颁布《普通教育暂行教育办法》，要求“小学读经，一律废止”，强调“凡各种教科书，务合乎共和民国宗旨，清学部颁行之教科书，一律禁用”。[①] 小学读经的废止不只是一般的政策导向，而是对清末“中体西用”指导思想的根本否定，昭示共和国教育的反封建立场。同年4月，蔡元培发表了《对于教育方针之意见》，公开否定以“忠君”、“尊孔”为核心的前清教育宗旨，认为“忠君与共和政体不合，尊孔与信教自由相违”，力倡“军国民教育、实利主义教育、公民道德教育、世界观教育以及美感教育等”五育并重的教育方针。蔡元培这一“对于教育方针之意见”在同年9月2日教育部公布的“民国教育宗旨”中得到了较充分的体现，该宗旨称：“注重道德教育，以实利教育、军国民教育辅之，更以美感教育完成其道德。”[②]虽然该宗旨中少了“公民”二字，但现代道德教育精神的核心地位还是得到了彰显。与此同时，前清“修身”科目虽然仍旧保留，但其内涵显然扩充了，一些反映资产阶级新道德理念，如国家意识、法制观念等均着意渗透其中(详见后述)。

不幸的是，民国初年学校德育的短暂革新很快被袁世凯的帝制复辟所扼杀，代之而起的是愈演愈烈的复古狂潮。戊戌变法期间引领时代潮流的维新派领袖康有为此时已蜕变为复古派首领，他仇视辛亥革命，把新兴的共和国说成是：“号为共和，而实为共争共乱；号为自由，而实自死自亡；号为爱国，而实卖国灭国。”[③]主张“今日少言自由平等”，“若今日事自由平等，日言

---

① 《教育部通电各省颁发普通教育暂行办法》，见李桂林等编：《中国近代教育史资料汇编·普通教育》，上海教育出版社1995年版，第455～456页。

② 舒新城编：《中国近代教育史资料》(上册)，人民教育出版社1961年版，第226页。

③ 《康有为政论集》(下册)，中华书局1981年版，第703页。

民意、民权，则吾国散乱将亡，则中国千秋万年永失自由平等，吾国民永无民意、民权焉”。[①] 对民国初年废除小学读经等改革举措极为不满，认为“废除读经”的结果必然是“德教扫地”。他说：“夫我之所长者在道德，则今学校废孔经、罢尊圣，而读讲义课本。吾之旧教既废，无以入新学者之脑，无以维持其身心，激励其意志矣，而求之欧、美之新学，则一无所得，问以中国之旧学，则束阁不观，其学过于八股之时，而德教则扫地矣。”[②]即是说，“学校废孔经、罢尊圣”只能导致传统伦理教化的毁弃，甚至亡国灭种。职是之故，他极力主张尊孔读经，称：“中国文化垂五千年，赖以不散者，孔教耳。孔教之精华在经，故小学读经，尤为当务之急。”[③]在镇江政学两界的欢迎会上，他郑重地说：“鄙人深愿诸君以孔子之道，为修身之本，读孔子所传之经，以求政教相通之理，则庶乎有造于中国也。孔子之教，忠信与文行并重，而吾人立身，则以孝弟忠信礼义廉耻为要，凡此数者，皆为人之道而不可远者。”[④]很显然，康有为主张“尊孔读经”的目的，旨在重振儒家伦理教化的往日权威，为帝制复辟招魂。

与康有为彼此呼应的还有陈焕章、林琴南、辜鸿铭等守旧分子。其中，陈焕章颇能继承乃师衣钵，奉师命于 1912 年 10 月在上海成立“孔教会”，康有为任会长，他自任总干事，开始有组织地开展“尊孔读经”宣传活动。1913 年 8 月，他更以“孔教会”名义，要求国会定孔教为国教。他说：“天地之性人为贵，故人权独尊，而奴隶之制度废矣。轻徭薄赋，尚德缓刑。虽无成文之宪法，而有孔教经义以代之，举凡人身自由、信教自由、言论自由、出版自由、集会自由之属，他国于近世以流血而得之者，吾中国早于二千年前，以孔子经义安坐而得之，美哉孔教乎！吾国人之受福良多矣。君君臣臣，父父子子，兄兄弟弟，夫夫妇妇，伦纪之修，为万国冠，吾民享太平无事之乐者，大地上莫我比也。”[⑤]他说，宋明诸儒聚徒讲学，“犹有孔教德育之义也”；其后，“心学既亡，德育大坏”；而排斥孔子、否定孔教的革命之后，“全国之人，乃至无

① 《中国颠危误在全法欧美而尽弃国粹说》，见《康有为政论集》(下)，中华书局 1981 年版，第 913 页。

② 《乱后罪言》，见《康有为政论集》(下)，中华书局 1981 年版，第 918 页。

③ 《在浙之演说》，见《康有为政论集》(下)，中华书局 1981 年版，第 953 页。

④ 《镇江政学两界欢迎会演说》，见《康有为政论集》(下)，中华书局 1981 年版，第 996～997 页。

⑤ 《孔教论·论中国今日当昌明孔教》，见陈焕章著：《孔门理财学》(下)，岳麓书社 2005 年版，第 783 页。

一信仰，争夺相杀，习为固然，恐吓诈骗，自鸣得意。呜呼！礼、义、廉、耻，是谓'四维'，'四维'不张，国乃灭亡"[①]。为了昌明孔教，恢复封建纲常伦理，陈焕章特别强调要在全国范围内"遍立孔教会"。认为"孔教以学校为教堂，故必须祀孔子"；而学校读经更被视作理所当然，要求"每日于未授各课之前，师生齐集礼堂，由教师讲经一章，事毕乃退归各讲堂"[②]。

康有为、陈焕章等人的复古逆流与袁世凯的帝制复辟企图一拍即合。1913 年 6 月，袁世凯在《注重德育振饬学风令》中对所谓"托于自由平等之说，侮慢师长，蔑视学规情事，应随时斥退"的现象提出严厉批评，称"学生有不守学规情事，应随时斥退"[③]。1914 年 6 月，教育总长汤化龙关于"注重道德教育，拟于中小学校修身及国文教科书内采取经训务以孔子之言为指归"的呈请，袁世凯非常赞赏，称之为"卓识伟论"，并指令颁行全国。[④] 1915 年 1 月，袁世凯公然把"法孔孟"写入国家"教育宗旨"。1915 年 2 月，他进而在《特定教育纲要》中规定："中小学校均加读经一科，按照经书及学校程度分别讲授，由教育部编入课程，并妥拟讲读之法，通咨京外转饬施行。"[⑤]至此，民初业已废除的小学读经得已完全恢复。1916 年，随着袁世凯帝制复辟的破产，读经科又被再度废除。尽管如此，由于北洋军阀轮流坐庄，思想界仍然十分混乱，复古逆流依然猖獗，复古与反复古的斗争在"新文化运动"兴起之际几近白热化。

第二节 "五四"新文化运动与传统德育的现代变革

伴随着袁世凯复辟帝制的闹剧，"尊孔读经"的复古言论甚嚣尘上，且愈

---

① 《孔教论·论中国今日当昌明孔教》，见陈焕章著：《孔门理财学》（下），岳麓书社 2005 年版，第 798 页。

② 《孔教论·论中国今日当昌明孔教》，见陈焕章著：《孔门理财学》（下），岳麓书社 2005 年版，第 802～803 页。

③ 袁世凯：《注重德育振饬学风令》，见舒新城编：《中国近代教育史资料》（下册），人民教育出版社 1961 年版，第 1069 页。

④ 《教育部饬京内外各学校中小学校修身及国文教科书采取经训务以孔子之言为指归文》，见李桂林等编：《中国近代教育史资料汇编·普通教育》，上海教育出版社 1995 年版，第 473 页。

⑤ 袁世凯：《特定教育纲要》，见舒新城编：《中国近代教育史资料》（上册），人民教育出版社 1961 年版，第 263 页。

演愈烈，封建纲常名教大有死灰复燃之势。正是在这一历史背景下，陈独秀、李大钊、胡适、鲁迅、吴虞等"五四"新文化健将们以《新青年》(1915 年 9 月创刊时名《青年杂志》)为主要阵地，举起"科学"与"民主"大旗，对中国封建专制主义与儒家伦理教育传统进行激烈批判和彻底清算。与之相应，中小学也开始了真正意义上的中国现代德育体系的建构与探索，"学生自治制"的盛行即是其中的重要特征之一。

一、中国传统德育观念的激烈批判

诚然，资产阶级维新派和革命派都对中国传统伦理教育思想作过不同程度地批判，其中谭嗣同"冲决网罗"的反封建思想已经相当激烈。但那时总体批判的力度和深度还十分有限，更没有从"科学"、"民主"的高度对中国传统伦理教育进行集中抨击和价值重估。只有到 1915 年，以陈独秀为代表的新文化领袖们不惜以"断头流血"为代价，立意将"科学"、"民主"引入中国，并庄严宣称："要拥护那德先生，便不得不反对孔教、礼法、贞节、旧伦理、旧政治；要拥护那赛先生，便不得不反对旧艺术、旧宗教；要拥护德先生又要拥护赛先生，便不德不反对国粹和旧文学。"①在新文化领袖们看来，"不破不立，不塞不止"，不摧毁根深蒂固的儒家纲常名教，现代德育也就无从真正兴起。因此，当务之急就是要对儒家伦理教育思想进行深层次的理论解构。

作为新文化运动的精神领袖，陈独秀深知"儒者三纲之说"与共和政体的严重冲突。他说，生长在封建时代的孔子其所提倡的道德只能是"封建时代之道德"，其道德学说价值也就不逾越该时代的历史局限，指斥"今之妄人强欲以不适今世之孔道，支配今世之社会国家，将文明进化之大阻力也"。②在他看来，"君为臣纲"、"父为子纲"、"夫为妻纲"充其量只是"以己属人之奴隶道德也"③，其与共和政体下的自由、民主、独立精神决然相反，隐藏着无可调和的深刻矛盾。正是在这个意义上，陈独秀敏锐地捕捉到"伦理革命"之于共和国生存发展的根本意义，断言："伦理的觉悟，为吾人最后觉悟之最后觉悟。"④

---

① 《陈独秀著作选》(第一卷)，上海人民出版社 1993 年版，第 442～443 页。

② 《复辟与尊孔》，见《陈独秀著作选》(第一卷)，上海人民出版社 1993 年版，第 339 页。

③ 《一九一六》，见《陈独秀著作选》(第一卷)，上海人民出版社 1993 年版，第 172 页。

④ 《吾人最后觉悟之觉悟》，见《陈独秀著作选》(第一卷)，上海人民出版社 1993 年版，第 179 页。

被胡适誉为"只手打孔家店的老英雄"的吴虞素以勇猛著称，他对封建专制主义和孔教伦理的批判颇能深入肌理。在《家族制度与专制主义之关系》中，他把理论锋芒直指儒家的血缘基础，称孔学"立教，莫不以孝为起点"，"凡人未仕在家，则以事亲为孝；出仕在朝，则以事君为孝。能事亲、事君，乃可谓之为能立身，然后可以扬名于世。由事父推之事君事长，皆能忠顺，既可扬名，又可保持禄位……儒家以孝弟二字为二千年来专制政治与家族制度联结之根干，而不可动摇"。[①] 何以统治者都热衷于提倡孝道呢？吴虞揭露说："程子说：孝弟是顺德，所以不好犯上，也就是教一般人恭恭顺顺的听他们一干在上的人愚弄，不要犯上作乱，把中国弄成一个'制造顺民的大工厂'。孝字的大作用，便是如此"！[②] 至于把孝养的意义推到极端，而做出"活埋其子"、"自割其身"的行为，吴虞更斥其"糊涂荒谬极了"。[③] 对于鲁迅所揭示的"礼教吃人"说，吴虞深表认同。附议道："孔二先生的礼教讲到极点，就非杀人吃人不成功，真是惨酷极了！一部历史里面，讲道德说仁义的人，时机一到，他就直接间接的都会吃起人肉来了……到了如今，我们应该觉悟：我们不是为君主而生的！不是为圣贤而生的！也不是为纲常礼教而生的！什么'文节公'呀、'忠烈公'呀，都是那些吃人的人设的圈套来诳骗我们的！我们如今应该明白了！吃人的就是讲礼教的，讲礼教的就是吃人的呀！"[④]那种以为提倡读经即可维持道德的说教，吴虞更嗤之以鼻。他以"身事四朝十一帝"的五代冯道为例，质问："以孝于家，忠于国，尊仰孔子之冯道，乃不免于廉耻，则读经果足以维持道德乎？"[⑤]指斥那些"盛唱为经存则道德存，经亡则道德亡之谰言……其说诚悖于理"[⑥]。

除陈独秀、吴虞外，李大钊、胡适、鲁迅等新文化健将们也都对中国传统文化和伦理教育思想予以猛烈抨击。其中，李大钊善于从历史唯物主义高度去透析孔门伦理存在的经济基础。他说："孔门的伦理，是使子弟完全牺牲他自己以奉其尊上的伦理；孔门的道德，是与治者以绝对的权力责被治者

---

① 见赵清、郑城编：《吴虞集》，四川人民出版社 1985 年版，第 62～63 页。

② 《说孝》，见赵清、郑城编：《吴虞集》，四川人民出版社 1985 年版，第 173 页。

③ 《说孝》，见赵清、郑城编：《吴虞集》，四川人民出版社 1985 年版，第 176 页。

④ 《吃人与礼教》，赵清、郑城编：《吴虞集》，四川人民出版社 1985 年版，第 171 页。

⑤ 《读邵振青教育论》，赵清、郑城编：《吴虞集》，四川人民出版社 1985 年版，第 69 页。

⑥ 《读邵振青教育论》，赵清、郑城编：《吴虞集》，四川人民出版社 1985 年版，第 68 页。

以片面的义务的道德。孔门的学说所以能支配中国人心有二千余年的原故,不是他的学说本身具有绝大的权威,永久不变的真理,配作中国人的'万世师表',因他是中国二千年来未曾变动的农业经济组织反映出来的产物,因他是中国大家族制度上的表层构造,因为经济上有他的基础。"[①]即是说,孔门伦理道德乃是二千年来小农经济的产物,随着小农经济在近代的不断变动和瓦解,孔门伦理道德说教也就必然走向崩溃。

与李大钊不同,胡适则是从实用主义的"相对真理"角度来审视儒家伦理教育观念。他认为,真理只有相对的意义,它是随着时势的变化而变化,不可能有永恒不变的真理。"譬如'三纲五伦'的话,古人认为真理,因为这种话在古时宗法的社会很有点用处。但是现在时势变了,国体变了,'三纲'便少了君臣一纲,'五伦'便少了君臣一伦。还有'父为子纲'、'夫为妻纲'两条,也不能成立。古时的'天经地义',现在变成废语了。"[②]胡适这一实用主义真理观否定了真理的客观性,有其错误的一面,但在新旧文化激战的"五四"新文化时期颇能启迪人们的理性思维,有助于破除根深蒂固的儒家伦理思想和习惯思维定势。也正是凭借这一实用主义真理观,胡适同样揭露了封建礼教的吃人本质,执意要拿下专制主义制度上的孔丘招牌,"捶碎,烧去"[③]!

不过,对封建礼教做最英勇、最尖刻的批判当数新文化旗手——鲁迅先生。他在《狂人日记》中说:"我翻开历史一查,这历史没有年代,歪歪斜斜的每叶上都写着'仁义道德'几个字。我横竖睡不着,仔细看了半夜,才从字缝里看出字来,满本都写着两个字是'吃人!'"[④]为了揭露礼教如何吃人,鲁迅在《阿Q正传》、《我之节烈观》、《我们现在怎样做父亲》等一系列小说、杂文中做了许多辛辣的讽刺和具体的剖析,从而使儒家伦理教育的负面意义暴露得淋漓尽致。

概言之,儒家伦理教育思想经过"五四"新文化领袖们的激烈批判,其消极意义得到了前所未有的暴露和清算。虽然这些新文化领袖们都或多或少

---

① 《由经济上解释中国近代思想变动的原因》,见《向着新的理想社会——李大钊文选》,上海远东出版社1995年版,第251页。

② 《实用主义》,见《胡适哲学思想资料选》(上册),华东师范大学出版社1981年版,第61~62页。

③ 《〈吴虞文录〉序》,见《胡适文存》(一集,卷四),亚东图书馆1921年版。

④ 《鲁迅全集》(第一卷),人民文学出版社1981年版,第425页。

地犯了“化约主义”的理论偏失，“掩盖或忽视了对中国传统思想中积极因素的正面阐发”[①]，但在“尊孔读经”复古逆流异常猖獗的特定历史条件下，他们略嫌片面的猛药疗法是有其合理性，它触动了人们的深层观念心理和思维结构，为中国现代德育的兴起扫清了障碍、奠定了根基。

二、中国现代学校德育体系的初步探索

与思想观念层面的反传统相契机，“五四”新文化时期的中小学德育也开始走出传统德育模式、进行构建现在德育体系的可贵探索。具体而言，主要表现如下几个方面：

其一，从柔弱的顺民奴才到健全的独立个性。新文化领袖们之所以不遗余力地猛烈抨击纲常名教，归根结底是因为国人在“纲常名教”长期毒害下，从小就只知低眉顺眼、唯命是从，以至于“铸成今日卑劣无耻退葸苟安诡易圆滑之国民性”[②]。如此柔弱的国民民性曾一度引起“五四”新文化领袖们的普遍关注，因此，当袁世凯固执地将“法孔孟”写入国家“教育宗旨”，公然倡导尊孔复经时，便立即引起有识之士的坚决抵制。特别是在杜威实用主义教育思潮等西方各种教育思潮蜂拥而至的“五四”新文化时期，企图关上已经打开的国门，拉历史倒车，显然有悖于时代的进步潮流。从蔡元培所说的“与其求划一，毋宁展个性”[③]，到蒋梦鳞倡导的“发展个性以养成健全之人格”[④]，胡适崇尚的“易卜生主义”，再到鲁迅理想中的“真的猛士”[⑤]，提倡独立人格无疑是那个时代有识之士的共同心声。令人欣慰的是，“五四”新文化领袖们所提倡的“独立人格”理想对当时中小学德育改革确实产生了重要影响。1919 年 4 月，沈恩孚、蒋梦鳞提出的教育宗旨——“养成健全人格，发展共和精神”，在教育部获准通过。1922 年底，北洋政府公布的“新学制”标准，也明确写明“发扬平民精神”、“谋求个性发展”。[⑥] 事实上，培养独立个性不只是新文化和新教育的理想追求，也是传统德育向现代德育转化的重要标

① 黄书光著：《中国教育哲学史》（第四卷），山东教育出版社 2000 年版，第 25 页。

② 《抵抗力》，《陈独秀著作选》（第一卷），上海人民出版社 1993 年版，第 153 页。

③ 《新教育与旧教育之歧点》，见《蔡元培全集》（第三卷），中华书局 1984 年版，第 174 页。

④ 蒋梦鳞：《民主主义教育》，载《教育杂志》（第 10 卷第 10 号），1918 年 10 月。

⑤ 《纪念刘和珍君》，见《鲁迅全集》（第三卷），人民文学出版社 1981 年版，第 277 页。

⑥ 璩鑫圭等编：《中国近代教育史资料汇编·学制演变》，上海教育出版社 1991 年版，第 860～861 页。

志。

其二，从修身科的变化到公民科的确立。“修身”作为儒家道德教育的关键词，是有其特定内涵，它强调的是通过个体制欲式的内在道德修炼——“言忠信，行笃敬，惩忿窒欲，迁善改过”[①]，进而推己及人，由内圣而外王，其立足点即在于个人的道德修身——“自天子以至于庶人，一是皆以修身为本”[②]。正是这一深刻的理论内涵，力持“中体西用”的晚清张之洞等人极力主张在初等小学堂、高等小学堂及中学堂一律开设“修身”科，并明确要求讲授朱子《小学》、刘忠介《人谱》、陈宏谋《五种遗规》以及“四书之要义”(以朱注为主)，其良苦用心可谓不言自明。民国成立后，“修身”科并没有被废除，但其具体内容和要求已根据时代变迁作了必要的修订：除继续保留“孝悌”、“恭敬”、“勤俭”、“贞淑”等传统德目外，反映近代德育精神的“进取”、“自立”、“法制”、“国家观念”、“国民之品格”等均受到关注，体现了民初学校中西德育杂糅并进的现实。但好景不长，为了复辟帝制，袁世凯在《祭孔告令》中特别重申儒家“修身”价值，称：“中国服循圣道，自齐家治国平天下，无不本于修身。”[③]1916年1月公布、同年10月修正的《国民学校令施行细则》，北洋政府教育部又在民初颁行的“修身”相关条款中增添“忠信”二字，企图在共和国的公民社会名义下继续灌输以“忠信”为基石的臣民意识；与此同时，该细则也不得不要求国民学校“自第三年起，兼授公民须知”[④]。不过，随着时间推移和“修身”科的实际运作，人们越来越意识到“修身”科的内在缺陷：它毕竟是旧时代的产物，其与小农封建社会固然能够适应，但进入近代，特别是民国成立以后，其注重私德和家族生活与强调公德和社会生活的道德教育相去甚远。因为“所谓公民教育者非他，乃确认个人为组织国家之分子，而藉教授训练之力以完成其堪认公民之资格而已。换言之，即在唤起国家观念，以矫正其冷淡国事之弊，使之对于国家有献身奉公之精神，对于一己有自营自主之能力，此公民教育之意义也”。[⑤] 也正是在这个相比较的意

① 朱熹：《白鹿洞书院揭示》，见孟宪承编：《中国古代教育文选》，人民教育出版社1979年版，第270页。

② 《大学》，见孟宪承编：《中国古代教育文选》，人民教育出版社1979年版，第101页。

③ 璩鑫圭等编：《中国近代教育史资料汇编·学制演变》，上海教育出版社1991年版，第732页。

④ 舒新城编：《中国近代教育史资料》(中册)，人民教育出版社1961年版，第476～477页。

⑤ 朱元善：《今后之教育方针》，载《教育杂志》第8卷第4号，1916年。

义上，“修身科”的范围显然过于狭小，观念也较为落后，其让位给“公民科”也就不可避免。1922年底，随着“新学制”的颁行，“修身科”遂被废止，源远流长的传统德目主义教育也就走向了终结，代之而起的“公民科”（社会科）的设立标志着中国现代学校德育的起航。

其三，从威权管理到学生自治。“训育”一词源自日语中的汉字，清末传入中国，民国后成流行语。在清末，中小学训育，“主要还是承袭旧时官学或私塾、书院的基本做法，从尚规律、重秩序的角度出发，通过严格管理、赏罚并举的方式展开，以消极的干涉和严格的禁止为根本特点”①。这种崇尚师道威权的严格主义训育原则在袁世凯统治时期仍然一意孤行。1914年12月，教育部颁行的《整理教育方案草案》仍反复阐述威权至上的训育精神，公开声称学校：“以孔子为模范人物”，“济以严肃之训育”；要求“各学校校长教员，务期久任，以完成训育之作用”。② 此外，袁世凯还要求“中学、小学修身科、国文科，应将诚心、爱国、尽责任、重阅历之积极行为与勿破坏、勿躁进、勿贪争之消极行为，编入德目，重量教授。一面准此以为训练，俾在受学时期养成其意志与惯性，以资涉世处事时之应用”③。不难看出，清末的专制主义训育在民国初期仍在延续。但随着“五四”新文化运动的爆发，包括实用主义教育思潮在内的各种西方教育思潮蜂拥而至，反传统的儿童中心主义和学生自治说也从美国传入中国。与之相关的学生自治组织——学生自治会也就很快风行起来。据学者统计，仅1922年的全国69所中学调查，“正式成立学生自治会的达62所，占89.9%。69所中学共有各种形式的社团共461个，平均每校设立社团6.7个”④。而同时期美国中学学生自治会的设置数量也赶不上中国，廖世承引证当时美国的调查资料，称：“萨兼尔(Satehell)曾调查聘雪尔尼亚州中学自治概况，他共调查了200个著名的中学校，收到150份答案。其中有42校，回答有自治会的组织；有108校，回答没有这种组织。108校中有9校，说因为试验失败才取消的；有12校说正在

① 郑航著：《中国近代德育课程史》，人民教育出版社2004年版，第133页。

② 《教育部整理教育方案草案》，见璩鑫圭等编：《中国近代教育史资料汇编·学制演变》，上海教育出版社1991年版，第737页。

③ 袁世凯：《特定教育纲要》，璩鑫圭等编：《中国近代教育史资料汇编·学制演变》，上海教育出版社1991年版，第751页。

④ 王伦信著：《清末民国时期中学教育研究》，华东师范大学出版社2002年版，第188页。

预备进行;其他 87 校只回答没有自治会,并不说什么理由。"[1]

三、学生自治制的引进、实施及其困惑

"学生自治制"实为舶来品。林砺儒指出:"1531 年,宗教革命领袖路得(今译路德——引者注)的好朋友 Trazendorf 在德国 Golblerg 中学校创行学生自治制,令学生们选出委员,担任维持校规,砥砺品行及补助课业等事;又选出裁判员十数人处理同学间争执事件。这是学生自治之始……至 1897 年,美国人 W. Gill 用学生自治制改良纽约一个校风极劣的学校,博得一般人惊叹,此制便流行起来。"[2]吴俊升则认为,"学生自治"的起源,还可以往前"推至十三世纪英国";但他也承认"真正之学生自治制度,乃创行于美国。最初起于公民教学,因欲使儿童体验公民生活之实际,增加学习之动机,故在公民课内,作公民活动之实习,如议会形式,如投票等等。其后乃在课外,发生一种固定之组织,模仿一市或一国之制度,使学生在此种组织之中,实地练习公民生活"[3]。

严格意义上的"学生自治制"何时传入中国尚难确认,清末教育家马相伯在 1902 年底正式创办的"震旦学院"即十分看重学生的自治能力,实行民主自治制。学院除设院长、总干事、会计干事外,"其余干事,于学期开始,由学生互推分别担任,其职务至学期之终为止,只执掌权限,悉遵学生自治规程"。[4] 不过,与震旦学院的私立性质不同,清末官办的各类学堂仍然奉行"中体西用"的办学学原则,并不欢迎学生自治;相反,以各种形式压制学生的言论和行动自由,学生自治组织属非法团体,更不容许其干涉学校行政。民国成立后,特别是"五四"新文化运动后,"新教育"勃然大兴,"学生自治制"遂风行全国各地的中小学校。如:较早实行"学生自治制"的江苏省立第一师范附属高等小学校及国民学校,就明确规定:"管理主张辅导自动,不欲遇事干涉。高小取自治制,国民采用监督自治制";学校特别提倡:"养成其

---

① 廖世承著:《中学教育》,商务印书馆 1924 年初版、1932 年国难后第一版,第 371 页。

② 《关于自治》,见北京师范大学编:《林砺儒文集》,广东教育出版社 1994 年版,第 646 页。

③ 吴俊升编:《德育原理》,商务印书馆 1948 年版,第 134～135 页。

④ 陈传德:《马师相伯先生创办震旦学院之特种精神》,见宗有恒等编著:《马相伯与复旦大学》,山西教育出版社 1996 年版,第 232～233 页。

自治精神，如使学生组织音乐会、演说会、游艺会、运动会是也”。[①] 又如：江苏省武进县市立第三高等小学校亦十分注重培养学生的自治习惯，“定名为某级学生自治会”，设正负会长各一人，其自治事项为：“(1) 注意教室之整理，(2) 注意坐位之姿势，(3) 注意游散时之秩序，(4) 注意游戏器具之整理，(5) 注意排队散队之整齐，(6) 注意散课后路中之秩序。如遇有疑难事项仍由本级级任教师指导之。”[②]

事实上，“学生自治制”传入中国后并非一成不变，往往依据中国的实际国情，并随着时代变化而变化。以国立南京高等师范学校（后改东南大学）附属小学为例，该校训练儿童自治的公仆会正式成立于 1919 年秋，然而在此之前，“本校对于儿童自治方面像级长的管理级务，照料生的监护同学，学校新闻的学生投稿，以及自修室室长的照料同学，都已初具规模。惟当时的级长、室长不过受教师之命，维持本级本室的风纪；照料生不过受当值教师的指挥，辅助教师照料同学；学校新闻虽有学生投稿，但主编者仍为教师。所以当时所有各项儿童服务，完全以教师为主体，儿童不过被动罢了！”[③]如果儿童只是立于被动的地位而缺少主体精神，这显然不符合儿童自己做主的自治要求。为此，1918 年 8 月，曾组织“学生会”，旨在“培养儿童的自治习惯”和“引起儿童的自治需要”；但实行下来并不理想，依赖教师的地方仍然很多，且学生会会长由职员会公举，“也觉得和自治精神少合”。职是之故，决定成立真正属于儿童自己的自治组织——公仆会。“公仆会的取义，是为公众服务……所以本校公仆会组织法的第一条是：公仆会由学生组织，讨论全校同学生活之改进，协助校务之进行，并练习自治能力，培养社会服务之习惯。”[④]就组织系统而言，该公仆会初期共设立级务、舍务、膳食、招待、成绩、图书、新闻、体育、巡察团、童子军、卫生行政、商社、华乐等十三部，采用委员制，由推选出来的部长主持本部工作，由各部部长和巡察团总区长合组的公仆大会，为“儿童自治的最高机关。公仆大会和各部都有相关的教师一人或二人做他们的指导”[⑤]。据统计，从 1919 年 6 月至 1926 年 11 月，学校公

① 教育部普通司编：《优良小学事汇》（第一辑），商务印书馆 1919 年版，第 55 页。
② 教育部普通司编：《优良小学事汇》（第一辑），商务印书馆 1919 年版，第 197～198 页。
③ 中央大学实验小学校编：《一个小学十年努力纪》，中华书局 1933 年第 6 版，第 298 页。
④ 中央大学实验小学校编：《一个小学十年努力纪》，中华书局 1933 年第 6 版，第 299 页。
⑤ 中央大学实验小学校编：《一个小学十年努力纪》，中华书局 1933 年第 6 版，第 300 页。

仆大会共通过了70次议决案，提案件数多达365件。[①] 这对于提高学校的管理水平和培养学生的自治能力无疑具有十分重要的参考价值。

与设立各种专门委员会的委员制不同，也有的学校模拟西方国家的三权鼎立制设立自治市，由儿童组织市议会、行政等活动，如江苏一师附小所设的“三尚市”（尚自由、尚平等、尚互助）、上海尚公小学的“尚公市”、江宁四师附小的“诚毅市”等。也有学校先是采用三权鼎立制，后又改为委员制，如东南大学附属中学的“学生自治会”，1920年12月31日成立之初，“袭用三权鼎立制，即除总干事总理一切事物外，分议事、行政、纠察三部是也。行之未及二年，觉此制仅由少数教职员负办事责任，未免偏劳，不适合于共和之旨，乃由学生提议，修改章程，取消三权制，采用委员制”。[②]

应该肯定，学生自治会的普遍成立对于反对专制主义威权管理，张扬学生个性，培养学生的自主独立精神，活泼校园文化生活，传播自由、平等意识均具有不可磨灭的重要意义，是训育开始走向民主化的重要标志。陶行知说：“今日的学生，就是将来的公民；将来所需要的公民，即今日所应当养成的学生。专制国所需要的公民，是要他们有被治的习惯；共和国所需要的公民，是要他们有共同自治的能力。中国既号称共和国，当然要有能够共同自治的公民。想有能够共同自治的公民，必先有能够共同自治的学生……我们既要能自治的公民，又要能自治的学生，就不得不问问究竟如何可以养成这般公民学生。从学生的原则看起来，事怎么做，就须怎么学。”[③]但事物的发展总是辩证的，当学生自治会超越了其“大家学习自己管理自己”的权限，[④]当有些学生过于张扬个性，并热衷干预学校行政管理事务，其结果只能使“学生自治与学校立在对峙地位”。[⑤] 这样的学生自治会显然在很大程度上已误入歧途。

林砺儒说：民国八年以来，“国内各校学生自治已经十几年，回顾起来，成绩很少可观。推其原因，是国内教育家还未认识这一点特质——中国固有国民性是极不宜于团体自治的，而团体自治是中国学生必须学习的……

---

① 中央大学实验小学校编：《一个小学十年努力纪》，中华书局1933年第6版，第304～306页。

② 廖世承等编：《施行新学制后之东大附中》，中华书局1939年第5版，第37页。

③ 《学生自治问题之研究》，见《陶行知全集》（第一卷），四川教育出版社1991年版，第29～30页。

④ 《学生自治问题之研究》，见《陶行知全集》（第一卷），四川教育出版社1991年版，第29页。

⑤ 《学生自治问题之研究》，见《陶行知全集》（第一卷），四川教育出版社1991年版，第33页。

十余年来学生自治会也脱不了这个圈套。或者是大家都冷淡，谁也不爱过问，自治会毫无生气。遇着有几个机灵的，就想借自治会名义出风头，图一点不可告人的便宜。再遇着想出风头的人多，同学间便争打起来，变成自乱会。而大多数懒管事的，依然不闻不问，往往被十个八个人把学校弄到一团糟”。[①] 不过，林砺儒也同时指出，我们不能因噎废食，“连自治制度都看坏了”，强调“我们自治会所做的事，该以我们学生的生活范围为限，不可嫌它卑近，能够在日用寻常底事，练习团体合作，大家奉公，守法，一面可有益于身心，一面便可矫正民族底弱点”。[②] 中学教育专家廖世承也很痛心地反省道：“我以为自治会失败最重要的缘由，在未养成学生自治能力以前，加以大规模的组织，‘好高骛远’，本是人类的通病。所以学生不谈自治则已，谈到自治，总觉得范围愈大愈好，小了要被人家看轻。凡和他们学校生活有关系的，希望都受他们自治会的支配。什么行政部、评议部、纠察部，式式都有，会务定得很烦重，规章定得很详密，但是什么人去负责？没有人。”[③]而另一著名教育专家经亨颐则认为，学生自治会的顺利开展同样离不开校长、教师的积极指导，他说：“自有学生自治会以来，教员和学生比从前更隔绝了！长此下去，恐怕学生自治的真义永远不能表现，学校信用永远不能成立，到底也不是教育的本义。我当时以为这种现象是一定要经过的，认为现在的学生自治会是第一期学生自治会，对学校是一种消极的手段。第二期学生自治会是怎样呢？当然是积极的指导，做校长教员的有了觉悟，不可以威权用事，不可以束缚学生精神，但是做校长教员仍有不能不切实指导的责任。否则你为什么叫做校长教员呢！我所以希望赶快从第一期学生自治会进于第二期学生自治会，这实在是教育界的幸福……我等不及第一期学生自治会何时经过，又恐怕成了消极的习惯；弄得一般中等学生青年走投无路！到底他们年纪还小，不能不指导的啊！”[④]因此，如何合理地疏通和引导学生自治会发展方向，已成为“五四”运动后教育界有识之士关注的核心问题，成为当时中小学训育改革的一个十分重要方面，同时也为日后南京国民政府打压学生运动提供了一定借口。

---

① 北京师范大学编：《林砺儒文集》，广东教育出版社 1994 年版，第 647～648 页。

② 北京师范大学编：《林砺儒文集》，广东教育出版社 1994 年版，第 648 页。

③ 廖世承著：《中学教育》，商务印书馆 1924 年初版、1932 年国难后第一版，第 375 页。

④ 张彬编：《经亨颐教育论著选》，人民教育出版社 1993 年版，第 248～249 页。

第三节 南京国民政府时期的思想控制与训育制度

1927 年 4 月 18 日，蒋介石通过“政变”在南京成立了代表大地主、大资产阶级利益的国民政府。为了维护国民政府的长治久安，蒋介石利用孙中山的“三民主义”旗号而篡改其本质内涵，极力强化党国意志和一党专政，推行“党化教育”（后改为“三民主义教育”），企图以篡改后的“三民主义”思想控制包括中小学在内的全国学校教育，并陆续建立了一套与之配合的十分严密的训育制度。

一、思想控制与“党化教育”对现代德育精神的背离

“党化教育”最早是由第一次国共合作时期的广东国民政府于 1926 年 7 月提出，所包含的 14 条纲领起初并无排斥异己的意思。① 但南京国民政府成立后，“党化教育”很快演化成排斥异己的一党专制主义教育。

1927 年 7 月，浙江省教育厅制定了《浙江实施党化教育大纲》，强调要“以本党（中国国民党——原注）训练党员之办法训练学生”，“以本党的纪律为学校的规约”，②使学生逐渐养成以“三民主义”为旨趣的人生观。由于“党化”二字过于露骨，同时“党化”二字在国民党内部也产生分歧，以为光说“党化”，分不清是国民党化还是共产党化，徒生混淆。1928 年 5 月，“党化教育”被正式更正为“三民主义教育”，但其专制主义教育性质并未变化。1929 年 4 月 26 日，国民政府公布了《中华民国教育宗旨及其实施方针》，要求“各级学校之三民主义之教育，应与全体课程及课外作业相贯连，以史地教科阐明民族之真谛，以集团生活训练民权主义之运用，以各种生产劳动的实习，培养实行民生主义之基础，务使智识道德融会贯通于三民主义之下，以收笃信

---

① 详见王炳照等主编：《中华人民共和国教育历史传统与基础》，海南出版社 2000 年版，第 233～234 页。

② 《浙江实施党化教育大纲》，见舒新城编：《近代中国教育史料》补编，《民国丛书》第二编 46，上海书店据中华书局 1933 年版影印，第 24 页。

力行之效"[①]。就普通教育而言，该实施方针明确规定："普通教育，须根据孙总理遗教，以陶融儿童及青年'忠孝仁爱信义和平'之国民道德，并养成国民之生活技能，增进国民生产能力为主要目的。"[②]很显然，儒家伦理教育的核心内容被明令实行，其培养效忠党国的目的不言自明。

如上所述，中国现代德育是"五四"新文化运动的产物，是在与顽梗的封建教育激烈抗争中逐渐成长起来，它把科学民主、自由平等、个性独立写在自己的战斗旗帜上，进行着不屈不挠的艰难探索。然而，这些正在努力追求的崇高精神理想却顷刻间为国民政府所漠视。为了统一思想和打击异己，蒋介石极力反对学潮，要求学生埋头读书，收敛个性，遵纪守法，服从师长。1930 年 12 月，南京国民政府行政院在《整饬全国学风之通令》中写道："近年以来，我国学生受共产党人及一切反动派之诱惑，动辄借口改良校务，罢课要挟，甚则擅自集会，散发传单，供人利用，妄分派系，驯至放僻邪侈，靡所不为，青年堕落，念之滋痛。循此不革，不惟教育破产，抑且有亡国灭种之忧……(学生)不得干涉教育行政，致荒学业。如再有甘受反动派之利用，仍若嚣张恣行越轨者，政府为爱护青年贯彻整饬学风计，惟有执行严绳，以治反动派者治之，决不稍事姑息。"[③]在这里，蒋介石主政的国民政府不仅极尽污蔑共产党，而且公开威胁恐吓学生，企图全面控制学生的思想与行动自由，并肆意在学潮中滥捕滥杀爱国学生。很显然，蒋介石正在制造专制型同一化的新"规训权力"模式，其目的就如法国学者米歇尔·福柯所说：通过"对学生施加经常性的压力，使之符合同一模式，使他们学会'服从、驯服、学习与操练时专心致志，正确地履职责和遵守各种纪律'。这样，他们就会变得大同小异"[④]。所有这一切都充分证明：被篡改后的"三民主义教育"已严重背离现代德育精神，而堕落成新的思想禁锢。

---

① 《中华民国教育宗旨及其实施方针》，见宋恩荣、章咸主编：《中华民国教育法规选编》(1912—1949)，江苏教育出版社 1990 年版，第 45 页。

② 《中华民国教育宗旨及其实施方针》，见宋恩荣、章咸主编：《中华民国教育法规选编》(1912—1949)，江苏教育出版社 1990 年版，第 46 页。

③ 《行政院整饬全国学风之通令》，见李桂林主编：《中国现代教育史教学参考资料》，人民教育出版社 1987 年版，第 290～291 页。

④ [法]米歇尔·福柯著，刘北成等译：《规训与惩罚》，生活·读书·新知三联书店 2003 年版，第 206 页。

二、“训育制度”的严密化及其专制色彩

为了保证“三民主义”教育方针的贯彻执行，南京国民政府逐渐建立起一套异常严密的“训育制度”，对学生的思想和行为进行全面控制，其目的即是为国民党的一党专政服务。

1928年7月28日，国民党北平政治分会就白崇禧倡导实行“三民主义化教育”致电国民政府，称“一般学子因管教之不严，或干预政治，越俎代谋，或曲解学说，误入歧途，贻害政治社会”，要求“责成教育行政主管机关，严加整顿，使课目学位名副其实，并实行三民主义化，树立教育之精神，以固党国百年之基础”①。其后，国民政府在如何加强“三民主义化教育”的问题上逐渐达成共识。为了切实强固党国的基础与利益，国民政府十分重视国民党党员在党治教育或党化教育中的独特作用。1928年10月，国民党中央训练部在党治教育方案中明确规定：“实施党治教育，须以具备相当资格之本党忠实党员，担任与党义有关之教育职务（例如全国及各省教育行政长官、国立、省立学校校长，及各校训育主任、党义教师之类——原注）。”②但考虑到各地区国民党党员数量分布不均等因素，南京国民政府对担任党义教师的政治素质要求略有变通，允许部分非国民党党员准入，也可以成为“代用党义教师”。不过，国民政府要求这样的党义教师必须向党组织靠拢，规定：“凡经审查合格之代用党义教师，应由审查党义教师资格委员会代请省、特市党部委员二人介绍，为本党预备党员，函请该省市党部办理入党手续。”③

南京国民政府之所以特别强调要以国民党党员或预备党员担任党义教师、训育主任等职务，无非是要让这些所谓政治上相对成熟的教师，“时时与学生接近，藉以匡正其思想言论行动”④。关于小学，国民政府要求：“1. 党

---

① 《国民党北平政治分会关于白崇禧提议实行三民主义化教育案致国民政府代电》，见中国第二历史档案馆编：《中华民国史档案资料汇编》第五辑第一编教育（二），江苏古籍出版社1994年版，第1010页。

② 《国民党中央民众训练部订定的党治教育实验方案》，见中国第二历史档案馆编：《中华民国史档案资料汇编》第五辑第一编教育（二），江苏古籍出版社1994年版，第1011页。

③ 《国民党中央常委会通过的审查党义教师资格条例》（1931年7月30日），见中国第二历史档案馆编：《中华民国史档案资料汇编》第五辑第一编教育（二），江苏古籍出版社1994年版，第1081～1082页。

④ 《各级学校党义教师及训育主任工作大纲》，见中国第二历史档案馆编：《中华民国史档案资料汇编》第五辑第一编 教育（二），江苏古籍出版社1994年版，第1085页。

义课程之教学，应注意使儿童对三民主义有简明的概念及正确的信仰，并须与童子军课程切实联贯；2. 协同训育主任及其他教职员指导儿童表演革命故事及有关党义之竞赛等。”关于中学，也提出了相似要求：“1. 党义课程之教学，应注意使学生对于三民主义能笃信力行，并须与童子军课程切实联贯；2. 协同训育主任及其他教职员指导学生表演革命史实及举行党义演说竞赛会、研究会等。”[①]除要求严格贯彻如上硬性规定外，党义教师及训育主任还必须在学期末填写《各级学校党义教师工作成绩报告表》和《各级学校训育主任工作成绩报告表》，并提交相关党部进行考核，“各级党部应将考核结果逐级呈报上级党部审查”。[②] 此外，有关党义教科书也必须经过严格审查，规定“党义方面‘不及格’，其他各项不论有无错误，皆认为不及格，不准发行”[③]。

但遗憾的是，国民政府突出“党义教育”，非但没有达到以党治教、以党化民的初衷，反而因特设“党义科”，“造成硬化，特殊化而不发生效果。于是党义教育不特不深入国民意识，且并不与国民意识有多大关系矣”。[④] 由于觉察到“党义科”的失效，国民党内部也有人主张将其“并入社会常识科（公民科）而为中心，使社会常识党义化”；同时要求全面渗入社会科学教材书籍中。这一建议很快被采纳，1933 年以后，党义科不再设立，其内容被纳入公民、历史、地理等科目中。其实，这一更改并无本质变化。对此，国民党中央民运会在“关于审查公民教师资格的提案”中说得十分露骨，称：“全国中小学校将于本年暑假后，不设党义课程，而代以该项公民等课。考其究竟，仍在养成三民主义政治下之健全国民。其教材编订之适合固属重要，而施教者是否深明主义，是否竭诚为本党努力，是否为本党党员，以及教者能否以身作则，示学者以健全公民之模范，尤为重要也。盖公民一课，除应授予公民必备之知能外，更须注重人格感化与道德实践，设教者自己不能身体力

---

① 《各级学校党义教师及训育主任工作大纲》，见中国第二历史档案馆编：《中华民国史档案资料汇编》第五辑第一编 教育（二），江苏古籍出版社 1994 年版，第 1087～1088 页。

② 《党义教师及训育主任工作成绩考核办法》，见中国第二历史档案馆编：《中华民国史档案资料汇编》第五辑第一编 教育（二），江苏古籍出版社 1994 年版，第 1089 页。

③ 《中央训练部审查党义教科用书暂行办法》，见中国第二历史档案馆编：《中华民国史档案资料汇编》第五辑第一编 教育（二），江苏古籍出版社 1994 年版，第 1114 页。

④ 《河北省党部提“关于国民教育案”原文》，见中国第二历史档案馆编：《中华民国史档案资料汇编》第五辑第一编 教育（二），江苏古籍出版社 1994 年版，第 1083 页。

行，则受教者将毫无信仰可言，而教学之全盘计划与目的，均将完全失败……故嗣后公民教师必具备之资格为：(一) 党员，(二) 模范公民，(三) 相当学历与教学经验等项。”[①]在这里，国民党党员被视为公民科教员的必备条件。那些非党员而经审查合格的公民科教员或代用公民科教员、训育主任或代用训育主任，则必须经过上级党部委员两人介绍，为国民党预备党员。[②]

国民政府何以要对最基层的训育负责人做出如此苛刻的规定呢？透过其某些装潢门面的“革命话语”，其内涵无疑是不折不扣的反共反人民，实行国民党一党专政。1936 年 3 月 1 日，国民政府在《修正中等学校训育主任公民教员工作大纲》中就如何“指导学生生活”，写道：“一、总理纪念周、各种纪念日及各种集会，应因时制宜讲演总理遗教、革命史实、共匪罪恶、国难经过，并依据中央施政方针作时事报告。二、指导并鼓励学生参加课外活动，使党义教育能渗透于学生全部生活之中。三、考查学生所阅刊物及交友种类与平时之言论行动，以便侦悉其对于党之态度及其思想与生活……”[③]

随着日本帝国主义侵略行为不断升级，烧杀抢掠，无恶不作；而国民党却一度顽固奉行所谓“攘外必先安内”的政策，广大学生的爱国热情如火山般爆发，爱国主义行动此起彼伏，催人奋进。为了控制学生的思想动向，压制其爱国主义行动，国民政府愈益强化其训育制度，先后颁布《青年训练大纲》(1938 年 2 月 28 日，教育部第 657 号通令)、《训育纲要》(1939 年 9 月 25 日，教育部第二三一七六号训令颁发)等重要文件，对包括中小学在内的全国各类学校训育提出许多更加具体细密的要求，不惟明示直言“四维”、“八德”，甚至直言要“讲述领袖之言行，激其信仰领袖服从领袖之情绪，使青年耳听心唯，时时刻刻心领领袖之心，行领袖之行”[④]。强调要“由孙总理及蒋总裁言行之阐述，以树立儿童对领袖之尊崇与信仰，并培养其忠贞、服从、责

---

① 《国民党中央民运会关于审查公民教师资格的提案》，见中国第二历史档案馆编：《中华民国史档案资料汇编》第五辑第一编　教育(二)，江苏古籍出版社 1994 年版，第 1097 页。

② 参见《审查中等学校公民教员资格条例》(1933 年 8 月 31 日)、《审查中等学校训育主任资格条例》(1933 年 8 月 31 日)，见中国第二历史档案馆编：《中华民国史档案资料汇编》第五辑第一编　教育(二)，江苏古籍出版社 1994 年版，第 1100 页、第 1102 页。

③ 《修正中等学校训育主任公民教员工作大纲》(1936 年 3 月 1 日)，中国第二历史档案馆编：《中华民国史档案资料汇编》第五辑第一编　教育(二)，江苏古籍出版社 1994 年版，第 1105 页。

④ 《青年训练大纲》，李桂林主编：《中国现代教育史教学参考资料》，人民教育出版社 1987 年版，第 309 页。

献、牺牲诸美德”[①]。

此外，国民政府还出台了“导师制”、“军训制”、“毕业生会考制”等训育制度建设。以中等学校导师制为例，明确要求“各级导师对于学生之性行、思想、学业、身体状况，各项详密记载，并应针对学生缺点提出改进意见，每学期报告训导（教导）处二次，并于可能范围内举行学生家庭访问及与学生家长或监护人通讯，训导（教导）处于每学期之终根据考察结果及导师报告，通知学生家长，如平时发现学生不良之习性或其他特殊之事项，应随时通报”[②]。在这里，我们所看到的导师仿佛就是军事侦察员。

概言之，国民党一步步建立起来的“训育制度”突显了其思想统制和政治信仰。对此，蒋介石并不讳言，他说：“全国小学教员之统制与训练，现已进行至如何程度，应按时按地先定整个计划，俾得分期分地逐步推进，使务全国小学教员皆为三民主义之宣传员为要。”[③]在蒋介石看来，教员与三民主义之宣传员应该合二为一，教化与党化自当显微无间。只有这样，才能满足其政教合一的“新生活理想”。

第四节　共和国学校德育的历史进步与曲折发展

1949年10月1日，中华人民共和国的庄严成立标志着中国社会形态已从一个多世纪以来半殖民地半封建社会转变成人民当家做主的共和国社会。这一伟大的社会转型为学校德育的改革发展提供了极好契机。经过最高领导层的认真商议与决策，共和国确立了以批判“旧教育”为突破口，以革命根据地学校德育经验为基础，以苏联社会主义德育为样板，并努力探索以“五爱”为核心的新德育体系。但随着国内外形势发展，“左”倾思想不断升级，德育政治化问题日益突出，“文革”期间更走向极端。直至“改革开放”以

① 《青年训练大纲》，李桂林主编：《中国现代教育史教学参考资料》，人民教育出版社1987年版，第333页。

② 《中等学校导师制纲要》，见中国第二历史档案馆编：《中华民国史档案资料汇编》第五辑第二编　教育（二），江苏古籍出版社1994年版，第231页。

③ 《蒋介石关于加强全国小学教员统制与训练的手令及教育部办理情况报告书》，见中国第二历史档案馆编：《中华民国史档案资料汇编》第五辑第二编　教育（一），江苏古籍出版社1994年版，第464页。

后，伴随着社会经济的巨大变迁，中国中小学德育也进行了一系列相应的改革探索，力求德育与社会的和谐共进。

一、社会转型与共和国学校德育改革的价值导向

一定的教育总是一定社会的政治、经济在观念形态上的反映。伴随着新民主主义社会的到来，原先服务于半殖民地半封建社会的旧德育必然要作根本性质的改革，以让位于适应时代需求的新德育。对此，教育部钱俊瑞副部长在 1949 年 12 月 30 日召开的第一次全国教育工作会议上曾做过系统表述。他说："建设中华人民共和国的新教育是一个长期的奋斗过程……我们的教育必须根据《共同纲领》，以原有的新教育的良好经验为基础，吸收旧教育的某些有用的经验，特别是要借助苏联教育建设的先进经验，建设我们的'以提高人民文化水平，培养国家建设人才，肃清封建的、买办的、法西斯主义的思想，发展为人民服务的思想为主要任务'的新民主主义教育。"[①]在这里，钱俊瑞所说的虽然是整个共和国教育，但也同样适合于其中的德育改革。这就是，要批判国民政府的旧德育遗毒，吸收老解放区的德育经验，以俄为师，建立符合共和国需要的新德育体系。

关于旧德育，主要是指 1927 年南京国民国民政府成立以来所建构的"党化"或"三民主义化"德育体系。它借孙中山的"三民主义"之名，大搞"一个党"、"一个主义"的专制主义德育，其核心就是灌输国民党根本政策和推行以"四维"（礼、义、廉、耻）、"八德"（忠、孝、仁、爱、信、义、和、平）为核心内容的道德说教。要求中小学普设"党义"课（后改为"公民"课），主张以"国民党党员守则"训练学生，建立了导师制、军训制、毕业生会考制、三青团等一系列严密的训练制度。很显然，这一专制主义的训育制度严重背离了人民民主精神，必须根本推翻，导师制、军训制被相继废除，"党义"课、"公民"课也很快被明令取消。这些改革无疑是正确的，但如何吸收旧德育中的某些合理因素确实值得深思。曾经引领中国"新教育"探索的陶行知、陈鹤琴，因其理论渊源于杜威实用主义教育思想，故而也被归入"旧教育"范域，遭至无情打击。至于像行乞办义学的武训更是被作为反面教材，引发了全国性的

① 《钱俊瑞副部长在第一次全国教育工作会议上的总结报告要点》，见何东昌主编：《中华人民共和国重要教育文献》(1949—1975)，海南出版社 1998 年版，第 7～8 页。

批判狂潮。由于采取的不是平心静气的学术批判，而是非理性的政治批判，“吸收旧教育的某些有用的经验”遂成为一句空话，从而严重地违背了教育发展的客观规律，不利于学校德育的健康成长。

关于老解放区德育经验，即是指中国共产党在土地革命、抗日战争和解放战争等不同时期逐渐积累下来的许多宝贵德育经验，它不是和平环境下的正规学校产物，而是革命战争艰苦条件中历练出来的教育智慧。其特点就是强调教育的政治性和革命性。这一点，毛泽东在阐述“苏维埃教育总方针”时做了生动概括。他说：苏维埃教育总方针，“在于以共产主义的精神来教育广大的劳苦民众，在于使文化教育为革命战争和阶级斗争服务，在于使教育与劳动联系起来，在于使广大中国民众都成为享受文明幸福的人”[①]。事实上，毛泽东所阐述的苏维埃教育总方针也是整个老解放区中小学德育工作的指导思想。虽然各个不同革命时期中小学德育工作的具体要求是多种多样的，但突出政治信仰，强调德育为革命战争和阶级斗争服务，要求用共产主义精神和理想引导革命后代，则是共同的。因为在马克思主义者看来，并不存在超政治、超阶级的教育，特别是“激烈的革命的国内战争环境中，教育也只有同革命战争的各方面——儿童的实际生活联系着，方才能够真正培养共产主义建设者的新后代”[②]。新中国成立后，虽然急风暴雨式的革命战争已经基本结束，但共和国所面临的国内外环境十分严峻。除国民党残余势力继续顽抗外，以美国为首的帝国主义不仅加强对新生共和国的全面封锁，而且悍然发动朝鲜战争，其侵略中国的野心昭然若揭。正是在这样异常复杂的历史条件下，中央人民政府十分注重弘扬老解放区的德育经验，突出了德育的阶级性和为现实政治斗争服务的功能，强调了马克思主义思想的指导地位，进行广泛的共产主义道德教育宣传，并对实用主义等各种非马克思思想展开批判。应该肯定，这些决策是完全正确的，但如何做到与时俱进地继承老解放区的德育经验？如何在批判实用主义德育观的同时也吸收其合理内核？这些问题在建国初期的德育改革中并没有得到合理的解决。

关于以俄为师，作为社会主义国家的第一个成功样板，社会主义苏联理

---

① 《毛泽东同志论教育工作》，人民教育出版社 1992 年版，第 8 页。

② 《小学课程教则大纲》，见陈元晖等编：《老解放区教育资料》(一)，教育科学出版社 1981 年版，第 315 页。

应成为我新生共和国的师法对象。这不只是因为当时资本主义与社会主义两大国际阵营的激烈斗争所使然,更重要的是苏联已积累了30多年的建国经验,它对新中国而言确实是一笔巨大财富。"我们的社会主义性质的国营经济,计划化的生产建设,和苏联基本相同,我们的生产的设备、技术管理等等方面,都要迎头学习苏联,因此在教育建设的各个方面也必须很好地学习苏联,那么培养出来的人才,才能和我们的生产建设相适应。我们教育要为工农服务,这更是任何资本主义国家所没有的,这正和苏联相同,更是只有学习苏联的经验,才能较好地完成我们的教育任务。"①就德育而言,我们首先引进凯洛夫主编的《教育学》,仅建国初期的短短数年内,该书就热销了50万册,成为当时中小学教师的必读书。凯洛夫不主张专设德育课,但这并不表明他不重视德育工作,恰恰相反,他认为,德育是一切教学工作的灵魂,强调"教学的教育性",认为每一个教师在教学时都义不容辞地承载着神圣的德育使命。也正是在这个意义上,凯洛夫认为,每一个教师都必须学习和掌握马克思列宁主义理论,他说:"掌握马克思列宁主义的理论是苏维埃教师在他的工作中获得良好效果的首要条件……共产主义思想能够使一个教师的全部活动具有内在的严整性。一个苏维埃教师如果能够自觉地掌握马克思列宁主义学说的基本知识,忠心耿耿于共产主义事业,他就能形成科学的、辩证唯物主义的世界观,养成并且实际上表现出他具有那些他必须培养儿童和青年的高尚品质。"②我们在建国初期还较系统地引进了马卡连柯的集体主义德育思想,他那句"在集体中,通过集体,为了集体"的名言,长期以来一直是新中国中小学德育组织活动的重要原则。此外,如包德列夫的《共产主义道德教育问题》、加里宁的《论共产主义教育》等德育著作,以及《钢铁是怎样炼成的》、《卓娅与舒拉的故事》、《青年近卫军》等文学作品,都深深地影响了新中国中小学德育工作的具体展开和实际走向。平心而论,"以俄为师"的价值取向乃势所必然的历史选择,但如何在师俄过程中做到与民族优秀德育传统的结合,如何与当时的中国社会实际和民族特性进行有机融通,显然未引起足够的重视。

概言之,社会转型是德育变革的前提,共和国所确立的德育改革之价值

---

① 《进一步学习苏联的先进教育经验——迎接中苏友好周》,见袁振国编:《中国当代教育思潮》(1949—1989),三联书店1991年版,第21～22页。

② [苏]伊·阿·凯洛夫总主编:《教育学》,人民教育出版社1957年版,第72页。

导向有其历史的必然性。但在改革过程中确实存在急功近利的浮躁情绪和教条主义作风，致使共和国初期所开展的包括德育在内的整个教育改革呈现出明显的缺点。对此，周恩来总理在第一届全国人民代表大会第四次会议上曾做过深刻分析。他说："过去，教育部门在实际教育改革的时候，也发生过若干偏差，主要是否定了旧教育的某些合理的部分，对解放区革命教育的经验没有做出系统的总结，加以继承，并且在学习经验的时候同我国实际情况结合不够。这些缺点今后应该改正。但是如果有人因为教育改革中有这些缺点，就否定教育改革的成绩是基本的，甚至根本否认教育改革的必要性，企图使今天的教育走回到旧教育的老路上去，那是完全错误的。"①

二、德育政治化的累积与攀升

依据"大德育"理念，我们今天所理解的德育即指政治教育、思想教育、道德教育、法制教育和心理教育五个相互联系的有机体。而德育政治化，则有意窄化德育的基本内涵，极力放大德育的政治导向。

从历史上看，德育政治化乃是儒家德育的重要特点，是儒家伦理政治教育的必然产物。在国共两党剧烈斗争的年代里，双方都热衷于德育政治化宣传，旨在抢占学校德育工作的制高点。共和国成立后，由于当时所面临的异常复杂的国内外特殊环境，德育的政治化倾向非但没有削弱，反而进一步加强。建国初期，中小学校普遍开设中国革命常识、共同纲领、中华人民共和国宪法等内容；同时，由于受苏联凯洛夫《教育学》所强调的"教学教育性"思想影响，中小学特别突出学科教学的德育功能，并一度取消政治课，仅保留宪法课。这种做法本身并没有削弱德育重要性之意，但很快引起了中央高层领导的密切关注。1957 年 2 月，毛泽东明确指示，必须"加强思想政治教育"，强调"我们的教育方针，应该使受教育者在德育、智育、体育几方面都得到发展，成为有社会主义觉悟的有文化的劳动者"②。为了进一步突出教育工作的政治方向，中共中央国务院与 1958 年 9 月 19 日特颁发了《关于教育工作的指示》，明确地将"教育必须为无产阶级的政治服务，教育必须与生

① 周恩来：《政府工作报告——一九五七年六月二十六日在第一届全国人民代表大会第四次会议上》，见华东师大教育系教研室编：《教育学参考资料》（上册），人民教育出版社 1980 年版，第 31 页。

② 毛泽东：《关于正确处理人民内部矛盾的问题》，见袁振国编：《中国当代教育思潮》（1949—1989），三联书店 1991 年版，第 36 页。

产劳动相结合”，作为党的教育方针；要求切实加强马克思列宁主义的政治教育和思想教育，“培养教师和学生的工人阶级的阶级观点（同资产阶级进行斗争），群众观点和集体观点（同个人主义观点进行斗争），劳动观点即脑力劳动与体力劳动相结合的观点（同轻视体力劳动和体力劳动者、主张劳心劳力分离的观点进行斗争）”。[①] 这四个观点的表述充分体现了教育的政治化导向，对此后较长时期的中小学德育工作产生了实际影响。

“教育必须为无产阶级政治服务”，而政治运动不断高涨恰恰是建国后特别是正式进入社会主义建设时期的重要特征。从建国初期的“三反”、“五反”运动，到后来的社会主义教育运动，“反右派”运动，总路线、大跃进和人民公社运动，以及“四清”运动，几乎每一种运动都是全国性的精神大洗礼，都不可避免地要对中小学德育工作产生深刻影响。以 1958 年全国中学普遍开设的“社会主义教育课”为例，该课程被定位为“兴无灭资”的思想教育课，其教学目的就是要“使学生受到一次实际的阶级教育，提高他们的社会主义思想觉悟”[②]。而每当新的政治运动到来，中小学的德育课程便不得不因时变易，花样翻新。至于“文化大革命”期间（1966—1976），“语录课”、“批判课”等名目更是层出不穷，所谓“批林批孔”、“评法批儒”、“反击右倾翻案风”等活动，一浪高过一浪，学校几乎成了大批判的主战场，德育政治化不断攀升，甚至完全以政治代替德育。

三、“改革开放”以来中小学德育的深度变革

粉碎“四人帮”之后，特别是 1978 年中国共产党提出“改革开放”政策以来，中国社会进入了一个崭新的历史时期；至 1992 年邓小平南巡讲话之后，中国社会更树立了以社会主义市场经济建设为中心的新阶段。社会经济的转型性变革必然为中小学德育发展带来相应的深度变革，使之呈现与往日德育的不同风貌，表现出强烈的时代特征。

一是，摈弃空洞的政治化德育，回归真实的生活化德育。教育为无产阶级政治服务、为阶级斗争服务，这是革命战争时期中小学德育工作的重要经验。共和国成立以后，特别是正式进入社会主义建设时期，显然不宜突出教

---

① 《中共中央国务院关于教育工作的指示》，见袁振国编：《中国当代教育思潮》（1949—1989），三联书店 1991 年版，第 66 页。

② 金铁宽主编：《中华人民共和国教育大事记》（第一卷），山东教育出版社 1995 年版，第 435 页。

育的阶级性，而应该全力关注社会主义经济建设及其所涌现出来的新道德问题。但遗憾的是，由于毛泽东错误地坚持“无产阶级与资产阶级的矛盾仍然是我国社会的主要矛盾”[①]，并由此提出“以阶级斗争为纲”的价值导向，致使新中国中小学德育工作长期紧跟政治运动，追求高、大、全的空洞政治口号，逐渐失去了德育的育人功能和本体价值，而沦为政治斗争的工具。为了正本清源，教育部特别强调德育工作要从中小学生的日常规范抓起，要注意与学生平常学习、生活的结合，先后颁发了《小学生守则》和《中学生守则》(1981 年 8 月)。与从前的德育政治化宣教不同，新时期要求“德育工作要深入到学生中去，通过谈心、咨询等活动，指导他们处理好在学习、成才、择业、交友、健康、生活等方面遇到的矛盾与问题”[②]。此外，为了保证新时期德育改革得以与时俱进，国家教委还相继颁发了《小学德育纲要》、《中学德育纲要》、《九年义务教育小学思想品德课和初中思想政治课课程标准》、《全日制普通高级中学思想政治课课程标准》等条规，旨在使德育工作走上理性发展的轨道。

二是，突显文化多样性，力倡德育主旋律。随着“改革开放”国策的确立，中国开始了真正“面向世界”的全方位对外开放时期，世界各国的文化教育思想和改革实践经验蜂拥而至，国人自觉引进与学习外来文化的热情也空前高涨。仅研究介绍国外教育论文而言，据学者统计，1980—2000 年，全国“几乎每天有两篇或两篇以上研究介绍国外教育的文章面世，这在近代以来的对外教育交流史上是空前的”[③]。就研究国别和视阈而言，学者们不再把眼睛只盯在某一个国家或某一类教育家，而是广泛注意世界各国有影响的教育改革与思想创新，并自觉在教育学研究中加以引用，引用频率和次数“均呈不断上升的趋势”。[④] 面对多元文化碰撞及其所激发出来的教育智慧，我们无法抗拒，且不能不主动、耐心、深入地学习。但另一方面，我们不能不保持清醒的头脑，尤其我们所从事的中小学德育工作，理应要大力倡导社会

---

① 《中国共产党中央委员会关于建国以来党的若干历史问题的决议》，见《三中全会以来重要文献选编》(下)，人民出版社 1982 年版，第 755 页。

② 《中共中央关于加强和改进学校德育工作的若干意见》，见课程教材研究所编：《20 世纪中国中小学课程标准・教学大纲汇编(思想政治卷)》，人民教育出版社 2001 年版，第 363 页。

③ 田正平主编：《中外教育交流史》，广东教育出版社 2004 年版，第 1099 页。

④ 田正平主编：《中外教育交流史》，广东教育出版社 2004 年版，第 1138 页。

主义道德教育的主旋律。对此，“改革开放”政策的总设计师邓小平很早就做出精辟论述，他说：“我们要在中国实现四个现代化，必须在思想政治上坚持四项基本原则。这是实现四个现代化的根本前提。这四项是：第一，必须坚持社会主义道路；第二，必须坚持无产阶级专政；第三，必须坚持共产党领导；第四，必须坚持马列主义、毛泽东思想。”[①]事实也再证明，“改革开放”后的二十多年历史中，我们确实存在过“一手硬，一手软”的局限，出现过思想动荡的“六四风波”。但是，只要我们能够牢固地抓住“主旋律”，坚持不懈且创造性地开展爱国主义、集体主义和社会主义思想教育，我们的德育工作就一定能够沿着正确的方向不断前进。

三是，弘扬中华民族精神，立足本土德育实践。中华民族从来就是不断进取、富有创新精神的民族，我们不能因为近代中国的落后而片面地责怪祖宗的无能。任何一种传统都是特定时代精神的凝结，它之所以能够延续下来，自有其存在的合理性。我们不可能在全盘“破四旧”的废墟上建设新文明，也不可能像《河殇》那样通过骂倒“黄土文明”来超越自我。恰恰相反，我们与传统文化血肉相联，与民族精神有着难以割舍的千千情结。民族文化中落后的东西固然要摈弃、批判，而其中所蕴藏着的不朽智慧和光辉思想则需要大力弘扬。江泽民曾明确指出，“团结统一、独立自主、爱好和平、自强不息”是中华民族最突出的精神，“一个民族、一个国家，如果没有自己的精神支柱，就等于没有灵魂，就会失去凝聚力和生命力。有没有高昂的民族精神，是衡量一个国家综合国力强弱的一个重要尺度”。[②] 而民族精神的培育必须从小就夯实基础。诚然，全球化时代的中小学德育工作固然要注意吸收世界各国的先进德育经验，但同时应该立足本土德育实践，努力开掘和弘扬中华民族源远流长的德育资源，使中外优秀德育文化连通互动，以推动当代中国德育改革的深入发展。

① 《坚持四项基本原则》，见《邓小平文选》(第二卷)，人民出版社 1994 年版，第 164～165 页。

② 江泽民：《抗洪精神是我国人民的宝贵精神财富》，见中共中央宣传部编：《毛泽东邓小平江泽民论弘扬和培育民族精神》，学习出版社 2003 年版，第 277 页。

第二章 从臣民到公民:德育目标的现代建构

德育目标是教育目标的重要组成部分,它直接关系到教育发展的方向。百年来,中国中小学德育目标伴随着社会经济、政治和文化的变化而变化,呈现出复杂多样的形态,新旧杂糅乃至冲突交战时有反复,但总的发展趋势是从“臣民”走向“公民”。如何消除“臣民”遗毒,疏解长期政治化和意识形态化的潜在影响,有步骤、分层次地培育全球化背景下的现代公民意识与品质仍然是当代中国中小学德育工作的重要目标。

第一节 国民教育思潮的兴起与臣民人格的抨击

德育目标具有强烈的时代性。中国封建社会的德育是以培育孝子忠臣为旨趣,其理想人格范式是“内圣外王”的治术之士。但随着近代中国社会经济结构的异动与变化,国民教育思潮的兴起与发展,传统德育模式及其所塑造的臣民人格特征遭致许多有识之士的强烈批判。

一、国士教育发展的困境与国民教育思潮的兴起

以入仕为导向的中国传统教育是培养治术人才的国士教育,这种旨在“读书做官”的国士教育与经济相对不发达的中国小农封建社会是相适应的。但进入近代社会以后,由于社会经济结构的异动与变化,西学的日益传播与影响,传统意义上的国士教育及其所传承的纲常伦理与“德上艺下”之价值观念受到前所未有的冲击,“体用一致”的传统教育逐渐被“中体西用”的洋务教育所替代。随着西学传播的进一步扩大与下沉,特别是西方国民教育制度的引进与实行,国民教育思潮随勃然大兴。

维新派领袖康有为不只是政治改革家，也是近代教育的先行者。他不仅以“托古”的方式大力宣传西方资产阶级的自由、平等、博爱等新伦理思想，而且对西方从小就注意培植国民意识与品质的近代国民教育制度十分赞赏。1898年，他在《请开学校折》中称，西方诸国“乡皆立小学，限举国之民，自七岁以上必入之，教以文史、算数、舆地、物理、歌乐，八年而卒业，其不入学者，罚其父母。县立中学，十四岁而入，增教诸科尤深，兼各国文，务为应用之学”①。这一要求“七岁以上”的举国之民都必须入学的国民教育制度，与我们以科举入仕为目的的国士教育制度迥然异趣，是吾国民素质何以柔弱卑劣的一个重要因素。对此，维新志士们深有同感。从梁启超不遗余力地讴歌其心目中的“新民”理想，倡言“国家意识”、“公德”、“独立”、“竞争”、“进取”、“冒险”等新人格素质；到严复“鼓民力”、“开民智”、“新民德”的内心呼唤，都充分表达了维新志士们对西方国民教育思潮的共同追求。

然而，西方国民教育制度如何引进以及引进到什么程度则是不以人们的意志为转移，它取决于特定时期社会历史条件的综合作用。在资产阶级革命派看来，新国民的养成、新道德的出现离不开革命行动，以为在不根本推翻专制帝制的前提下改变国民素质只能是天真的幻想，强调“改造中国之第一步，只能是革命”(孙中山语)。邹容更明确阐述“革命”对于国民人格解放的重要意义，他说：“我同胞今日之革命，当共逐君我之异族，杀尽专制我之君主，以复我天赋之人权，以立于性天智日之下，以与我同胞熙熙攘攘，游幸于平等自由城郭之中。”②在这里，邹容无疑把“革命”作为平等、自由理想实现的必要条件，指出革命的最终目的即是为了人格的解放与独立。他说：“革命者，天演之公例也；革命者，顺乎天而应乎人者也；革命者，去腐败而存良善也；革命者，由野蛮而进文明者也；革命者，除奴隶而为主人者也。”③

应该肯定，维新志士们看到了西方国民制度的价值与意义，革命派则进而指出，引进这一制度的困难及其解决困难的根本出路在于“革命”。就实际的历史演进而言，国民教育制度在清末的相关教育章程中确实得以呈现，特别是1904年颁行的《奏定初等小学章程》已明确将国民的义务教育年限

① 汤志钧编：《康有为政论集》(上册)，中华书局1981年版，第305～306页。

② 邹容：《革命军》，载《猛回头——陈天华 邹容集》，辽宁人民出版社1994年版，第205页。

③ 邹容：《革命军》，载《猛回头——陈天华 邹容集》，辽宁人民出版社1994年版，第182页。

定为5年，声言："国民之智愚贤否，关国家之强弱盛衰。"[1]但必须指出，在"中体西用"价值原则制约下，晚清国民教育实践是否真正地"走出中世纪"，是否已真正摆脱奴性的臣民意识束缚而走向自由的公民人格之路，是值得怀疑的。事实上，辛亥革命前10年，有识之士对传统臣民人格教育的批判可谓不绝于耳。

二、臣民人格的批判与国民精神的呼唤

依据儒家的设计，其理想人格首先应当是生气凛然的道德内圣，并由"内圣"而"外王"，实现道德与事功的统一。然而，现实中的儒家臣民人格却常常表现出以"服从"为天职、以"柔顺"为本分的奴隶根性。这种奴隶根性，在辛亥革命前的时人看来，很大程度上即是长期奉行专制主义教育之结果："夫专制君主之御民也，必托黜邪崇正之名，以束缚臣民之思想，使臣民柔顺屈从，而消磨其聪明才力。法儒孟德斯鸠之言曰：'半开专制君主之国，其教育之目的，惟在使人服从而已。'吾以是语观中国，彼数千年来之教育，孰有外此宗旨者乎？彼以尊君抑民为目的，见夫宋儒尊三纲、定名分之说，可以有利于专制也，遂从而表彰之，名为尊圣道，实则塞人民之心思耳目，使不敢研究公理而已。其有一二智能之士，则坐以非圣无法之名，而加以刑辟。"[2]即是说，无论是"尊三纲"、"定名分"的伦常教化，还是"加之刑辟"的法律威慑，其目的都是为了控制和牢笼臣民的思想及其行动，以服从和服务于神圣的专制主义统治秩序。

奴性人格的养成固然离不开长期以来"卑污狗贱"的奴隶教育：从"儿童学语之初，即告以奴隶之口号；扶立之顷，即授以奴隶之拜跪……未儿而入塾矣，先受其冬烘之教科，次受其豚笠之桎梏，时而朴责，时而唾骂，务使无一毫之廉耻，无一毫之感情，无一毫之竞争心，而后合此麻木不仁天然奴隶之格"。[3] 除此之外，时贤也注意到其与整个封建社会的历史、风俗、学派等要素的密切关系，指出："盖感受三千年奴隶之历史，熏染数千载奴隶之风

① 舒新城编：《中国近代教育史资料》(中册)，人民教育出版社1961年版，第404页。

② 《道统辨》，见张枬、王忍之编：《辛亥革命前十年间时论选集》(第一卷下册)，生活·读书·新知三联书店1960年版，第736页。

③ 《箴奴隶》，见张枬、王忍之编：《辛亥革命前十年间时论选集》(第一卷下册)，生活·读书·新知三联书店1960年版，第706页。

俗，只领无数辈奴隶之教育，揣摩若干种奴隶之学派，子复生子，孙复生孙，缪种流传，演成根性。"[①]

与奴隶般的臣民迥异，国民乃是以奴隶为"对点"——"不为国民，即为奴隶"[②]。在时贤看来，"即同是一民也而有国民、奴隶之分……奴隶无权利，而国民有权利；奴隶无责任，而国民有责任；奴隶甘压制，而国民喜自由；奴隶尚尊卑，而国民言平等；奴隶好依傍，而国民尚独立。此奴隶与国民之别也"[③]。但遗憾的是，由于长期以来所盛行的"华夏中心主义"，致使国人"耳目所接触，脑筋所濡染，圣贤所训示，祖宗所遗传，皆使之有可以为一个人之资格，有可以为天下人之资格，而独无可以为一国国民之资格"[④]。有鉴于此，梁启超敏锐地指出："民德、民智、民力实为政治、学术、技艺之大原"，并欲急切地吸取西方近代国民教育精神，"采补所本无以新我民之道"。[⑤]

概言之，国民人格的养成离不开公共意义上的国民学校教育系统之支撑；而国民教育的成败即是以能否养成"国民独立之精神"为依据。也正是在这个意义上，有识之士特别指出："教育国民者，不可不使有自尊自重之精神，不可不使担当责任之观念，不可不使有独立自营之能力，不可不使有判断是非之智识。而欲达此目的，首在破除教师专制之积弊，而明示以自由研究之必要……人而无独立之精神，是之谓奴隶。任教育者，而不能养成国民独立之精神，是之谓奴隶教育。"[⑥]很显然，清末有识之士所张扬的自由、独立等国民精神与已经奴化的臣民观念决然不同，标志着传统国士教育向近代国民教育的转型。

需要指出的是，这里"国民"与此后更为流行的"公民"十分接近，甚至相互替代，二者都是奴隶的对立物，都具有现代人格特征。正是在这个意义上，本书视之为近义词。但也有学者略作区别，视"公民"为"享有'公权'的

---

① 《箴奴隶》，见张枬、王忍之编：《辛亥革命前十年间时论选集》（第一卷下册），生活·读书·新知三联书店 1960 年版，第 702 页。

② 《箴奴隶》，见张枬、王忍之编：《辛亥革命前十年间时论选集》（第一卷下册），生活·读书·新知三联书店 1960 年版，第 702 页。

③ 佚名：《说国民》，见丁守和主编：《中国近代启蒙思潮》（上卷），社会科学文献出版社 1999 年版，第 310 页。

④ 梁启超著：《新民说》，辽宁教育出版社 1994 年版，第 8～9 页。

⑤ 梁启超著：《新民说》，辽宁教育出版社 1994 年版，第 8～9 页。

⑥ 佚名：《教育泛论》，见丁守和主编：《中国近代启蒙思潮》（上卷），社会科学文献出版社 1999 年版，第 337～338 页。

部分'国民'"。[①]

第二节 "个性"的觉醒:中小学德育目标的现代探索

中日甲午海战失败等外力重压下的国民教育思潮突显了国家民族的价值意义,公民的社会责任感和使命感备受关注,传统的奴性人格和臣民意识受到了严厉批判。但由于臣民观念的根深蒂固,致使国人在民国成立后的共和政体下仍然蒙受着专制的痛苦。不过,随着"新文化"运动、"五四"运动和"新教育"运动的相互激荡,传统德育的负面意义遂暴露无已,现代意义上的中小学德育目标则越来越明朗。

一、"个性"的觉醒及其意义

中国传统教育是以伦理为本位、名分为至上,"个性"思想较为淡泊。近代以来,传统教育在"西学东渐"过程中逐渐解构,"个性"思想也随之涌现。从龚自珍为"众人"张目的所谓"众人之宰,非道非极,自名曰我"[②],到梁启超所设计的极具冒险精神、自主意识、权利观念等现代素养之"新民"说,以及革命派"上天下地惟我自尊独立不羁"(邹容语)的大无畏革命气概,都不同程度地闪现着近代中国"个性"思潮的光辉。但真正提出"个性"、"个性解放"、"个人主义"等概念,并自觉阐发其深层的价值意义和文化内涵,则不能不归功于"五四"新文化运动及其健将们的共同努力。

与儒家伦理本位的群体主义价值导向迥异,西方社会向来重视"个性"和"个人主义",且于"文艺复兴"以后表现得更为突出。对此,新文化运动领袖陈独秀有深切体察,他说:"西洋民族,自古迄今,彻头彻尾个人主义之民族也。英、美如此,法、德亦何独不然?尼采如此,康德也何独不然?举一切伦理、道德、政治、法律,社会之所向往,国家之所祈求,拥护个人之自由权利与幸福而已。思想言论之自由,谋个性之发展也。法律之前,人人平等也。个人之自由权利,载诸宪章,国法不得而剥夺之,所谓人权是也。人权者,成

① 陈永森著:《告别臣民的尝试——清末民初的公民意识与公民行为》,中国人民大学出版社 2004 年版,第 60 页。

② 《龚自珍全集》,上海人民出版社 1975 年版,第 12 页。

人以往，自非奴隶，悉享此权，无有差别。此纯粹个人主义之大精神也。”[①]与之相反，建基于宗法封建社会制度的东洋民族则以“忠孝”为美谈，个人的独立人格和自由精神丧失殆尽。在陈独秀看来，“伦理的觉悟”首在个人主义的觉醒，断言：“欲转善因，是在以个人本位主义，易家族本位主义。”[②]

与陈独秀志同道合，李大钊对东西方文化差异也曾做过深入比较，并将矛头直接指向“个性独立”的人格自觉上。他说：“东方既以个性之生存为不甚重要，则事事一听之天命，是谓创化主义（Creative Progressionism）。”[③]在李大钊看来，这种漠视个性的“命定主义”实是中国以农业为基础的封建家族制度之产物，称：“原来中国的社会只是一群家族的集团，个人的个性、权利、自由都束缚在家族之中，断不许他有表现的机会。”[④]但随着封建小农经济的瓦解和大家族制度的崩溃，个性的觉醒和自由的回归将是不可避免。尤其值得肯定的是，李大钊创造性地将“个性解放”与“大同团结”有机地联系起来，称：“一方面是个性解放，一方面是大同团结。这个性解放的运动，同时伴着一个大同团结的运动。这两种运动似乎是相反，实在是相成……方今世界，生活关系一天复杂似一天，那个性自由与大同，都是新生活上、新秩序上所不可少的。”[⑤]毫无疑问，“个性解放”与“大同团结”辩证统一的见解不仅具有强烈的反封建意义，更蕴藏着对未来理想人格与社会秩序的美好追求。

“五四”新文化运动的又一健将胡适也是当时引人注目的个性主义者。他深知专制社会对个性人格的桎梏，说：“社会最大的罪恶莫过于摧折个人的个性，不使他自由发展。”[⑥]面对罪恶的社会，胡适首先强调要秉持“易卜生

---

① 陈独秀：《东西民族根本思想之差异》，见《陈独秀著作选》（第一卷），上海人民出版社 1993 年版，第 166 页。

② 陈独秀：《东西民族根本思想之差异》，见《陈独秀著作选》（第一卷），上海人民出版社 1993 年版，第 167 页。

③ 《东西文明根本之异点》，见高瑞泉编选：《向着新的理想社会——李大钊文选》，上海远东出版社 1995 年版，第 151 页。

④ 《由经济上解释中国近代思想变动的原因》，见高瑞泉编选：《向着新的理想社会——李大钊文选》，上海远东出版社 1995 年版，第 250 页。

⑤ 《联治主义与世界组织》（1919 年 2 月 1 日），见高瑞泉编选：《向着新的理想社会——李大钊文选》，上海远东出版社 1995 年版，第 178～179 页。

⑥ 《易卜生主义》，见丁守和主编：《中国近代启蒙思潮》（中卷），社会科学文献出版社 1999 年版，第 56 页。

主义”——即写实主义的态度，予以揭露与曝光；继而“把经验得来的意思和观念一个个的实地证明，对于一切制度习俗都能存一个疑问的态度，不要把耳朵当眼睛，不要把人家的思想糊里糊涂认作自己的思想”①。在他看来，教育就是要培养具有批判精神和自由意志的独立人格，认为：“教育是给人带上一副有光的眼镜”，旨在“认识社会的恶习，而发不满意的批评”。② 他号召国人要向易卜生笔下的司铎门学习，宁冒“国民公敌”之恶名，也决不放弃对丑恶社会的激烈批评。

作为新文化运动的旗手，鲁迅对国民性的人格心理刻画更是入木三分，他所塑造的胆小、卑贱、狡猾、无知、狂妄的阿Q形象令国人不寒而栗。与之相应，他十分明确地把法国大革命以来的个性独立人格奉为国民性改造的重要目标。他说：“盖自法朗西大革命以来，平等自由，为凡事者，继而普通教育及国民教育，无不基是以遍施。久浴文化，则渐悟人类之尊严；既知自我，则顿识个性之价值。”③在他看来，教育不应是“适应环境的机器”，而是要培养独立的人格，“发展各个的个性”。④

综上所述，陈独秀、李大钊、胡适、鲁迅等新文化健将们都以自己独特的方式阐述了对独立个性的深刻见解，体现了转型期中国思想学术大师的共同旨趣。很显然，“个性”的觉醒已成为“五四”新文化运动时期中国德育发展的重要突破口。诚如当时的学生领袖傅斯年所说：“要是根本不允许‘个性’发展，‘善’也成了僵死的，不情的了。僵死的，不情的，永远不会是‘善’。所以摧残‘个性’，直不啻把这‘善’一件东西，根本推翻。”⑤

二、“健全人格”的提出与中小学德育目标的现代转型

一个时代有一个时代的德育。在清末及民国前期的剧烈社会变革中，中小学德育目标伴随着社会大环境的变迁与教育宗旨方针的更新而更新。总体而言，是封建主义的伦理本位教育渐渐让渡于新兴的“公民道德教育”，

① 《实验主义》，见《胡适哲学思想资料选》(上册)，华东师范大学出版社1981年版，第89页。

② 胡适：《学生与社会》，载《共进》，1922年3月10日。

③ 《文化偏失论》，见《鲁迅全集》(第一卷)，人民出版社1981年版，第50页。

④ 《两地书》，见《鲁迅全集》(第十一卷)，人民出版社1981年版，第20页。

⑤ 傅斯年：《万恶之原》，见丁守和主编：《中国近代启蒙思潮》(中卷)，社会科学文献出版社1999年版，第67页。

摒弃传统的封建奴性教育、树立现代的健全人格教育越来越成为民主共和国中小学德育目标建构的发展方向。

众所周知，中国传统教育是伦理本位的教育，从“洒扫、应对、进退之节”等做人细微处入手的小学教育，到日后“齐家、治国、平天下”的大学教育，都始终贯穿了“修身为本”的儒家伦理教化旨趣。从这个意义上说，中国传统教育实际上就是中国传统德育。近代以降，随着“西学东渐”的强力冲击，以儒家为核心的伦理教育结构逐渐动摇、裂变并最终走向瓦解。但需要指出的是，由于传统教育的顽梗性，其整体解构过程是十分缓慢的。直至清末的1904年，中国第一个实行了的近代学制——“癸卯学制”仍顽强地固守“中体西用”的立场。张百熙、荣庆、张之洞联名上奏的《重订学堂章程折》中明确写道：“至于立学宗旨，无论何等学堂，均以忠孝为本，以中国经史之学为基。俾学生心术壹归于纯正，而后以西学沦其智识，练其艺能，务期他日成材，各适实用，以仰副国家造就通才、慎防流弊之意。”[①]在他们看来，是否读经直接联系到道统系谱的延续与立学、立政、立国之根本，以为：“中国之经书，即中国之宗教。若学堂不读经书，则是尧舜禹汤文武周公孔子之道，所谓三纲五常者尽行废绝，中国必不能立国矣。学失其本则无学，政失其本则无政。其本既失，则爱国爱类之心亦随之改易矣。安有富强之望乎？”[②]他们所推崇的宋明理学更被视为“中国儒家最精之言”，要求学生时时“躬行实践”，“处处皆以理学为本”。[③]

为了进一步贯彻“癸卯学制”精神，学部更于1906年明定“教育宗旨”，并宣示天下。强调治“中国之大病”——私、弱、虚，非尚公尚武尚实不可，认为中国政教所固有且“亟宜发明以距异说者有二：曰忠君、曰尊孔”。[④] 要求“全国学生每饭不忘忠义”，各地学堂务必“以经学为必修之课目，作赞扬孔

① 张百熙、荣庆、张之洞：《重订学堂章程折》，见舒新城编：《中国近代教育史资料》（上册），人民教育出版社1961年版，第197页。

② 张百熙、荣庆、张之洞：《学务纲要》，见舒新城编：《中国近代教育史资料》（上册），人民教育出版社1961年版，第203页。

③ 张百熙、荣庆、张之洞：《学务纲要》，见舒新城编：《中国近代教育史资料》（上册），人民教育出版社1961年版，第212页。

④ 《学部奏请宣示教育宗旨折》（1906），见舒新城编：《中国近代教育史资料》（上册），人民教育出版社1961年版，第220页。

子之歌”，强调“忠君尊孔二义，固尽人皆当知而行之矣”[①]。很显然，清末的学堂德育并没有从根本上冲破传统教育的牢笼，其封建性因素仍然十分浓厚。

辛亥革命推翻了二千多年的封建帝制，附着于帝制之上的“教育宗旨”也遭到根本否定。1912 年 2 月，著名教育家蔡元培在《对于教育方针之意见》中明确指斥清末教育宗旨，称“忠君与共和政体不合，尊孔与信教自由相违”，并提出军国民教育、实利主义教育、公民道德教育、世界观教育与美感教育等五育教育。其中，“公民道德”，依据蔡元培的解释即是指：“法兰西之革命也，所标揭者，曰自由、平等、亲爱。”[②]蔡元培对教育方针的远见卓识很快被当时教育部所吸纳。1912 年 9 月 2 日，教育部正式公布了新的教育宗旨，这就是：“注意道德教育，以实利教育，军国民教育辅之，更以美感教育完成其道德。”[③]很显然，这一教育宗旨是指向人的“健全人格”，蕴藏着近代意义的德智体美诸育的和谐发展。蔡元培说：“以教育界之分言三育者衡之，军国民主义为体育；实利主义为智育；公民道德及美育毗于德育；而世界观则统三者而一之。”[④]应该肯定，民初的“教育宗旨”在一定程度上反映了中国新兴资产阶级的利益，为兹后的中国德育目标奠定了发展的基调。

然而，新生事物的成长绝少能够一帆风顺。民主共和国虽然成立了，带有资产阶级性质的教育方针与壬子癸丑学制也公布了；但由于袁世凯很快窃取了民国政权，并开始有计划地复辟帝制，尊孔复古思潮又沉渣泛起，业已厘定的民初教育宗旨和德育目标不得不发生性质上的变更与位移。1915 年 1 月，袁世凯在《颁定教育宗旨》中大谈“忠孝节义”，公然把民初教育宗旨篡改为“爱国、尚武、崇实、法孔孟、重自治、戒贪争、戒躁进”。特别是其中的“法孔孟”说教，充分暴露了其尊经复古的险恶用心。他说：“学堂崇奉圣贤，非为宗教之信仰，实以为师法之极则。孔子道大，无所不包。孟子开端即含

---

① 《学部奏请宣示教育宗旨折》(1906)，见舒新城编：《中国近代教育史资料》(上册)，人民教育出版社 1961 年版，第 221～222 页。

② 蔡元培：《对于教育方针之意见》，见舒新城编：《中国近代教育史资料》(下册)，人民教育出版社 1961 年版，第 1032 页。

③ 《教育部公布教育宗旨》(1912 年 9 月 2 日)，见舒新城编：《中国近代教育史资料》(上册)，人民教育出版社 1961 年版，第 226 页。

④ 蔡元培：《对于教育方针之意见》，见舒新城编：《中国近代教育史资料》(下册)，人民教育出版社 1961 年版，第 1036 页。

义利之辩，因战国时人人竞利，乃反复言义以药之，正与今日人心知有权利，不知有义务责任，后先一辙。故尊孔并应尚孟，以其时代俗尚相近。读孟子一书，实不啻为学生现身说法，不仅为道统所关也。”①正是出于训化学生、赓续道统和复辟帝制的目的，袁世凯执意要求“中小学均加读经一科”，主张从《孟子》、《论语》入手，渐及于《礼记》等经书；指令“教育部编入课程，并妥拟讲读之法”；企图在“数千年固有道德之良将及沦丧之时，要可借此重与发明，以维持于不敝”②。一时间，各地孔教会纷纷成立，尊孔祭天，盛况空前。康有为、陈焕章等复古派更是四处活动，叫嚣着要以“孔子之道为修身大本”，从而使国民在“共和”的名义下饱受着专制的苦痛与煎熬。

种种迹象表明，专制教育的阴霾并没有因为民主共和国的成立而被驱散。这就是为什么从1915年开始中国会相继爆发了“新文化”运动、“五四”运动以及“新教育”运动，正是这些连环运动才有力地摧毁了儒家传统文化与教育的坚固堡垒，迎来了如上所述的真正意义上的“个性”觉醒。1919年4月，沈恩孚、蒋梦麟提出“养成健全人格，发展共和精神”的新教育宗旨，在教育部获准通过。其后的1922年底，有识之士更明确地把“谋个性之发展”作为“新学制”的重要标准之一，从而对当时中小学德育工作产生了十分重要的导向作用和实际影响。

概言之，以个性独立为旨趣的健全人格目标的提出与确立是来之不易的，它是“五四”新文化运动领袖和广大教育工作者长期斗争的结果，是中国教育改革先驱者的智慧结晶，是传统德育现代转向的重要标志。

第三节　德育目标的政治化导向及其分歧

一定社会的教育，特别是作为教育重要组成部分的德育，总是一定社会政治的产物。在国共两党激烈斗争的日子里，双方都旗帜鲜明地抱定自己信奉的政治信念——“三民主义”和“共产主义”，并以之为各自德育目标的

---

① 袁世凯：《特定教育纲要》，见舒新城编：《中国近代教育史资料》（上册），人民教育出版社1961年版，第260页。

② 袁世凯：《特定教育纲要》，见舒新城编：《中国近代教育史资料》（上册），人民教育出版社1961年版，第263～264页。

精神向导。但需要指出的是，经过蒋介石篡改后的“三民主义”已非孙中山“联俄、联共、扶助农工”的新“三民主义”，而是“排除异己”的专制主义，这种专制主义与“五四”新文化运动以来有识之士所倡导的个性独立之健全人格精神是背道而驰的。与之相反，中国共产党人则以最广大的人民群众利益为本位，努力探讨以新民主主义、社会主义、共产主义为目标指向的德育实践，这一德育实践无疑代表了中国现代德育的发展方向。

一、被篡改的“三民主义”与德育目标的专制主义导向

再美好的教育设计也摆脱不了政治斗争的掌心。伴随着北伐战争的节节胜利和个人野心的不断膨胀，蒋介石开始公开背叛孙中山生前所确立“联俄、联共、扶助农工”的新“三民主义”，把矛头直接指向中国共产党，企图用篡改过的“三民主义”来统一思想、统一教育、统一德育的目标指向。

以蒋介石为首的国民党右翼分子对共产党人的理想信念早就心怀芥蒂，至孙中山逝世后更加肆无忌惮。国民党当局更赤裸裸地宣扬“党化教育”，明确地表达了以党治教的旨趣；稍后改为“三民主义教育”，但本质未变。1928 年 5 月，中华民国大学院召集了第一次全国教育会议，会议明确指出：中华民国的教育宗旨是“三民主义”。1929 年 4 月 26 日，国民政府正式公布了《中华民国教育宗旨及其实施方针》，强调各级学校务必严格贯彻“三民主义教育宗旨”，要求普通中小学教育“须根据孙总理遗教，以陶融儿童青年‘忠孝仁爱信义和平’之国民道德”[①]，企图通过复活儒学伦理本位，唤醒国人对国民党统治集团的绝对服从和效忠。1930 年 4 月，蒋介石在第二次全国教育会议上更明确地要求以“三民主义”统一全国思想。他认为，“中国学风之坏，由于学生太自由”，强调“中国现在之教育趋势，日渐堕落而散漫，不能适合革命需要。我人整顿学风，尤须整顿其漫无拘束之行为，务使从前纷乱之教育现象，改过转来……党义教育亦应十分注意。如能由各该校校长亲为讲授最好，当此思想复杂之时，青年子弟如无导，尤其危险。故今日青年应有统一思想，要统一思想，除三民主义无可统一”。[②]

---

① 《中华民国教育宗旨及其实施方针》，见宋恩荣、章咸主编：《中华民国教育法规选编》(1912～1949)，江苏教育出版社 1990 年版，第 46 页。

② 缪仞言辑录：《第二次全国教育会议始末记》(第二编)，上海江东书局民国 19 年(1930)，第55～56 页。

为了贯彻蒋介石“三民主义”统一思想的方针，国民政府先后出台了许多相关的教育法规，旨在保证中小学德育沿着其所期望的政治化目标发展。如：1931 年 9 月 3 日，国民党第三届中央执行委员会第 17 次常务会议通过的《三民主义教育实施原则》就特别论及训育的原则与纲要，提出要“使儿童整个的身心融育于三民主义教育中”，“使儿童个性、群性，在三民主义指导下，平均发展”；强调要“确定青年三民主义之信仰，并切实陶冶其忠孝仁爱信义和平之国民道德”；认为“训育之实施，应根据团体化、纪律化、科学化、平民化、社会化的原则，使无处不含有三民主义的精神”。[①] 很显然，蒋家王朝企图借助孙中山的“三民主义”之名，并通过恢复传统儒家伦理，实行专制主义的思想独裁。当然，由于民国社会的剧烈动荡，它也不能不因时变易，顾及德育的某些时代特征。1932 年 6 月 3 日，南京国民政府教育部在《今后中小学训育上应特别注重之事项》中除固持“发扬我民族固有美德忠、孝、仁、爱、信、义、和、平”外，还指出要特别注意：

“(1) 力戒懦怯苟安，养成勇敢奋斗之精神；(2) 力戒倚赖敷衍，养成自立负责之能力；(3) 力戒轻躁育从，养成审核周密之思考；(4) 力戒浪漫奢靡，养成刻苦勤朴之习惯；(5) 力戒虚伪涣散，养成精诚团结之意志；(6) 力戒自私自利，养成爱国爱群之观念。”[②]

应该肯定，这些“特别注意”点也反映了南京国民政府在“三民主义”前提下并不反对现代德育观念的某些合理因素，其“力戒懦怯苟安，养成勇敢奋斗之精神”等提法在民族危机日益加剧的 20 世纪 30 年代是有其现实针对性和合理性的。

但总体而言，南京国民政府无疑更突出德育目标的政治化导向。这一点，我们不妨再来看看国民政府 1939 年 9 月 25 日所颁发的《训育纲要》。该纲要是国民政府 10 多年来训育实践的提炼与总结，对此后训育提出了更为系统的训育目标，强调要“务须训练青年具有：1. 高尚坚定的志愿，与纯一不移的共信——自信信道(主义)；2. 礼义廉耻的信守，与组织管理的技能——自治治事；3. 刻苦俭约的习惯，与创造服务的精神——自育育人；4. 耐劳健

---

① 《三民主义教育实施原则》，见宋恩荣、章咸主编《中华民国教育法规选编》(1912—1949)，江苏教育出版社 1990 年版，第 48～51 页。

② 《今后中小学训育上应特别注重之事项》，见宋恩荣、章咸主编：《中华民国教育法规选编》(1912—1949)，江苏教育出版社 1990 年版，第 221 页。

美的体魄,与保卫卫国的智能——自卫卫国"。[①] 对其中的"自信信道",该纲要进一步明确指出:就是要务必信仰并实行三民主义,"灌输三民主义为教育青年者应有之责任,而实行三民主义为全体青年应有之义务。吾国今日在抗战建国之时期,训育之重心,必须与国家之文化、政治、经济、军事种种建设相配合,而以国家至上民族至上为依归。建国方略、建国大纲、三民主义及抗战建国纲领,为抗战建设之全部方案。总裁(指蒋介石——引者注)为执行方案领导建国之领袖。吾人必须竭尽忠诚,遵从努力,以期抗战必胜,建国必成……共信不立,互信不生,团结不固,则是主义之共信(信道),实为民族统一团结之主要条件也"。[②] 毫无疑问,国民政府《训育纲要》的重心与核心就是全面灌输"三民主义",并进而达至对蒋家王朝的绝对忠诚与"遵从",以配合其专制主义的独裁统治。正如学者陈桂生所说:"那时的'训育'已经同赫尔巴特学派旨在'育人'的'训育'大异其趣,成为弘扬中国传统道德的工具和那个时期独裁政治的工具。从而损害了'训育'的声誉,理所当然地受到当时进步人士的批判和抵制。"[③]

需要指出的是,南京国民政府关于训育目标的政治化导向对当时中小学训育工作确实产生了重要影响,许多学校都纷纷依据国民政府教育部所厘定的训育精神制定了本校的训育目标。如当时江苏省立苏州中学就特别指明其训育规程的总纲为:"根据忠、孝、仁、爱、信、义、和、平,施以团结训育人格陶冶,养成忠实健全之公民。"[④]而当时上海市教育局所颁布的《训育标准》之首条,更明确指出:"要培养革命精神,使学生服膺党义,修养人格,改善环境,效忠党国。"[⑤]

概言之,南京国民政府并非全然无视现代德育的历史进步与变迁,但其复古主义的价值立场与专制主义的政治导向,致使其德育目标承载着过于沉重的意识形态负荷,背离了"五四"新文化运动以来现代德育的人本精神与育人本质,并与真正意义上的公民人格理想相去甚远。

---

① 《训育纲要》,见宋恩荣、章咸主编:《中华民国教育法规选编》(1912—1949),江苏教育出版社1990年版,第167页。

② 《训育纲要》,见宋恩荣、章咸主编:《中华民国教育法规选编》(1912—1949),江苏教育出版社1990年版,第168页。

③ 陈桂生著:《中国德育问题》,福建教育出版社2006年版,第13页。

④ 杨同芳著:《中学训育》,世界书局1941年版,第233页。

⑤ 杨同芳著:《中学训育》,世界书局1941年版,第235页。

二、人民本位与德育目标的革命理想

与国民党政府德育政治化的专制主义导向不同，中国共产党坚决反对任何形式的专制主义，主张彻底地、不妥协地反对封建主义与帝国主义，积极探索和追求新民主主义德育理想，突出人民本位意识，强调教育为无产阶级政治和革命战争服务，倡导以共产主义理想引领中小学德育的发展路向。

以毛泽东为代表的中国共产党人认为，中国人民特别是农民在近代备受屈辱与压迫，他们要挣脱压在自己身上的“三座大山”——帝国主义、封建主义和官僚资本主义，只能通过革命斗争而获得解放。正是在这一意义上，毛泽东极力主张树立“人民本位”意识，非常重视最广大人民群众的切身利益，反复强调要全心全意“为人民服务”、要“从群众中来到群众中去”，要求个人利益必须服从革命利益，必须“服从于民族的和人民群众的利益”。[①] 与“人民本位”理念相契合，毛泽东十分重视教育工作的政治目标。在阐述“苏维埃文化教育的总方针”时，他明确指出该方针：“在于以共产主义的精神来教育广大的劳苦民众，在于使文化教育为革命和阶级斗争服务，在于使教育与劳动联系起来，在于使中国广大民众都成为享受文明幸福的人。”[②]很显然，这一总方针同样适合于苏区乃至整个老解放区的德育工作，是老解放区德育工作的重要指导性文件。

诚然，中国共产党在土地革命、抗日战争和解放战争不同历史时期的德育工作重点并不相同，但所体现出来的德育政治导向则是一致的。如 1934 年 4 月，教育人民委员部颁布的《小学课程教则大纲》就明确写道：“苏维埃政权公开的宣布工农民主专政，公开认定教育政策是发展阶级斗争和革命战争的一种武器”；强调“教育和政治的联系，应当表现在养成儿童的共产主义道德，阶级的友爱和互助精神，集体生活和遵守纪律的习惯，勇猛的克服困难的精神，坚定的意志，刻苦耐劳，勤快敏捷的品性”；指出“儿童教育与政治斗争的联系，决不应当机械的限于动员他们参加各种突击运动，还应当从根本上训育儿童，读书讲解和实际行动要有密切的联系，有系统的加强儿童

---

① 毛泽东：《中国共产党在民族战争中的地位》，见《毛泽东选集》（第二卷），人民出版社 1991 年版，第 522 页。

② 《毛泽东同志论教育工作》，人民教育出版社 1992 年版，第 8 页。

的知识能力和对于政治问题的了解”。[①] 从苏区这一《小学课程教则大纲》中，我们不难看出苏区德育工作的政治意蕴和理论本质，它是具有鲜明的阶级立场，是为阶级斗争和革命战争服务的，是崇尚互助精神和集体生活，是与广大人民群众心连心，是以“共产主义道德”为目标指向的。由于明确了德育目标的政治意义，老解放德育颇能根据实际的战争环境调适其工作重点。如抗日战争时期，冀中解放区的定县第二十高级小学就是基于“抵我斗争的形势与需要”，“特别加强了气节教育，普遍开展‘五不运动’，深入讲述民族英雄模范故事，以培养学生崇高的民族气节，养成威武不屈的精神。但为减少损失，遇到敌伪在方式上便不能不机智、灵活、随机应变，于是又强调了应敌教育，教育每个学生经常准备敌伪追问时，如何答话，集体研究和课堂讲解，在什么情况下，应该怎么对付敌人”。[②] 应该肯定，这种灵活机动的德育形式——“气节教育”与“应敌教育”是符合革命需要的，是战争环境的产物。

事实上，无论是土地革命时期、抗日战争时期，还是解放战争时期，中国共产党人始终坚持“人民本位”的德育导向，探索和追求新民主主义的德育理想。1946 年，刘泽如在探讨陕甘宁边区陇东中学政治思想教育经验时明确写道：“陕甘宁边区政治思想教育的目标，是培养学生的群众观点，辅导学生建立起从群众出发、为群众服务的人生观”；要求学生“正确的劳动观点和集体生活的习惯”。[③] 1949 年 2 月，山东省人民政府在《关于中等学校政治思想教育的指示》中再次指出：“政治思想教育的目的，在于用新民主主义的思想教育青年学生，与工农群众结合，为工农群众服务。”要求青年学生做到：

“（一）仇恨封建主义与官僚资本主义，热爱劳动人民，热爱民主，忠实于劳动人民的解放事业。

（二）仇恨帝国主义，热爱祖国的独立自由与解放，同情被压迫民族，以友爱精神对待同情于人民革命的国家和民族，具有正确的民族观念和国际观念。

---

① 《小学课程教则大纲》，见陈元晖等编：《老解放区教育资料》（一），教育科学出版社 1981 年版，第 315～316 页。

② 张腾霄：《屹立在残酷斗争中的定县第二十高级小学》，见教育科学研究筹备处编：《老解放区教育资料选编》，人民教育出版社 1959 年版，第 174 页。

③ 刘泽如：《陇东中学的政治思想教育》（1946 年在陕甘宁边区陇东中学整理），见陕西省教育厅编：《中小学的政治思想教育》，陕西人民出版社 1959 年版，第 13 页。

（三）热爱劳动，鄙视一切不劳动而获、不关心群众利益的剥削阶级思想。

（四）自觉的纪律，民主的作风，批评与自我批评的精神。能团结互助，认真负责，反对自由散漫、浮躁嚣张和无纪律无组织状态。

（五）爱好学习，虚心研究，实事求是，追求真理的科学态度与辩证的唯物观点，反对自以为是，武断盲从。”①

与南京国民政府一样，中国共产党同样重视德育目标的政治化导向。但二者所彰显出来的复古与开新、专制与民主、黑暗与光明之区别，可谓不言而喻。

第四节 共和国中小学德育目标的变革与反思

伴随着南京国民政府的垮台和中华人民共和国的成立，中国中小学德育目标不能不发生德育性质上的根本变革，以老解放区德育为基础、以社会主义苏联德育为榜样的新德育目标很快被建立起来。毫无疑问，这一德育目标的建构及其演化是共和国特定历史环境与曲折社会发展的产物。反思新中国德育目标的历史演化，对于我们理性地把握全球化背景下当代中小学德育目标变革的内在理路具有十分重要的现实价值。

一、共和国中小学德育目标的建构与演化

存在决定意识。共和国中小学德育目标的建构是与新中国特定的历史环境紧密联系在一起。作为新生的人民共和国，她的诞生是中国共产党和中国人民长期革命斗争的结果，是无数先烈用生命和鲜血换来的。特别是新生共和国所面临的异常复杂而严峻的国内外形势，如何继续发扬战争时期的革命精神，如何借鉴苏联社会主义国家的建国经验很自然就成为共和国高层领导的现实选择。就教育而言，共和国教育部在 1949 年 12 月 30 日召开的第一次全国教育工作会议上即确定了“以原有的新教育的良好经验

① 《山东省人民政府关于中等学校政治思想教育的指示》，见教育科学研究所筹备处编：《老解放区教育资料选编》，人民教育出版社 1959 年版，第 202～203 页。

为基础，吸收旧教育的某些有用的经验，特别是借助苏联教育建设的先进经验”，以建设新民主主义的教育方针。

正是基于这一基本教育方针，中小学德育目标开始在国家有关教育法规和行政指令中得以呈现，并不断做出调适与修改。1952年，教育部颁发的《小学暂行规程》（草案）就对小学德育目标提出明确要求，强调要“使儿童具有爱国思想、国民公德和诚实、勇敢、团结、互助、遵守纪律等优良品质”①。同年，教育部还颁发了《中学暂行规程》（草案），对中学德育目标也做了规定，提出要“发展学生为祖国效忠、为人民服务的思想，养成其爱祖国、爱人民、爱劳动、爱科学、爱护公共财物的国民公德和刚毅勇敢、自觉遵守纪律的优良品质”②。这两个规程都一致强调要培养以“五爱”国民公德为核心的道德品质，体现了新中国对健全公民人格的殷切期望。但在初期贯彻“五爱”公德教育过程中并没有取得令人满意的结果。对此，教育部在总结1953年的教育工作时尖锐指出：“我们的中、小学和各级师范学校对贯彻全国发展的教育都认识不足。对政治、思想教育注意不够，特别是忽略了劳动教育；其次爱国主义教育还不够深入，很多学生国家观念还差，强调个人利益，不肯服从国家需要，如不愿学师范，不愿学政法；再就是纪律教育差，有纪律松弛现象。”③有鉴于此，教育部特别指示：“今后加强和改进思想政治教育，应增强社会主义，彻底批判教职员中的资产阶级思想。目前应针对学生现存的思想问题，以加强爱国主义教育、劳动教育、集体主义教育和纪律教育为重点。”④

事实上，“五爱”国民公德教育在贯彻过程中出现一些问题是可以理解的。如当时中学生的升学与就业的突出矛盾，就不完全是爱不爱劳动的思想教育问题，而是刚刚起步的新中国经济建设在学生思想上的折射。在建国初期复杂的政治斗争和全面苏化的情景下，我们的思维确实很容易出现

---

① 《小学暂行规程》，见课程教材研究所编：《20世纪中国小学课程标准·教学大纲汇编：课程（教学）计划卷》，人民教育出版社2001年版，第200页。

② 《中学暂行规程》（草案），见课程教材研究所编：《20世纪中国小学课程标准·教学大纲汇编：课程（教学）计划卷》，人民教育出版社2001年版，第206页。

③ 《全国普通教育与师范教育工作1953年的基本总结和1954年的方针任务》，见北京师范大学教育科学研究所编：《中小学教育政策法令选编》（1949—1966），内部发行1979年版，第81页。

④ 《全国普通教育与师范教育工作1953年的基本总结和1954年的方针任务》，见北京师范大学教育科学研究所编：《中小学教育政策法令选编》（1949—1966），内部发行1979年版，第85页。

"左"倾的偏差。1954年4月8日，政务院在《关于改进和发展中学教育的指示》中就不只是一般地重申"五爱"国民公德教育的重要意义，而是进一步提出了中学德育的更高目标，"政治思想教育的任务，是树立社会主义的政治方向，培养辩证唯物论世界观的基础和共产主义的道德。为此，必须在中学里巩固和加强工人阶级思想的领导地位，增强社会主义思想，彻底批判资产阶级思想和继续肃清封建的、买办的、法西斯主义的思想残余。"[①]这一德育目标已包含了政治、思想和道德等方面的要求，并明确提出了共产道德教育问题，强调"培养青年一代的共产主义道德品质，是一项经常性的教育工作，它的中心内容是不断地提高青年的共产主义觉悟，清除资产阶级腐朽思想对青年的影响"[②]。当时学者认为，实施共产主义道德教育的目的，就是要"以共产主义道德的精神教育新生一代，使他们具备共产主义道德品质，成为建设社会主义和共产主义的有力战士……在道德教育过程中，教师的基本任务是：形成学生的共产主义行为习惯、道德情感以及坚强的意志和刚毅的性格"[③]。

遗憾的是，现实生活中的中小学德育工作并不尽如人意。1957年1月10日，教育部在《关于加强中学思想政治教育的几个问题的通知》中重申了中学思想政治工作的重要意义，指出"在克服简单粗暴、限制过多、强求一律等缺点的同时，应当纠正和防止放松思想政治教育、极端民主、片面强调个性、忽视集体、忽视纪律等倾向"，强调要"坚定不移地对学生进行共产主义教育"。[④] 此后，由于主观主义错误，致使毛泽东相信："在中国社会主义建设阶段上，为了加快实现共产主义社会的理想，一种大跃进的做法，是完全可能的，而且对于履行党的革命使命，也是完全必要。"[⑤]基于这样的错误判断，中国很快掀起了"大跃进"和人民公社运动，"使得以高指标、瞎指挥、浮夸风

---

① 《政务院关于改进和发展中学教育的指示》，见北京师范大学教育科学研究所编：《中小学教育政策法令选编》(1949—1966)，内部发行1979年版，第95页。

② "人民日报"社论：《努力培养青年一代的共产主义道德品质》，原载《人民日报》1954年11月14日，见文化教育出版社编：《怎样在中小学中进行共产主义道德教育》，文化教育出版社1955年版，第7页。

③ 胡守芬编著：《小学共产主义道德教育的内容和方法》，新知识出版社1957年版，第14页。

④ 《关于加强中学思想政治教育的几个问题的通知》(1957年1月10日)，见课程教材研究所编：《20世纪中国小学课程标准·教学大纲汇编：思想政治卷》，人民教育出版社2001年版，第196页。

⑤ [美]威廉·A·约瑟夫著，夏军等译：《极左思潮与中国(1958—1981)》，东南大学出版社1989年版，第102页。

和‘共产风’为主要标志的‘左’倾错误严重地泛滥开来”[①]。与这一“左”倾思潮相呼应，中小学德育工作的政治化目标也愈益升级。1958年9月19日，中共中央、国务院在《关于教育工作的指示》中称：“在一切学校中，必须进行马克思列宁主义的政治教育和思想教育，培养教师和学生的工人阶级的阶级观点（同资产阶级进行斗争），群众观点和集体主义观点（同个人主义观点进行斗争），劳动观点即脑力劳动与体力劳动结合的观点（同轻视体力劳动和体力劳动者、主张劳心劳力分离的观点进行斗争），辩证唯物主义的观点（同唯心主义和形而上学的观点进行斗争）……评判学生学习成绩的时候，应当把学生的政治觉悟放在重要的地位，并且应当以学生的实际行动来衡量学生的政治觉悟的程度。”[②]要求在一切学校中普遍进行“四个观点”教育，并要求在评判学生成绩时突出“政治觉悟”的分量，这不只是人为地拔高德育的政治功能，同时使复杂的德育工作简单化。

进入60年代以后，特别是1962年9月召开的中共中央八届十中全会上，“毛泽东同志把社会主义社会中一定范围内存在的阶级斗争扩大化和绝对化，发展了他在一九五七年反右派斗争以后提出的无产阶级同资产阶级的矛盾仍然是我国社会的主要矛盾的观点，进一步断言在整个社会主义历史阶段资产阶级都将存在和企图复辟，并成为党产生修正主义的根源”[③]。与毛泽东的“阶级斗争扩大化和绝对化”判断相契合，当时中小学德育也就不能不突出阶级教育的价值导向。1963年3月23日，中共中央在《关于讨论试行全日制中小学工作条例草案和对当前中小学教育工作几个问题的指示》中说：“在中小学阶段，必须十分注重德育。在今后很长的历史时期，国际国内都会存在严重的阶级斗争，对中小学生的政治思想和道德品质的教育，不应该丝毫放松。必须认识，我们的中小学教育，根本目的在于培养坚强的革命后代。必须以马克思列宁主义、毛泽东思想为指导，对学生进行爱国主义和国际主义的教育，进行社会主义和共产主义的教育，进行阶级斗争的教育和反对现代修正主义的教育，培养无产阶级的革命意志，反对和防止

---

① 中共中央文献研究室编：《三中全会以来重要文献选编》（下），人民出版社1982年版，第754页。

② 《中共中央、国务院关于教育工作的指示》（1958年9月19日），见北京师范大学教育科学研究所编：《中小学教育政策法令选编》（1949—1966），内部发行1979年版，第155页。

③ 《中国共产党中央委员会关于建国以来党的若干历史问题的决议》，见中共中央文献研究室编：《三中全会以来重要文献选编》（下），人民出版社1982年版，第755页。

资产阶级思想和其他各种反动思想的侵蚀，为逐步树立马克思列宁主义的世界观打下基础。”[①]同年，中共中央在《全日制小学暂行工作条例（草案）》中明确要求：“使学生具有爱祖国、爱人民、爱劳动、爱科学、爱护公共财物等品德，拥护社会主义，拥护共产党。”[②]此外，中共中央在《全日制中学暂行工作条例（草案）》中也对德育目标任务作出规定，指出：“中学思想政治教育的根本任务，是培养学生具有爱国主义和国际主义精神，教育学生拥护共产党，拥护社会主义，愿意为社会主义事业服务，为人民服务；逐步对学生进行工人阶级的阶级观点、劳动观点、群众观点和辩证唯物主义观点的教育，培养学生的共产主义道德品质和革命意志，反对现代修正主义，反对资产阶级思想和其他反动思想的侵蚀，逐步树立工人阶级的世界观。”[③]不难发现，这一德育目标不仅涵盖了“四个观点”教育，而且突出了社会主义政治方向和共产主义道德理想，同时高扬了爱国主义乃至国际主义精神，贬斥了现代修正主义、资产阶级思想和其他反动思想，表明了工人阶级的世界观，但对所有学生提出如此高的要求，显然是过于严格了。

“文革”期间，包括德育在内的整个中国中小学教育全面异化，完全沦为政治斗争的工具，德育也就成为“思想政治教育”的代名词。那时候的中小学根本任务，即是强调要“用毛泽东思想培养教育青少年一代，用毛主席关于无产阶级专政下继续革命的学说武装学生，组织学生参加阶级斗争、生产斗争和科学实验三大革命运动，使学生在‘德育、智育、体育几方面都得到发展，成为有社会主义觉悟的有文化的劳动者’，为我国的社会主义革命和社会主义建设的胜利，为在整个地球上消灭人剥削人的制度、解放全人类而英勇奋斗”[④]。为了实现这一崇高而宏大的中小学教育总任务，德育的政治功能显然被夸大了，其内容也被窄化为特定意义的思想政治教育——毛泽东

---

① 《中央关于讨论试行全日制中小学工作条例草案和对当前中小学教育工作几个问题的指示》（1963年3月23日），见北京师范大学教育科学研究所编：《中小学教育政策法令选编》（1949—1966）（上册），内部发行1979年版，第164页。

② 《全日制小学暂行工作条例（草案）》，见北京师范大学教育科学研究所编：《中小学教育政策法令选编》（1949—1966），内部发行1979年版，第171页。

③ 《全日制中学暂行工作条例（草案）》，见北京师范大学教育科学研究所编：《中小学教育政策法令选编》（1949—1966），内部发行1979年版，第191页。

④ 《上海市中、小学教育革命纲领》，见袁振国编：《中国当代教育思潮（1949—1989）》，三联书店1991年版，第174页。

思想教育,要求在广大农村、城市进行普遍的思想政治灌输。

1969年5月12日,吉林省梨树县革命委员会拟订的《农村中、小学教育大纲》第四条就明确写道:"政治是统帅,是灵魂。农村中、小学思想政治工作的根本任务,是用毛泽东思想占领一切阵地,把活学活用毛泽东思想摆在学校一切工作的首位。"①同年6月18日,上海市革命委员会通过的《上海市中、小学教育革命纲领》也如法炮制,称:"城市社会主义中、小学思想政治工作根本的任务,是把活学活用毛泽东思想放在学校一切工作的首位,用毛泽东思想占领学校阵地。"②此时,复杂的德育被简化为思想政治教育,思想政治教育又被简化为毛泽东思想教育,"对一切符合毛泽东思想的言论行动要坚决支持,对一切不符合毛泽东思想的言论行动,属于人民内部的要热情帮助纠正,属于阶级敌人的破坏活动要坚决斗争,在斗争中不断加强自己的无产阶级革命性、科学性和组织纪律性"③。但遗憾的是,"文革"中的无数青少年非但没有在"斗争"中真正提高自己的思想道德修养,反而养成了盲目的个人崇拜意识,扭曲了心灵,有的甚至导致人格分裂,沦为打、砸、抢分子。

二、新时期中小学德育目标的改革与调适

粉碎"四人帮"之后,特别是1978年党的十一届三中全会以后,中国社会进入了"改革开放"的新时期,被严重异化和"左"倾的中小学德育工作开始逐渐回归正常发展轨道。与之相应,中小学德育目标也得以转向,并不断在实践中进行改革与调适。

十年的"文革"动乱给青少年的心灵带来了严重创伤。为了消除"以阶级斗争为纲"的假、大、空德育流毒,学术理论界一度对"四人帮"的反动教育路线进行口诛笔伐,集中批判,取得了很好的社会效果。但由于林彪、"四人帮"的长期毒害,以及国门洞开后西方价值文化的猛烈冲击,使部分学生"对社会主义方向和共产党的领导,对马列主义、毛泽东思想产生模糊认识甚至

① 《农村中、小学教育大纲》,见袁振国编:《中国当代教育思潮(1949—1989)》,三联书店1991年版,第170页。

② 《上海市中、小学教育革命纲领》,见袁振国编:《中国当代教育思潮(1949—1989)》,三联书店1991年版,第177页。

③ 《上海市中、小学教育革命纲领》,见袁振国编:《中国当代教育思潮(1949—1989)》,三联书店1991年版,第177页。

怀疑。忽视政治，胸无大志，缺乏革命理想等问题相当普遍存在”[①]。因此，如何在批判过程中重建德育理想与目标，是关系到新时期中小学德育改革的发展方向。1978 年 4 月 22 日，邓小平在全国教育工作会议上敏锐指出：“‘四人帮’对教育事业的破坏，不仅造成科学文化的教育质量惊人下降，而且严重地损害了学校的思想政治教育，败坏了学校纪律，腐蚀了社会主义社会的革命风气……革命的理想，共产主义的品德，要从小开始培养。”[②]1979 年 3 月 30 日，邓小平特别指出，“要在中国实现四个现代化，必须在思想政治上坚持四项基本原则”。这就是：“第一，必须坚持社会主义道路；第二，必须坚持无产阶级专政；第三，必须坚持共产党的领导；第四，必须坚持马列主义、毛泽东思想。”[③]邓小平两次讲话精神很快在教育界引起强烈反响与共鸣。1979 年 9 月 5 日，教育部在北京召开了全国中小学思想政治教育工作座谈会，会议一致认为：“要做好青少年的思想政治教育工作，一定要坚定不移地贯彻三中全会精神，坚持四项基本原则，在青少年中大力提倡勤奋学习、遵守纪律、热爱劳动、助人为乐、艰苦奋斗、英勇对敌的革命风尚，把青少年培养成为热爱社会主义祖国、忠于无产阶级革命事业，有远大革命理想，有共产主义道德品质的一代新人。”[④]为了纠正长期以来形式主义与成人化的做法，会议特别强调“中小学的思想政治工作，必须从实际出发，注意青少年的年龄特点，有的放矢，讲求实效”[⑤]。

随着“改革开放”的深入和社会主义现代化事业的推进，以及新时期青少年身心发展的变化，必然对中小学德育工作提出更加具体的要求。1985 年 8 月 1 日，中共中央在《关于改革学校思想品德和政治理论课程教学的通知》中明确要求小学阶段必须：“以生动的形象，由近及远地进行以‘五讲四美’（讲文明、讲礼貌、讲卫生、讲道德；心灵美、语言美、行为美、环境美）和

① 《全国中小学思想政治教育工作座谈会纪要》（1979 年 9 月 5 日），见课程教材研究所编：《20 世纪中国小学课程标准·教学大纲汇编：思想政治卷》，人民教育出版社 2001 年版，第 229 页。

② 《邓小平同志在全国教育工作会议上的讲话》（1978 年 4 月 22 日），见何东昌主编：《中华人民共和国重要教育文献》（1976—1990），海南出版社 1998 年版，第 1606 页。

③ 邓小平：《实现四个现代化必须坚持四项基本原则》，见何东昌主编：《中华人民共和国重要教育文献》（1976—1990），海南出版社 1998 年版，第 1674 页。

④ 《全国中小学思想政治教育工作座谈会纪要》（1979 年 9 月 5 日），见课程教材研究所编：《20 世纪中国小学课程标准·教学大纲汇编：思想政治卷》，人民教育出版社 2001 年版，第 231 页。

⑤ 《全国中小学思想政治教育工作座谈会纪要》（1979 年 9 月 5 日），见课程教材研究所编：《20 世纪中国小学课程标准·教学大纲汇编：思想政治卷》，人民教育出版社 2001 年版，第 232 页。

'五爱'(爱祖国、爱人民、爱劳动、爱科学、爱社会主义)为中心的社会常识(包括法律常识)和社会公德教育,指导学生从小就培育良好的思想品德,各种正确的行为习惯,包括在真理面前和在人格上人人平等的习惯,勤俭、节约和守时的习惯,逐步培养自己管理自己的生活并帮助家庭、别人、公众的能力。"[①]与此同时,通知对中学德育也提出更加具体的要求,指出:"在初中阶段,要进行道德、民主和法制、纪律教育,进行社会生活和社会发展规律以及社会主义建设常识的教育,使学生逐步养成爱国主义和社会主义人道主义的道德品质和高尚的审美情趣,了解和遵守社会主义民主、社会主义法制和民主集中制的原则,树立遵守法律和纪律的观念,对我国社会主义社会的实际情况和发展方向有一个初步的认识,树立自己对社会的责任感。在高中阶段,要进行初步的经济学和其他社会科学的教育,使学生正确认识人生的意义以及个人和社会、权利和义务、主观和客观、自由和必然、幸福和牺牲、革新和传统、成功和失败、感情和理智、环境和毅力、精神和物质、先进性和群众性、理想和现实、想象和本质、中国和世界等一系列相互关系,初步学习运用马克思主义的观点、方法分析和观察社会现象,逐步树立为建立高度民主、高度文明的社会主义现代化国家和实现共产主义事业而奋斗的远大理想。"[②]很显然,该通知已在很大程度上注意到中小学不同发展阶段德育目标的层次性,能够"紧密联系青少年不同时期的思想、知识、心理发展的特点,循序渐进,由浅入深,从具体到抽象,从现象到本质,引导他们逐步树立正确的人生观和世界观"[③]。

为了使社会主义物质文明与精神文明能够相互促进、协调发展,中共中央在1986年9月28日十二届六中全会通过了《中共中央关于社会主义精神文明建设指导方针的决议》。决议指出:"社会主义精神建设的根本任务,是适应社会主义现代化建设的需要,培育有理想、有道德、有文化、有纪律的社

---

① 《中共中央关于改革学校思想品德和政治理论课程教学的通知》,见课程教材研究所编:《20世纪中国小学课程标准·教学大纲汇编:思想政治卷》,人民教育出版社2001年版,第265页。

② 《中共中央关于改革学校思想品德和政治理论课程教学的通知》,见课程教材研究所编:《20世纪中国小学课程标准·教学大纲汇编:思想政治卷》,人民教育出版社2001年版,第266页。

③ 《中共中央关于改革学校思想品德和政治理论课程教学的通知》,见课程教材研究所编:《20世纪中国小学课程标准·教学大纲汇编:思想政治卷》,人民教育出版社2001年版,第265页。

会主义公民，提高整个中华民族的思想道德素质和科学文化素质。”[①]会议重申要为“党的最高理想而奋斗”，但同时强调：“在道德建设上，一定要从实际出发，鼓励先进，照顾多数，把先进性的要求同广泛性的要求结合起来，这样才能连接和引导不同觉悟程度的人们一起向上，形成凝聚亿万人民的强大精神力量。”[②]从广义上讲，正如当时国家教委副主任彭珮云所说，该决议所指称的社会主义精神文明建设之根本任务，当然也是我们中学的根本任务，也可以是我们的德育目标。[③]

作为社会主义精神文明建设的纲领性文件，该决议对此后中小学德育任务的进一步明确奠定了基调。1988 年 6 月 1 日，国家教委副主任滕藤在全国中小学德育工作会议上作了《为了下一代，迎接新世纪，切实加强和改革中小学德育工作》的报告，该报告认为：“德育是学校教育的一个重要组成部分，它不同于一般的思想政治工作。德育的主要任务是塑造学生的心灵……教育基本内容应当是相对稳定的、规范的、结构合理的，除了思想政治方面的内容以外，还应该考虑到学生生理、心理发展的特点，对他们进行良好行为习惯的养成、个性心理品质的培养、高尚审美情趣的形成，以及青春期的性道德等等的教育。”[④]基于德育内涵的拓展性理解，报告对中小学德育目标任务作了新的表述，强调：“中小学德育的总任务是，培养学生具有社会主义道德品质和良好的文明行为习惯；为逐步确立科学的人生观、世界观和正确的政治态度奠定基础；具有初步的道德评价能力和自我教育能力。在小学阶段则应在培养学生具有社会主义道德和法制观念的基础上，逐步进行为绝大多数人谋利益的志向的教育，进行马克思主义最基本的观点和方法的教育，进行党的基本路线和方针政策的教育。”[⑤]同年 12 月 25 日，中共中央颁发了《关于改革和加强中小学德育工作的通知》，通知认定，“在中小

① 《中共中央关于社会主义精神文明建设指导方针的决议》，见何东昌主编：《中华人民共和国重要教育文献》(1976—1990)，海南出版社 1998 年版，第 2505 页。

② 《中共中央关于社会主义精神文明建设指导方针的决议》，见何东昌主编：《中华人民共和国重要教育文献》(1976—1990)，海南出版社 1998 年版，第 2506 页。

③ 《国家教委副主任彭珮云同志在中学德育大纲研讨会上的讲话》(1986 年 10 月 21 日讲话)，见何东昌主编：《中华人民共和国重要教育文献》(1976—1990)，海南出版社 1998 年版，第 2518 页。

④ 滕藤：《为了下一代，迎接新世纪，切实加强和改革中小学德育工作》，见何东昌主编：《中华人民共和国重要教育文献》(1976—1990)，海南出版社 1998 年版，第 2760 页。

⑤ 滕藤：《为了下一代，迎接新世纪，切实加强和改革中小学德育工作》，见何东昌主编：《中华人民共和国重要教育文献》(1976—1990)，海南出版社 1998 年版，第 2760 页。

学教育中，德育即思想品德和政治教育”，“中小学德育工作的基本任务是，把全体学生培养成为爱国的具有社会公德、文明行为习惯的遵纪守法的好公民。在这个基础上，引导他们逐步确立科学的人生观、世界观，并不断提高社会主义思想觉悟，使他们中的优秀分子将来能够成长为坚定的共产主义者”①。应该肯定，经过 10 年来的不断改革探索，中国中小学德育目标的表述更加理性了。其中，包涵了相互递进的层次序列，既有基础性目标，又有方向性目标。

90 年代以后，特别是 1992 年邓小平南巡讲话之后，中国进入了社会主义市场经济建设的新阶段。与之相应，中国中小学德育也进入了全面深化改革的阶段。为了进一步规范和加强中小学德育工作，国家教委于 1993 年 3 月 26 日正式颁发了《小学德育纲要》，纲要指出：作为“社会主义精神文明建设的奠基工程”之小学教育，其目标即是“培养学生初步具有爱祖国、爱人民、爱劳动、爱科学、爱社会主义的思想感情和良好品德；遵守社会公德的意识和文明行为习惯；良好的意志、品格和活泼开朗的性格；自己管理自己、帮助别人、为集体服务和辨别是非的能力，为使他们成为德、智、体全面发展的社会主义事业的建设者和接班人，打下初步的良好的思想品德基础”。② 1995 年 2 月 27 日，国家教委又正式颁发了《中学德育大纲》，大纲明确将“心理品质教育”纳入德育范域，认为“德育即对学生进行政治、思想、道德和心理品质教育”；指出“中学德育工作的基本任务是把全体学生培养成为热爱社会主义祖国的具有社会公德、文明行为习惯的遵纪守法的公民。在这个基础上，引导他们逐步树立科学的人生观、世界观，并不断提高社会主义思想觉悟，使他们中的优秀分子将来能够成为共产主义者”。其中，初中阶段德育目标为：“热爱祖国，具有民族自尊心、自信心、自豪感，立志为祖国的社会主义现代化努力学习；初步树立公民的国家观念、道德观念、法制观念；遵纪守法，懂得用法律保护自己；讲科学，不迷信；具有自尊自爱、诚实正直、积极进取、不怕困难等心理品质和一定的分辨是非、抵制不良影响的能力”；高中阶段德育目标为：“热爱祖国，具有报效祖国的精神，拥护党在社会主义初

---

① 《中共中央关于改革和加强中小学德育工作的通知》(1988 年 12 月 25 日)，见何东昌主编：《中华人民共和国重要教育文献》(1976—1990)，海南出版社 1998 年版，第 2822 页。

② 《小学德育纲要》，见何东昌主编：《中华人民共和国重要教育文献》(1991—1997)，海南出版社 1998 年版，第 3489 页。

级阶段的基本路线；初步树立为建设有中国特色的社会主义现代化事业奋斗的理想志向和正确的人生观，具有公民的社会责任感；自觉遵守社会公德和宪法、法律；养成良好的劳动习惯、健康文明的生活方式和科学的思想方法，具有自尊自爱、自立自强、开拓进取、坚毅勇敢等心理品质和一定的道德评价能力、自我教育能力”。[①]

综上所述，改革开放以来中国中小学德育目标设定呈现出从“天上”到“人间”的发展态势。需要指出的是，德育的过度政治化固然被逐渐消解，做人的基础道德教育和文明习惯越来越受到重视，成为社会主义公民素质的重要组成部分；但另一方面，我们也不能仅仅满足于一般的基础道德教育，而应该全面领会和深刻把握新时期德育——思想、政治、道德和心理素质教育等方面的丰富内涵，在学会做人、习为公民的基础上，把其中的优秀分子培养成“坚定的共产主义者”。毫无疑问，经过改革开放以来的20多年积累，虽然我们的德育工作仍存在许多问题，但可以确信：中国中小学德育目标探索已基本上进入科学有序的发展轨道。

三、回归与超越：全球化背景下的中小学德育目标沉思

通过对共和国50多年中小学德育目标的系统考察，我们不难感受到德育目标演变的节律及其特点。总体而言，共和国中小学德育目标发展呈现出自上而下的变化曲线：它是从建国后不久高起点的基础上不断攀升，至“文革”达于极点且被严重扭曲，其后开始向生活化、人本化、理性化的态势回归。审视50多年中小学德育目标的历史变迁，对于我们更好地把握全球化背景下当代中小学德育目标走向无疑具有十分重要的启迪意义。

其一，摆脱单一的政治化德育，重构德育的政治信念。作为广义的“德育”，它固然包含有政治教育；而学校德育本身“在再生产一定的政治(阶级)关系，巩固一定的政治制度与秩序，引导一定的政治机构等方面均具有独特的功能”[②]。特别在战争时期，学校德育往往成为不同政治组织传播和再生产政治思想、信仰竞相争夺的重要阵地。这一点，在建国前国共两党主持下的学校德育(或训育)工作中均表现得十分突出。新中国成立后，面对严峻

① 《中学德育大纲》，见何东昌主编：《中华人民共和国重要教育文献》(1991—1997)，海南出版社1998年版，第3778页。

② 鲁洁：《德育之政治功能新探》，见鲁洁著：《超越与创新》，人民教育出版社2001年版，第224页。

的国内外政治环境和其后不断攀升的“左”倾路线，德育的政治功能被进一步强化。至“文革”期间，更进而扩充为单一的政治化德育，从而严重践踏了德育的丰富内涵和本质属性。因此，如何摆脱和解构德育政治化便成为“改革开放”后新时期德育工作面临的重要问题。毫无疑问，经过20多年的改革与调适，共和国中小学德育目标已逐渐从“天上”回归“人间”，德育的政治目标不断“降调”。但必须指出，“疏解德育政治化不是非要完全排斥政治教育，而是反对以政治代替一切，使政治教育远离现实的生活实际……强调政治教育也要与时俱进，充分吸收并及时反映当代中外社会政治文明成果，并注意处理政治教育与德育课程系统中的心理教育、道德教育、法制教育和思想教育的辩证统一关系，力求分层递进，和谐发展”①。在具体操作中，我们诚然不能延续战争年代的“高标”德育思维，更要破除和肃清“文革”期间片面、单一的政治化德育遗毒；但同时，我们也不能一味回避德育的政治导向，因为“我们对政治信仰、人生信仰范畴的德育内容采取一种回避的态度”，则必然“使我们走向琐碎和庸俗”。② 正确的做法只能是在回归生活、回归人本的前提下理性地重构德育的政治信念，那种强调依据日常生活变化以及不同学生的年龄及身心发展特点而进行分层次的德育目标引导是值得肯定的。这一点，在近几年国家颁发的相关德育条款中作了较为理性的规定。

其二，夯实学生的综合素质，回归德育的人本立场。作为完整的德育，它是外在工具价值与内在本体价值的统一体。一方面，在阶级社会里，德育不可避免地是为一定阶级服务的，具有鲜明的政治指向。另一方面，我们不可忘记德育归根到底乃是本于人、通过人、为了人的健康成长。由于长期以来的德育政治化遮蔽，特别是“文革”期间的严重扭曲，致使德育的工具性政治功能被无限夸大，从而背离了德育的人本立场。事实上，除外在的工具性价值外，德育更应该把目光聚焦在个体意义上的学生发展。这是因为“只有当德育在个人关系领域内充分发挥它的功能，德育才不是把人作为工具来培养，而是作为目的来培养。德育才赋有了它的原应有的本质的意义。这种德育才不致使被教育对象视作为‘异己’‘异化’了的德育，才能成为对象

① 黄书光:《生活世界中的当代德育反思》，载《教育科学研究》，2005年第10期。

② 檀传宝著:《信仰教育与道德教育》，教育科学出版社1999年版，第12页。

们衷心自愿接受的德育”[①]。如果真的是把人作为目的而不是工具来对待，我们就必须摈弃片面的社会本位论，将社会愿景与个体发展有机结合起来，注重培养学生的多方面综合素质，而不只是政治素质。就健全人格的形成规律而言，从做人的基础道德素质和文明习惯入手，既而扩展至思想、政治、心理等方面素质的精心培育，创造性地开展各种形式的综合教育活动，仍然是我们当代中小学德育工作的重要趋势。

其三，正视社会的功利挑战，把握德育的超越本质。一方面，道德是以利益为基础的，没有利益的冲突与引导也就没有德育的存在，那种无视或漠视利益基础的理想化德育只能导致“假、大、空”的结果。这一点，“文革”历史已为我们留下了深刻教训。另一方面，我们也不能过分沉溺于日益丰饶的物质利益，异化为物质世界的奴隶。改革开放以来，我们确立了以经济建设为中心的国策方针；进入 90 年代以后，更逐渐确立了社会主义市场经济的发展战略，从而极大地加速了中国的现代化进程。但是，如果我们仅仅满足于物质层面的现代化推进，而忽视了市场经济对人所带来的巨大物化危险，“忽视了超越于物质功利的人的精神建构，忽视人对于各种精神需要：从自尊、自强、利他、爱国，一直到对人生终极的关怀等等的追求，德育就会脱离当今蕴含于广大群众之中的内在需要，也无以建构当代社会主义社会的精神风貌，德育也将丧失时代所赋予它的意义”[②]。因此，如何正视现代社会的功利挑战和物质进化的同时，进而超越并返归于人的生命之内在需要，乃是当代德育改革的发展方向。正如日本著名思想家池田大作所预言：“21 世纪将是给生命这一事物的本源带来光明的世纪……因为只有这样，文明才能在真正的意义上从工业技术的文明发展为人道的文明。”[③]

---

① 鲁洁：《试论德育功能观的转变》，见鲁洁著：《超越与创新》，人民教育出版社 2001 年版，第 237～238 页。

② 鲁洁：《道德教育：一种超越》，见鲁洁著：《超越与创新》，人民教育出版社 2001 年版，第 275 页。

③ 池田大作：《成为人道的世纪——对 21 世纪的建议》，见何劲松编：《池田大作集》，上海远东出版社 2003 年版。

第三章　价值观念变迁与德育课程教学的深层透视(上)

德育课程教学不仅取决于一定时期的德育目标，更取决于一定社会的经济文化背景，特别是其中的价值观念变迁及其导向。探讨近代以来价值观念变迁及其与学校德育课程教学的内在关联，反思不同历史时期德育课程教学的丰富内涵和独特场景，对我们合理建构当代德育课程教学的科学体系和全面深化中小学德育的主渠道改革无疑具有十分重要的意义。

第一节　“中体西用”的价值选择与清末学堂的德育课程教学

作为洋务教育的指导思想，“中体西用”是中国近代社会急剧变革与洋务派主动探索中西学关系的产物。这一价值选择在体制上容纳了“西学”，并随着西学范围的不断拓展，客观上导致了中国教育现代化的启动与推进；但“中体”的坚持与固守也必然成为中国教育现代化进一步发展的桎梏。出自自我拯救的目的，清末新政的教育改革仍然奉行“中体西用”的价值原则，一方面，它确实使“西学”知识得以较大程度地融入现代学校系统的制度建构；另一方面，又企图恪守住“中学”的伦理本位精神，从而使清末学堂的德育课程设置、教科书编写与实际教学实践仍然表现出浓厚的传统文化色彩，同时也必然折射出一定的西学因素。

一、“中体西用”的价值选择

“中体西用”是长期封闭的帝国国门被强行打开之后，特别是第二次鸦片战争后，封建统治集团中开明士大夫的自觉选择。1861年，冯桂芬在《校邠庐抗议》中以主辅关系首倡“以中国之伦常名教为原本，辅以诸国富强之术”[①]，初步表达了“中体西用”的主张。其后，郭嵩焘、沈寿康、郑观应等都做了近似的阐发。奕䜣、曾国藩、李鸿章、张之洞等洋务巨头即是在坚持“中体”原则基础下，有组织地开展各种形式的新式教育活动，包括设立新式学堂、派遣留学生、变通科举考试等，从而使“西学”知识领域得以不断扩大。

诚然，近代初期，国人心目中的“西学”仅指西方的自然科学，尤其是军事科技知识。但要将这一科技知识正式纳入官学课程教学计划，便很快引起顽固派的强烈抵制。1866年，京师同文馆设立天文算学馆一事，即由于触及了中国传统教育“德上艺下”的固有价值观念，立马招致大学士倭仁等顽固分子的强烈反对，以为“立国之道，尚礼义不尚权谋；根本之道，在人心不在技艺”[②]。但这一反对意见由于过于陈腐，并没有为当局所采纳。

随着洋务事业的全面开展和洋务运动的深入发展，西学内涵也在不断扩充，人们已不满足于从器物技艺层面来界定西学。与洋务派的器物自觉不同，以康有为、梁启超、谭嗣同、严复为代表的维新志士们普遍接受了近代西方人道主义教育精神，相信西方器物技艺之外必然存在某些更为丰富的本质内涵。他们不仅看到了西方军事科技的发达，而且逐渐认识到科技发达背后的制度建设，开始公开讴歌资本主义性质的政治文明与教育制度。很显然，维新志士们心中的西学绝非“中体西用”所能范域，他们相信西学本身就是体用兼备、不容分割的有机整体。正如严复所说：“中学有中学之体用，西学有西学之体用，分之则并立，合之则两亡。”[③]特别是由于中日甲午战争失败的教训，庞大帝国竟然败于明治维新以来力倡西学的小国日本，无形中也必然使国人深化了对西学的认识。有学者研究发现：“到了甲午战争之后，‘西学’在中国学子和官员的论述中，已经不再仅仅是对某一特定地缘知识源泉的统称，而逐渐成为一个系统化的‘西方’文明、国家制度、社会结构、文化体系，乃至人种等几方面的结晶。”[④]也正是在国人西学知识不断拓展和

---

① 《采西学议——冯桂芬 马建忠》，辽宁人民出版社1994年版，第84页。

② 倭仁：《请罢同文馆用正途人员习天算折》，见高时良主编：《中国近代教育史资料汇编·洋务运动时期教育》，上海教育出版社，第9页。

③ 《与〈外交报〉主人书》，见《严复集》（第三册），中华书局1986年版，第559页。

④ 孟悦著：《人·历史·家园：文化批评三调》，人民文学出版社2006年版，第181页。

内忧外患交互逼迫下，康有为、梁启超等维新派领袖竭力开展旨在扭转国人价值导向的维新变法运动。

作为后期洋务运动的杰出代表，张之洞不仅具有丰富的洋务教育实践经验，而且一度同情乃至支持维新变法的某些主张。然而，复杂微妙的现实政治斗争需要和出自对清王朝长久利益的本能维护，张之洞在维新运动高涨来临之际完成了著名的《劝学篇》，对30余年来业已实践的洋务教育指导思想——“中体西用”做了最为系统、深刻的理论阐述。这一价值选择的意义并不只是对以往洋务教育实践的理论总结，更重要的是，这一总结成为此后清末新政教育改革的根本纲领，对包括德育在内的整个晚清教育变革产生了十分重要的实际影响。

二、清末学堂德育课程设置的文化本位精神

清末学堂德育课程的官方设置规定始见于1902年厘定的《钦定学堂章程》和1904年颁行的《奏定学堂章程》。但实际的德育课程由于直接关系到教育的目标设计与人才的素质把握，很容易引起晚清学人的警觉。1901年的一天，孙宝瑄在其《忘山庐日记》中写道：“日本学校章程，首列修身一科，可知身之不可不修也，明也。盖惟修身，而后自由有权限，不至害人之自由。我国古圣贤所发之理，实与欧洲哲学家之语相通也。顾我国有种讲道学者，专治修身学，修身而外无学，所以但成一乡党自好之人，而无益于天下。乃矫其弊者，遂不治修身学，此又大误，而不可为训者也。”[①]作为趋向维新的晚清知识人士，孙宝瑄已清醒认识到传统中国“专治修身学，修身而外无学”的局限性，但他也反对因噎废食，全盘否定修身学，主张效法日本学校章程，开设修身课程。据学者考证，从甲午战争至第一个近代学制颁行期间，上海南洋公学、广州时敏学堂等部分新式学堂已开设了修身课程，同时不同程度地设有读经、经义、经史等“中学”方面的内容；但也有一些新式学堂较忽视“中学”方面的内容，更突出西学课程。[②] 概言之，新式普通学堂兴起之初，特别是1901年9月“兴学诏”颁行之后，如何合理地组织课程结构无疑是一个重要的现实问题。

① 孙宝瑄著：《忘山庐日记》(上)，上海古籍出版社1983年版，第403页。

② 吕达著：《中国近代课程史论》，人民教育出版社1994年版，第120～129页。

1902年8月，清政府在“兴学诏”颁行近一年后，深感有必要进一步规范新式办学路向和具体管理章程，特任命管学大臣张百熙制定中国近代第一个学制——《壬寅学制章程》。在这一章程中，张百熙首次将“修身”、“读经”正式纳入《小学堂章程》和《中学堂章程》，成为中学堂12门、小学堂11门课程中的两门。以中学堂课程为例，修身课的周时数2小时、读经课的周时数3小时，而外国文的周时数竟多达9小时，这一课时规定强烈地反映出甲午战败后国人热衷西学的急迫心理，与洋务派“中体西用”的固有主张不免有所冲突。也许正是这一原因，该学制章程虽已准制定，但并未实行。

1904年1月公开颁行的“癸卯学制”，名义上是由张百熙、荣庆和张之洞在“壬寅学制”基础上共同拟定，实际上是以张之洞所力倡的“中学为体，西学为用”为指导思想，并主要由张之洞手订。这一点，张百熙、荣庆和张之洞在《重订学堂章程折》中作了重点说明，称：“数月以来，臣等互相讨论，虚衷商榷；并博考外国各项学堂课程、门目，参酌变通；择其宜者用之，其于中国不相宜者缺之，科目、名称之不可解者改之，其有过涉繁重者减之……至于立学宗旨，无论何等学堂，均以忠孝为本，以中国经史之学为基，俾学生心术壹归于纯正，而后以西学沦其智识，练其艺能，务期他日成材，各适实用，以仰副国家造就通才、慎防流弊之意。”①

以“修身”课程为例，奏定章程的各类学堂均作了详细规定，并注意相互间的层次差别及其衔接。如《奏定初等小学堂章程》就指出，修身“要义在随时约束以和平之规矩，不令过苦，并指示古人之嘉言懿行，动其欣幕效法之念，养成儿童德性，使之不流于匪僻，不习于放纵，尤须趁幼年时教以平情公道，不可但存私吝，以求合于爱众亲仁、恕以及物之旨。此时具有爱同类之知识，将来成人后即为爱国家之根基”②。而同样是“修身”课程，《奏定高等小学堂章程》(1904)除重申初等小学堂的一些基本要义外，该章程特别强调“修身之道备在《四书》”，认为“初等小学虽于读《四书》时随时讲解，止讲浅

① 张百熙、荣庆、张之洞：《重订学堂章程折》，见璩鑫圭、唐良炎编：《中国近代教育史资料汇编·学制演变》，上海教育出版社1991年版，第289页。

② 《奏定初等小学堂章程》，见舒新城编：《中国近代教育史资料》(中册)，人民教育出版社1961年版，第419页。

近文义,高等小学可讲略深者"[①]。至于中学堂的"修身"课程,更进一步要求:"摘讲陈宏谋《五种遗规》:一、《养正遗规》,二、《训俗遗规》,三、《教女遗规》,四、《从政遗规》,五、《在官法戒录》(以教为吏胥者)";同时指出,"所讲修身之要义,一在坚其敦尚伦常之心,一在鼓其奋发有为之气,尤当示以一身与家族朋类国家世界之关系,务须勉以实践躬行,不可言行不符"。[②] 很显然,初等小学堂、高等小学堂和中学堂都高度重视"修身"课程,均将其列为课程首位,并作了相关的具体规定。这些规定虽有一定的逻辑衔接,但其要旨并没有逾越正统儒家的伦理思想及其实践范域。

再以"读经讲经"为例,该课程在1902年《钦定中学堂章程》的"中学堂课程一星期时刻表"中只有3小时,而在《奏定中学堂章程》的"中学堂课程一星期时刻表"中则多达9小时。此外,《奏定初等小学堂章程》、《奏定高等小学堂章程》更进一步将"读经讲经"的周课时数上升至每周12小时。同时,奏定各学堂章程还对每日读经数做出详细规定,如要求初等小学堂:"第一年,每日约读四十字,共读九千六百字;第二年,每日约读六十字,共读一万四千四百字;第三四年,每日约读一百字,共读四万八千字;第五年,每日约读一百二十字,共读二万八千八百字。总共五年,应读十万零一千八百字;除《孝经》(二千零十三字),《四书》(五万九千六百十七字)全读外(共六万一千六百字),《礼记》最切于伦常日用,亟宜先读。"[③]在熟读《孝经》、《四书》及《礼记》基础上,明确规定:"以《诗经》、《书经》、《易经》及《仪礼》之一篇为高等小学必读之经。总共四年,每年除假期外以二百四十日计算,每日约读一百二十字,每年应读二万八千八百字,四年应共读十一万五千二百字。"[④]至于中学堂,则强调:"应读《春秋左传》及《周礼》两部,每日读二百字,每年除各假期外,以二百四十日计算,应读四万八千字,五年应共读二十四

① 《奏定高等小学堂章程》,见舒新城编《中国近代教育史资料》(中册),人民教育出版社1961年版,第434页。

② 《奏定中学堂章程》,见舒新城编《中国近代教育史资料》(中册),人民教育出版社1961年版,第507页。

③ 《奏定初等小学堂章程》,见舒新城编《中国近代教育史资料》(中册),人民教育出版社1961年版,第419～420页。

④ 《奏定高等小学堂章程》,见舒新城编《中国近代教育史资料》(中册),人民教育出版社1961年版,第434～435页。

万字。”[1]毫无疑问，张之洞等人企图通过严格的读经内容分配和时间控制，对学生进行全方位的精神规训与教化，使之固守以儒家忠孝伦理为本位的“圣教根柢”，声称“中小学宜注重读经以存圣教。外国学堂有宗教一门。中国之经书，即是中国之宗教。若学堂不读经书，则尧舜禹汤文武周公孔子之道，所谓三纲五常者尽行废绝，中国必不能立国矣”[2]。

事实上，清末普通学堂除特别突出“修身”、“读经讲经”的直接德育课程外，还十分重视通过中国文学、历史、地理等科目间接地传递儒家文化理念与德育精神。如中国文学科特别要求“诵读有益德性风化之古诗歌”，强调“中国各种文体，历代相承，实为五大洲文化之精华。且必能为中国各体文辞，然后能通解经史古书，传述圣贤精理”。[3] 又如历史科，初级小学堂阶段当“略举古来圣主贤君重大美善之事，俾知中国文化所由来及本朝列圣朝政，以养国民忠爱之本源。尤当先讲乡土历史，采本境内乡贤名宦流寓诸名人之事迹，令人敬仰叹慕，增长志气者为之解说，以动其希贤慕善之心”[4]。中学阶段则要求“先讲中国史”，讲亚洲各国史时须“示以今日西方东侵东方诸国之危局”，强调“凡教历史者，注意在发明实事之关系，辨文化之由来，使得省悟强弱兴亡之故，以振发国民之志气”。[5] 至于地理科，初级小学阶段当“使知今日中国疆域之大略，五洲之简图，以养成其爱国之心，兼破其乡曲僻陋之见”[6]。中学堂的地理科，则要求重点阐发“大地与人类之关系，其讲外国地理尤须详于与中国有重要关系之地理，且务须发明中国与列国相较之分际，养成其爱国心性志气”[7]。

---

① 《奏定中学堂章程》，见舒新城编《中国近代教育史资料》（中册），人民教育出版社 1961 年版，第 508 页。

② 《奏定学务纲要》，见璩鑫圭、唐良炎编：《中国近代教育史资料汇编·学制演变》，上海教育出版社 1991 年版，第 492 页。

③ 《奏定学务纲要》，见璩鑫圭、唐良炎编：《中国近代教育史资料汇编·学制演变》，上海教育出版社 1991 年版，第 493 页。

④ 《奏定初等小学堂章程》，见舒新城编《中国近代教育史资料》（中册），人民教育出版社 1961 年版，第 420 页。

⑤ 《奏定中学堂章程》，见舒新城编《中国近代教育史资料》（中册），人民教育出版社 1961 年版，第 509～510 页。

⑥ 《奏定初等小学堂章程》，见舒新城编《中国近代教育史资料》（中册），人民教育出版社 1961 年版，第 420 页。

⑦ 《奏定初等小学堂章程》，见舒新城编《中国近代教育史资料》（中册），人民教育出版社 1961 年版，第 510 页。

三、修身教科书编写的本土意识与时代观念

伴随着新式普通学堂的出现，国人自编教科书也开始了最初的尝试。其中，1897年南洋公学师范生陈懋治、杜嗣程、沈庆鸿等人所编的《蒙学课本》(共三册)最为著名，该教材虽为综合性蒙学教科书，但有关德育内容几近半数。1898年无锡三等公学堂始编的《蒙学读本》(共7编，1902年由上海文澜书局发行)，该书第四编即是“专重德育，用《论语》第十章分纲提目，系以历史故事，每课标以旨归，以修身为本”①。不过，成规模的各科教科书编写则是在“癸卯学制”颁行之后。且勿论配合“读经讲经”课程而编写的各种经训教科书，光是各种类别的修身教科书(含初等小学堂、高等小学堂和中学堂)，清末就多达25种之多。② 这些修身教科书虽然形式各异，但都不同程度地表现出本土文化意识，同时也折射出一定的时代观念。

其一，从德目内容上看，清末修身教科书呈现出传统德目为主、现代德目为辅的基本格局。据学者对清末蒙学修身教科书(上海文明书局)、最新修身教科书(商务印书馆)、小学修身教科书(同文印刷社)等三种重要教科书的比较研究，发现“属于个人修身和齐家范畴的德目都占据多数，属于社会和国家的德目所占比例则相对较少。它们的比例，在前者分别是53%、69%、71%，在后者分别是47%、31%、29%”③。以上海商务印书馆1906年出版的《最新初等小学修身教科书》(共10册)为例，第三册的20节课目分别为：家庭、祖先、友爱、友爱二、敬身、修省、谨慎、严整、坚定、专心、节欲、尚武、戒迷信、行恕、诚实、笃厚、谦让、宽容、戒虐生物、惜物；第四册的20节课目为：节俭、储蓄、廉洁、坚忍、自奋、知耻、节操、贞孝、信义、勇敢、礼让、威仪、循序、宗族、乡党、公德、兴益、慈善、合群、爱国；第五册的20节课目为：立志、刚毅、习群、戒矜、敬慎、制欲、慎言、戒轻薄、信实、忠实、修省、不辱己、不陵人、公平、博爱、公益、报德、敬师、孝行、守法；第六册的20节课目为：敬祖、贞操、择交、笃厚、宽恕、忠义、礼让、廉耻、刚直、摄生、戒浮华、力行、慎密、敬事、自信、戒迷信、自重、果敢、辨义利、治产；第七册的20节课目为：孝

① 《教科书之发刊概况》(1868—1918)，见李桂林等编：《中国近代教育史资料汇编·普通教育》，上海教育出版社1995年版，第169页。

② 郑航著：《中国近代德育课程史》，人民教育出版社2004年版，第58页。

③ 郑航著：《中国近代德育课程史》，人民教育出版社2004年版，第48页。

行、兄弟、夫妇、整洁、自立、坚忍、守礼、服善、行恕、信义、报德、博爱、义侠、知足、廉洁、戒虚饰、责任、义勇、爱国、爱国二；第八册的 20 节课目为：家庭、妇行、宗族、朋友、乡党、交际、公平、信实、温厚、宽容、谦虚、沉着、进取、求己、克己、尚武、惠恤、守法、国民、国民二；第九册的 20 节课目为：祖先、自立、慎独、改过、勤勉、勇敢、淡泊、安分、自守、刚直、夫妇、朋友、平气、协和、勤俭、义侠、爱物、立身、立功、报国。[①] 不难看出，这套蒙学教科书所表达的多数德目仍然是传统德目，如敬身、修省、节欲、贞孝、信义、行恕、责任、守礼、谦虚、廉洁、慎独、贞操、诚实、安分、淡泊、平气、忠勇、节约等，这些传统德目有些至今仍有存在价值，如信义、谦虚、责任、诚实等；有些显然已不符合时代潮流，如贞操、安分等。可贵的是，在专制帝国还未推翻的历史背景下已出现了一些反映近代民主精神的现代德目，如公德、合群、爱国、公平、博爱、公益、守法等，透析出新时代的曙光。

其二，从题材来源上看，清末修身教科书的德目内容绝大多数都采集于不同时期的中国历史故事和儒家道德训词，体现了浓厚的传统文化色彩。以上海商务印书馆 1906 年出版的《最新初等小学修身教科书》第三册为例，该书的每一篇课目内容均取材于“古人之格言遗事”，至多不超过 55 字，言简意赅，配以精美的黑白插图，颇能传神地表达编者的教化意图。如该书第十一课《节欲》写道：“张九成幼年处学，正当苦寒，衣食不备，有以衣送之者。却，不受，曰：士处贫苦，若不自抑损，则贪欲生而廉耻丧矣。”[②]该书第十四课《行恕》写道：“子贡问于孔子曰：有一言而可以终身行者乎？ 子曰：其恕乎！己所不欲，勿施于人。”[③]该书第十五课《诚实》写道：“司马光自少至老，语未尝妄，自言生平所为，未尝有不可对人言者。刘安世尝问以尽心行己之要？光曰：其诚乎！ 自不妄语始。”[④]这种以孔子、司马光、张九成等历史名人事迹为榜样来彰显德目价值意义的编写手法，实际上是清末修身教科书编写的

① 详见高凤谦、蔡元培、张元济校订：《最新初等小学修身教科书》（第三、四、五、六、七册），商务印书馆 1906 年版。

② 高凤谦、蔡元培、张元济校订：《最新初等小学修身教科书》（第三册），商务印书馆 1906 年版，第 13 页。

③ 高凤谦、蔡元培、张元济校订：《最新初等小学修身教科书》（第三册），商务印书馆 1906 年版，第 16 页。

④ 高凤谦、蔡元培、张元济校订：《最新初等小学修身教科书》（第三册），商务印书馆 1906 年版，第 17 页。

流行样式，具有一定的合理性；特别是时代性较强的现代德目，如公德、博爱、爱国等，教科书编著专家也十分注意采用中国传统道德故事进行本土化阐发，这在一定程度上显然有利于特定时期近代新德育思想的传播。如《最新初等小学修身教科书》第四册第十八课《公德》写道："第五伦客河东，载盐往来太原上党，所过，辄为粪除而去。郭泰每行宿逆旅，辄自洒扫，及明去，后人至，见之，曰：此必郭有道昨宿处也。"[①]这种贴近本土文化故事的历史比附，虽然并不十分确切，但形象、生动、亲切，显然有助于社会转型期特定历史条件下现代伦理观念的传播与习得。

其三，从编写风格上看，清末修身教科书不同于一般意义上的道德说教，而是在一定程度上注意到儿童的年龄特征和教材上道德知识的逻辑统一。蒋维乔在《编辑小学教科书之回忆》中曾论及商务印书馆所遍的修身教科书，他分析说："初等小学之第一年，因儿童识字无多，故第一册全用图画；二册以下，始用格言；三册则引用古事之可为模范者；皆每课附以图画，共计十册……高等小学修身教科书，共四册。皆采历史中可以身体力行之事实；并附现代之伦理。教科书外，另编详解，供教师之用。"[②]如《最新初等小学修身教科书》第三册"编辑大意"中特别指出："授本编时，学生已读过国文教科书两册，故所引古人之格言遗事，文字较第二册为繁"；又称："本编前四课言家庭之道德，第五课以下言立身之事，第十四课以下言处事爱物之事，多为前两册所未详者"。[③] 事实上，即使是讲传统意义的德目，编者实际上也较注意选择具有一定原始人道精神的事例进行分析。如叙述夫妻之间的"信义"，就完全摈弃了"夫为妻纲"的片面道德观念，而是举这样的一则故事："刘廷式既已定婚，越五年，登第，其所聘女已以病丧明。女家力辞曰：无目之女，不可以配贵人。廷式曰：失明于定婚之后，义不可弃，若我不取，彼将何归？卒娶之，相敬如宾，常携手而行焉。"[④]

概言之，清末修身教科书仍以传统德目为主，且多袭用传统的高雅语

---

① 高凤谦、蔡元培、张元济校订：《最新初等小学修身教科书》(第四册)，商务印书馆1906年版，第18页。

② 李桂林等编：《中国近代教育史资料汇编·普通教育》，上海教育出版社1995年版，第186页。

③ 高凤谦、蔡元培、张元济校订：《最新初等小学修身教科书》(第三册)，商务印书馆1906年版，第1页。

④ 高凤谦、蔡元培、张元济校订：《最新初等小学修身教科书》(第四册)，商务印书馆1906年版，第11页。

言——文言文，征引的格言、故事也常囿于中国古代；甚至有些修身教科书的编写内容并不符合儿童心理特点，如1907年春季，官方主导的学部图书局所颁行的《修身》教科书第一册，就被学界公开指斥为“取材不合儿童心理”。① 但整体而言，由民间教科书专家领衔主编的各种修身教科书，无论在德目选择、题材来源和编写风格上，都微妙地折射出一定的近代伦理因素和时代进步精神。

四、读经讲经、修身教学及其问题

作为清末德育的重要科目之一，“读经讲经”在整个清末中小学堂课程设置中占据十分重要地位，给予了相当充足的课时保证（详见前述）。清末新政大员之所以如此刻意强调“读经讲经”，其本意在于：通过一定数量的经书背诵和经学熏陶，培植学生的“中学根柢”，养成其深厚的文化认同感。

但需要指出的是，由于小学生毕竟年幼，过多、过深的经学内容绝非小学生所能理解。对此，教育研究专家陆费逵断言：“经书非儿童所能解，施之小学，尤觉有百害而无一利。”②庄俞更进一步指出：“惟读经讲经一科，深文奥义，非小学所能研究，略知教育者，类能道之。自癸卯旧章偏重此科，舆论反对，迩岁大振，学部岂未闻之？令之无初辨之稚子，以短促之四百小时，从事于《孝经》、《论语》、《礼记节本》三大古书，恐资质鲁钝者，仅能成诵，尚觉困难；资质聪颖者，亦不过囫囵吞枣，食而不化。与其强列此科，扰乱心思，阻伤脑力，何如毅然删除，一归实际；与强列此科顽旧人之心理，何如宝其无量数在学儿童之进机。”③

即是说，经书的“深文奥义”本非小学所能研究，强列此科只能有碍于儿童的脑力发展。事实上，孔子所修订的经书以及儒家其它经书主要是关于高等学术或治术方面的讨论，所要求的接受对象程度无疑必须高于小学生。何劲分析说：“五经之书，借适合孔子之时者也……孔子编诗，原有闺房、乡

---

① 《教科书之发刊概况》（1868—1918），见李桂林等编：《中国近代教育史资料汇编·普通教育》，上海教育出版社1995年版，第176页。

② 陆费逵：《小学堂章程改正私议》，见李桂林等编：《中国近代教育史资料汇编·普通教育》，上海教育出版社1995年版，第248页。

③ 庄俞：《论学部之改良小学章程》，见李桂林等编：《中国近代教育史资料汇编·普通教育》，上海教育出版社1995年版，第266页。

国、宗庙、宴享之别，非为一般人民之普通教科书也。今乃令全国之高等小学生诵习之，吾恐不能无益而反而害之也。他如《大学》、《中庸》，理太深而文太奥，非十三四岁之生徒所能了解，亦不适于高等小学之用。至于初等小学第三、第四年须授《孝经》、《论语》，其弊亦与高等小学之用《学》、《庸》同。盖《孝经》言孝，概括天子诸侯及士庶人，乃为能传道统之曾子言，非为八、九岁之儿童言也。《论语》乃孔子学堂中之日记，孔子与门弟子之言行，多记录之，孔门无小学生，故所记皆关于高等治术、学术。"①

除"读经讲经"外，清末中小学堂仿日本学制普遍开设了"修身"课程。但偏重"古义"之课堂讲解的"修身"课程设计显然失却"道德进化之理"，不符合现代德育潮流，故很快引起国人的警觉。《奏定小学堂章程》公布不久，即有学者指出："初级小学时间表修身科下注云：摘讲朱子《小学》，刘忠介《人谱》，并各种《养蒙图说》；高等小学时间表修身科下又注云：讲《四书》要义，以朱注为主。记者阅之，又不能无疑，夫外国之教修身，其始示以挂图，其后始有文字。而其内容之事实，多主于分类，如对于学堂之修身如何，对于一家之修身如何，对于一群之修身如何，对于一国之修身如何。又如若者为孝顺，若者为恭敬，若者为勤勉，若者为慈善。条分缕析，秩序井然。今不明道德进化之理，而犹株守古义。无论其胜衣就傅，识字无几也，即能了解，恐亦不如外国之完备。又况高等小学修身科所授之《四书》，即同初等小学经学科所授之《四书》乎？"②更为严重的是，偏重课堂讲解的修身教学由于背离了道德教学的实践本性，必然导致修身教学日趋无效，言行脱节。1909年，庄俞深有感慨地指出："夫各校无不设修身一科，无如教师择一种坊刻之本，按时教授，所采事实，学生不能躬行实践，且教且忘，侧闻教员之言曰：修身科最无谓，最无效。呜呼！修身科而最无谓而无效，则学风乌有驯良之希望。"③有鉴于此，庄俞强调科任教师要灵活对待修身教科书，注重修身教学的践行本质。他说："关于修身者，随时训诲之或应授修身科之时间，切实讲

---

① 何劲：《说两等小学堂读经讲之害》，见李桂林等编：《中国近代教育史资料汇编·普通教育》，上海教育出版社1995年版，第272～273页。

② 《奏定小学章程评议》，见李桂林等编：《中国近代教育史资料汇编·普通教育》，上海教育出版社1995年版，第230～231页。

③ 庄俞：《论小学教育》，见李桂林等编：《中国近代教育史资料汇编·普通教育》，上海教育出版社1995年版，第236页。

授，即不讲教科书可也。吾尝谓教员之一言一动，修身教科书也，学生之一言一动，修身教科书之材料也。同在学校中，无时不可讲修身，无事不可讲修身，或严厉以戒之，或谈笑以导之，或慷慨悲怨以感悟之，苟得其宜，收效无形，吾敢断言也。"[①]很显然，修身教学的实践指向越来越成为基础教育领域的专家共识。

第二节 价值观念的新旧交替与中小学德育课程教学的转型性探索

辛亥革命的胜利标志着专制帝国的覆灭和民主共和国的建立。急剧的社会转型必然带来思想文化的激烈论争与价值观念的新旧交替，并进而导致中小学德育课程设置、教科书编写乃至具体德育教学方式的深层变革。

一、社会转型与价值重建

1911 年辛亥革命的胜利标志着二千多年封建专制帝国的覆灭和资产阶级民主共和国的建立。但遗憾的是，随之而来的帝制复辟和军阀混战，使新生的共和国徒有虚名，甚至在"共和国体之下，备受专制政治之痛苦"。[②] 从表面上看，"共和招牌"固然已堂而皇之地挂出来，但人们的内心并没有完全冲破传统价值观念的束缚。在沿海城市的经济发达地区，由于西方价值思想的长期渗透和半资本主义因素的迅速成长，以儒家为核心的传统价值观念已逐渐失去了轴心作用与主导意义；但在广大的经济落后农村，"乡里人家厅堂上，照例贴一张'天地君亲师'的红纸条，讲究的还有一座'天地君亲师'的牌位"[③]。很显然，辛亥革命所导致的制度变革并没有从根本上改变人们的旧有心理，如何消除新旧价值的紧张状态，更新文化观念，重建社会的价值理想，不能不成为有识之士的致思方向。

与康有为"尊孔读经"的保守主义价值取向不同，以陈独秀、胡适、李大

---

① 庄俞：《论小学教育》，见李桂林等编：《中国近代教育史资料汇编·普通教育》，上海教育出版社 1995 年版，第 237 页。

② 《吾人最后之觉悟》，见《陈独秀著作选》（第一卷），上海人民出版社 1993 年版，第 176 页。

③ 《旧思想与国体问题》，见《陈独秀著作选》（第一卷），上海人民出版社 1993 年版，第 297 页。

钊、鲁迅等人为代表的新文化领袖们则高举“科学”、“民主”的大旗，致力于新文化与新教育运动，对千百年来习以为常的传统思想文化进行石破天惊的“价值重估”。在胡适看来，新思潮的根本意义就是“评判的态度”，这种科学的理性态度就是要求：“(1) 对于习俗相传下来的制度风俗，要问：‘这种制度现在还有存在的价值吗？’(2) 对于古代遗传下来的圣贤教训，要问：‘这句话在今日还是不错吗？’(3) 对于社会上糊涂公认的行为与信仰，都要问：‘大家公认的，就不会错了吗？人家这样做，我也该这样做吗？难道没有别样做法比这个更好，更有理，更有益的吗？’”①

事实上，也只有采取这一科学的“评判的态度”，才能“从乱七八糟里面寻出一个条理脉络来；从无头无脑里面寻出一个前因后果来；从胡说谬解里面寻出一个真意义来；从武断迷信里寻出一个真价值来”②。同时，也只有对“旧学术”进行严格的科学分析，才能与所输入的新学理进行有机整合，从而为文明再造与价值重建奠定坚实的理论基础。民国初年以来，特别是“五四”新文化运动时期，中小学德育课程教学的历史变迁充分说明了价值重建工作的艰巨性、复杂性和重要性。

二、德育课程设置的曲折变化

课程的设置总是内在地受制于国家的政治制度及其背后的文化异动与价值变迁。民国以来，读经科的废立之争、修身科的微妙变动以及公民科的最终确立都形象地说明了这一点。

作为德育课程的重要科目之一，读经科早在晚清末年即备受陆费逵、庄俞等有识之士的猛烈抨击，但帝制的苟延残喘毕竟卫护了它的存在。随着帝制的覆灭，读经也就失去了存在的政治基础。1912 年 1 月 19 日，中华民国教育部在《普通教育暂行教育办法》中明令各省：“小学读经一律废止。”③然而，政治革命与价值变迁总是相互依存，如果人们心灵深处的价值观念没有产生根本变化，再激进的革命成果都有被随时颠覆的可能。窃国大盗袁世凯正是借助新旧价值观念交织混沌之时，在攫取大总统宝座之后有梦想

① 胡适：《新思潮的意义》，见白吉庵等编：《胡适教育论著选》，人民教育出版社 1994 年版，第 102 页。

② 胡适：《新思潮的意义》，见白吉庵等编：《胡适教育论著选》，人民教育出版社 1994 年版，第 107 页。

③ 《教育部通电各省颁发普通教育暂行办法》，见李桂林等编：《中国近代教育史资料汇编·普通教育》，上海教育出版社 1995 年版，第 456 页。

着帝制的复辟。与之相应，尊孔读经的逆流又沉渣泛起，上有“尊孔祀孔令”，下有“孔教会”、“读经会”，彼此呼应，一时间复古思潮甚嚣尘上。1915年，袁世凯更进而在《特定教育纲要》中指令小学恢复读经，称“国民小学，应于修身一科外，另设读经一科以补其不足。惟经义深奥，《论语》又较《孟子》义理稍深。初等小学生在七八岁时，颇难理解，应在第三四学年讲读《孟子》……高等小学学生，知识稍增，自第一学年起，即读《论语》”①。

面对愈演愈烈的复古主义思潮，以陈独秀、李大钊、胡适、鲁迅为代表的新文化领袖高举“科学”、“民主”旗帜，对封建专制主义思想观念进行前所未有的激烈批判，兴起了全国范围内的“新文化”运动。这一伟大的“新文化”运动又与兹后以反帝反封建为主旨的爱国主义运动——“五四”运动，相衍互进，汇成了巨大的“五四”新文化运动洪流，共同推动了中国传统教育的现代转型。1916年10月，小学“读经科”的再度废除不只是政治斗争的结果，更反映了新旧文化的戏剧性较量。

与读经科不同，修身科在民国成立后并没有被马上废除，但它与1904年奏定学堂章程中的“修身”科的教学内容已有明显差异。清末奏定学堂章程中的“修身”科明确要求：

(1)“摘讲朱子《小学》、刘忠介《人谱》、各种养蒙图说，读有益风化之极短古诗歌。”②

(2)“讲《四书》之要义，以朱注为主，以切于身心日用为要，读有益风化之古诗歌。”③

(3)“摘讲陈宏谋《五种遗规》……所讲修身要义，一在坚其敦尚伦常之心，一在鼓其奋发有为之气，尤当示以一身与家族朋类国家世界之关系，务须勉以实践躬行，不可言行不符。”④

不难看出，清末学堂章程所呈现的修身课程具有浓厚的传统文化色彩，

---

① 袁世凯：《特定教育纲要》，见舒新城编：《中国近代教育史资料》(上册)，人民教育出版社1961年版，第263页。

② 《奏定初等小学堂章程》，见舒新城编：《中国近代教育史资料》(中册)，人民教育出版社1961年版，第421～422页。

③ 《奏定高等小学堂章程》，见舒新城编：《中国近代教育史资料》(中册)，人民教育出版社1961年版，第437～438页。

④ 《奏定中学堂章程》，见舒新城编：《中国近代教育史资料》(中册)，人民教育出版社1961年版，第507页。

程朱理学观念以及儒家文化的训条遗规仍然充斥着整个课程建设。与之不同，民初学堂中的修身要求不仅更具体了，而且也更进步了，体现了一定的新时代气息。以 1912 年《教育部订定小学教则及课程表》为例，它对小学"修身"科做了这样的规定："修身要旨在涵养儿童之德性，导以实践。初等小学校，宜就孝悌、亲爱、信实、义勇、恭敬、勤俭、清洁诸德，择其切近易行者授之；渐及于对社会对国家之责任，以激发进取之志，养成爱群爱国之精神。高等小学校宜就前项扩充之。对于女生尤须注意于贞淑之德，并使知自立之道。教授修身宜以嘉言懿行及谚辞等指导实践，使知戒勉，兼演习礼仪，又宜授以民国法制大意，俾具有国家观念。"[①]至于中学的"修身"科，其要旨即："在养成道德上之思想情操，并勉以躬行实践，完具国民之品格。修身宜授以道德要领，渐及对国家社会之责务，兼授伦理学大要，尤宜注意本国道德之特色。"[②]概言之，民初学校"修身"科固然仍保留着"孝悌"、"恭敬"、"勤俭"、"贞淑"等传统意义上的德目；但"自立之道"、"法制大意"、"国家观念"、"国民之品格"等新德育观念业已正式登场，彰显出现代德目的兴起，体现了时代精神对德育课程建构的微妙渗透。

但不管怎么说，"修身"毕竟是封建专制社会的产物，它不可能在共和民国的机体内长期存在。因为"修身"在儒家文化生命系统中扮演的是个体制欲式的道德修养角色，故而朱熹曾把"言忠信，行笃敬，惩忿窒欲，迁善改过"视作"修身之要"，写入《白鹿洞书院揭示》，对后世封建专制教育产生了广泛而深远的影响。这种过分着意于个体内在超越的"修身"说显然不符合"公共空间"愈益增大的民主共和国，其缺点也在修身实践中逐渐显示出来。对此，程湘帆先生曾列举了"修身"科的如下缺陷，这就是：(1) 范围太窄，(2) 标准太旧，(3) 太重学理，(4) 教材支配未能适应，(5) 不能造成法律的观念。有鉴于此，他强烈要求将"修身"科一律改为"公民"科。[③]

应该肯定，民国以来的修身科本身并非一成不变，如 1916 年 1 月公布的《国民学校令实施细则》中已明确要求修身科除讲授"道德之要旨"外，须

---

① 《教育部订定小学教则及课程表》，见舒新城编：《中国近代教育史资料》(中册)，人民教育出版社 1961 年版，第 456 页。

② 《教育部公布中学校令施行细则》，见舒新城编：《中国近代教育史资料》(中册)，人民教育出版社 1961 年版，第 527 页。

③ 程湘帆：《小学课程概论》，转见盛朗西编：《小学课程沿革》，中华书局 1934 年版，第 6～9 页。

在第三、四学年增加“公民须知”的内容，[①]修身教科书和修身教学实践也都进行了相应的革新（详见后述）。但是，由于修身科所赖以存在的儒家文化基础早在1905年的科举废除中已丧失殆尽，又由于1912年新旧制度嬗变而再次失去其存在的政治根基，赓续两个时代的“修身”课程也就必然行之不远。

1922年10月11日，全国教育会联合会在济南召开第八届会议，当胡适等人把“适应社会进化之需要”、“发扬平民教育精神”、“谋个性之发展”、“注意国民经济力”、“注意生活教育”等内容列为“新学制”标准时，便预示着注重个体“独善其身”的“修身”科已走到了尽头，而代之以将是更注目社会生活的“公民”、“社会”、“人生哲学”等现代德育课程。1923年，全国教育会联合会所刊布的《新学制课程标准纲要》明确要求：初等小学设立由公民、历史、地理、卫生合并而成的社会科，高级小学及初中开设公民科，高中则设立人生哲学和社会问题课程。很显然，这些课程所涵盖的内容已远远超越了传统的“修身”科范域，体现了对作为公民所必需的各种社会生活知识以及个体在社会中权利、义务与责任的重视。以杨贤江起草的《小学公民课程纲要》为例，即要求学生通过该课程的6年学习，“了解自己和社会（家庭、学校、社团、地方、国家、国际）的关系，启发改良社会的常识和思想，养成适于现代生活的习惯”。[②] 具体而言，小学毕业生必须达到最低限度的初、高级标准，初级标准为：(1) 明了个人与家庭、学校、职业的关系和服务的责任。(2) 明了市、乡、县、省组织和公共事业的性质大概。(3) 有投票、选举、集会、提案等关于地方自治的常识；高级标准为：(1) 明了公民对于国家、国际的重要责任。(2) 能述做良好公民的重要条件。[③] 至于社会问题的课程，更是直面现实生活中的家庭、人口、产业以及社会病理问题的探讨；而人生哲学则关键在于通过人的外观、内观之审视，使学生明白“人生之真相”。[④]

---

① 课程教材研究所编：《20世纪中国中小学课程标准·教学大纲汇编：思想政治卷》，人民教育出版社2001年版，第9页。

② 《小学公民课程纲要》(1923)，见课程教材研究所编：《20世纪中国中小学课程标准·教学大纲汇编：思想政治卷》，人民教育出版社2001年版，第11页。

③ 《小学公民课程纲要》(1923)，见课程教材研究所编：《20世纪中国中小学课程标准·教学大纲汇编：思想政治卷》，人民教育出版社2001年版，第12页。

④ 《高级中学公共必修的人生哲学课程纲要》、《小学公民课程纲要》(1923)，见课程教材研究所编：《20世纪中国中小学课程标准·教学大纲汇编：思想政治卷》，人民教育出版社2001年版，第140页。

概言之，民国以来的德育课程设置伴随着社会政局动荡与文化价值异动经历了十分深刻的历史变化。“读经”的废除、“修身”的退隐以及“公民”、“社会”、“人生哲学”等课程的登场，从制度上标志着中国现代德育的兴起。“这一转型性变革的深刻原因不只是当时民族资本主义经济迅速发展的折射，也是‘五四’新文化时期域外文化教育思潮，特别是实用主义生活教育思潮剧烈激荡的结果。”①

三、修身教科书编写的改进

课程与教材总是相辅相成的。修身课程在民初“壬子学制”中的继续存在为修身教科书的进一步编撰与改进提供了前提。与晚清 25 种修身教科书相比，至新学制颁行前后的民初修身教科书不仅在种类上扩充了 10 余种，而且印刷版数也不断攀升。以影响巨大的商务印书馆和中华书局所出版的部分修身书为例，如由沈颐、戴克敦编纂、高凤谦校订的《共和国教科书新修身》(1～8 册)，商务印书馆 1912 年 6 月初版，其中第一册至 1923 年 1 月 694 版，第三册至 1926 年 8 月竟高达 1052 版；②由方钧编、范源廉等校阅的《新式国民学校修身教科书》(第一册)，中华书局 1916 年 1 月初版，1923 年 5 月达 80 版。③ 诚然，民初的各种修身教科书在编写形式上“基本上与清末商务印书馆的《最新修身教科书》(1907—1911)的模式相近，把德目主义和人物主义结合起来”；④但在主题立意、题材选择等方面都体现了本期修身教科书的独特性。

其一，在主题立意上着眼于民主共和精神的阐发。作为辛亥革命的直接产物，中华书局特别注重编写体现共和精神旨趣的各类教科书。这一点，中华书局创始人陆费逵说得十分直白：“立国根本，在乎教育。教育根本，实在教科书。教育不革命，国基终无由巩固。教科书不革命，教育目的终不能达也……兹将本局宗旨四大纲列下：一、养成中华共和国国民。二、并采人

① 黄书光主编：《中国基础教育改革的历史反思与前瞻》，天津教育出版社 2006 年版，第 134 页。

② 北京图书馆、人民教育出版社图书馆合编：《民国时期总书目》(1911—1949)，书目出版社 1995 年版，第 17 页。

③ 北京图书馆、人民教育出版社图书馆合编：《民国时期总书目》(1911—1949)，书目出版社 1995 年版，第 19 页。

④ 郑航著：《中国近代德育课程史》，人民教育出版社 2004 年版，第 120～121 页。

道主义、政治主义、军国民主义。三、注重实际教育。四、融和国粹欧化。”[①]《中华初等小学修身教科书》作为中华书局首批出版的教科书之一，陆费逵先生明确指出：“本书以养成中华共和国完整国民为宗旨，以独立、自尊、自由、平等为经，以公德、私德、国民科为维。本书用圆周法，每一年为一周。前三周注重学校、家庭，兼及社会、国家。第四周德目全备，尤注重共和国民教育。”[②]本期修身教科书并没有排斥私德，优秀传统德目仍然被保留下来，但作为共和国民所必需的公德知识明显增加了。

试以沈颐、范源廉、董文合编的《新编中华修身教科书》为例，该书二十个课目为：为学、不耻相师、职业、戒谨、对人、报本、行仁、自由之真义、守法、纳税、当兵、教育、对外人、人道、中华民国（一）、中华民国（二）、中华民国（三）。从这一册的具体课目中不难看出，属于社会与国家的德目相对于个人修养方面的德目已占绝大多数，作为国民必须具备的自由品质、守法观念、纳税意识、当兵义务、人道精神等素养均得到了不同程度的彰显。甚至对传统德目，也较注意进行符合时代精神的新阐发，如该书关于“戒谨”一目，除阐发“君子之心，常自戒谨”的本义外，引申道：“社会多戒谨之民，而社会不宁，未之有也；国家多戒谨之民，而国家不治，亦未之有也。”[③]同理，该书关于“报本”一目，除引“见木思根，饮水思源”外，突出阐发了人民的爱国精神、报国义务，称：“人之躯体，受诸父母；智力得诸师长，安居乐业，托社会之维持，赖国家之保护；推之人生世间，其环吾身者，几无不有恩于吾，即吾身所受之恩，各尽己力以报，是之曰报本。孝子之事亲，人民之爱国，皆报本之义也。”[④]

其二，在题材选择上注重中外古今道德的融通。如前所述，清末修身教科书的德目绝大多数都是采集于中国历史故事和儒家道德训辞，本土文化色彩十分浓厚，而本期修身教科书则在继承光大民族传统文化基础上突出了中外古今道德的有机融通。据学者研究：“在《新制中华修身教科书（高小

---

① 《中华书局宣言书》，见《陆费逵教育论著选》，人民教育出版社 2000 年版，第 93 页。

② 《中华书局宣言书》，见《陆费逵教育论著选》，人民教育出版社 2000 年版，第 93 页。

③ 沈颐、范源廉、董文合编：《新编中华修身教科书》（第八册），中华书局 1914 年 1 月初版、1915 年 6 月第 10 版，第 2 页。

④ 沈颐、范源廉、董文合编：《新编中华修身教科书》（第八册），中华书局 1914 年 1 月初版、1915 年 6 月第 10 版，第 3 页。

用)》第1～6册中，虽然中国古代故事仍占多数，41篇例话课文中的41则故事中有23则，占56%，但外国故事显著增加，为17则，占41%。《共和国教科书·新修身》同样如此，在高小教科书第5～6册，共有例话体裁课文18篇计18则故事，外国故事有7则，占故事总数的39%。这一情形在清末极少出现。"[①]诚然，清末与民初的修身教科书有一定的共同之处，有些德目甚至完全相同，但它们在阐述这些德目所引证的具体事例、所表达的时代精神则不相同。

以"坚忍"德目为例，上海商务印书馆1906年出版的《最新初等小学修身教科书》第七册第六课《坚忍》所引的故事完全是中国传统故事，全文为："郝经曰：先君谓先妣，今吾孱病且老，诸子且幼，吾欲使大男经督家事而惧废其学，奈何？先妣曰：吾闻郝氏之先，未有不为学者，吾子岂可废学？不过，吾忍穷数年耳！政使饿死，亦乐无撼。遂令经为学。先君命之曰：尔祖有言：士不能忍穷，一事不能立。故忍穷为学问之本。经再拜受教，每日晨五鼓，庀家事，负薪汲水，黎明入于书堂。始入夜则又庀家事，舂米治蔬，二鼓入于书堂。虽盛暑大寒不替也。"[②]而同样的"坚忍"德目也出现在中华书局1914年1月初版、1915年6月第10版的《新编中华修身教科书》第八册上，该课本第九课《坚忍》则是引证外国事例说明之："坚忍者何？恒久之力，处困难之事，不厌烦、不惮劳是也。盖一事之成，自始至终，必多困难，惟不为困难所阻，乃能终底于成也。昔哥仑布航海西行，中途船众，群起为难，而哥仑布不为动，故能寻获美洲，博举世称誉。不然，谁复识哥仑布其人乎？"[③]

再以"义勇"德目为例，商务印书馆1906年出版的《最新初等小学修身教科书》第七册第十八课《义勇》所引典故为中国晋朝虞潭的义勇之事。而商务印书馆1912年8月初版、1913年3月第53版的《共和国教科书·高等小学新修身》第二册第十四课《义勇》则是以当时武汉革命军为例，满怀激情地写道："吾国武汉革命军起，尝有壮士率敢死之士数十人，手持短兵，冲入敌阵，名曰：敢死队，所向披靡。此辈类借不显姓名，殆无名之英雄也……军

① 郑航著：《中国近代德育课程史》，人民教育出版社2004年版，第125～126页。

② 高凤谦、蔡元培、张元济校订：《最新初等小学修身教科书》(第七册)，1906年初版、1907年四版，第8页。

③ 沈颐、范源廉、董文合编：《新编中华修身教科书》(第八册)，中华书局1914年1月初版、1915年6月第10版，第4页。

事初起，饷糈艰困，鄂中自都督以下仅支饭食钱二百八十文，而敢死队中人所食甚约，以其余钱缴还，曰：‘筹饷不易，不敢稍有靡费也。’呜呼！如此爱国之英雄，非吾辈所当崇拜乎？”①

概言之，民初修身教科书仍保留着较为浓厚的传统文化情结，这在德目内容、题材来源及文言文的叙述样式中均不难窥见。但需要指出的是，许多民初修身教科书确实注意到中外道德的融通、传统与现代的汇合，能够就“东西伦理大家之说，斟酌取舍，以求适合于今日之社会”②。

四、修身教学的求索与思考

修身教学的实践指向萌生于辛亥革命之前，民国之后更引起教育专家的普遍关注，并作了许多有益的探索与思考。

毋庸置疑，修身教科书即是配合修身课程教学的专用课本，其本身亦是随着时代的变化而变化。相对于清末，民初的修身教科书编写已有很大进步。但不同于一般的知识、技能学科，“修身”乃“言行一致之教科”、“名实相副之教科”（贾丰臻语），显然不能采用单一的知识灌输，局限于直陈的讲堂训话。贾丰臻说：“修身固为小学校之注重科目，但规规于形式之课本。则不合时宜者有之，干燥无味者有之，终非良善之法也。然则，重讲堂训话乎？曰：讲堂训话诚为小学校所不可少，但小学校教授，注重直观，断非可以庄言正语感之也。”③贾先生认为，儿童良好素质与习惯的养成即有待于修身教法的改善，强调“非注重作法教授不为功”。他说：“外国小学校有作法室。凡对人行敬礼及送迎、应对、进退一切加入修身正课，作为练习之用，故外国小儿对于长上、对于不相识者，大都彬彬有礼，动作有法，言语有节，积之又久，成为良习惯，虽求其将来不为谦让之国民不可得矣。吾国小儿非畏缩不前，即傲慢无礼，种种不知自爱，欲其将来不为畏葸阘茸之国民亦不可得矣。此虽关于家庭之无教育，然亦安知非小学校之不知作法教授有以使之然也。”④

---

① 包公毅、沈颐、高凤谦编：《共和国教科书·高等小学新修身》（第二册），商务印书馆1912年6月初版、1913年3月53版，第8～9页。

② 《中学修身教科书·例言》（1912年5月），见蔡元培著：《中国伦理学史》附，商务印书馆2000年版，第111页。

③ 贾丰臻：《论道德教育》，载《教育杂志》（第四卷第9号），1912年版。

④ 贾丰臻：《论道德教育》，载《教育杂志》（第四卷第9号），1912年版。

职是之故，贾丰臻依据“日本小学校所教授之作法”，并结合我国的“风俗人情”，较系统地阐述了初级小学的修身作法教授。

以一年级学生的修身作法为例，贾丰臻写道：“1. 正姿势而谨听之。2. 人谈话间，傍视欠伸等甚为失礼；若欲使人知之，则当举手以通其意。3. 听话之法，临时当作愉快之象，不可于听之中攔入他言。”①又言：二年级学生在“父母外出时之作法”应为：“1. 父母长者外出时，须出大门送之。2. 帽子及携带物须注意。如忘记携带，则代为取之。3. 须述‘慢慢走’‘早些归’等相当之辞，而行敬礼。4. 送出门时，行普通之敬礼。”②再如：“相助”德目的作法，要求做到：“1. 朋友须相助。2. 朋友缺少某物时，可通用之。3. 雨具类如人未带时，则可合用之。4. 朋友间礼仪不可不注意。”③“公益”德目的作法，则强调要切记：“1. 道路之树木桥梁，不可毁损。2. 洒扫街路，不可用污水。3. 死犬等尸体及垃圾等，不可遗弃路旁。4. 有患传染病者，当用相当之消毒方法。5. 不可毁损公共之便所及坐椅等。”④上举数例，不难看出贾先生所提供的“修身作法”确实十分具体、生动，完全是日常生活中做人的基本规范，易于领会，便于践行。

与贾丰臻同道，长期从事小学教育研究的李廷翰校长对修身教学实践也有自己的独特见解。李先生并不绝对排斥修身课本，他说：“用（修身）课本固嫌呆板，定德目亦至困难，小学每周修身，如定为二小时，则 1 小时授课本，一小时利用偶发事项，或可两得其益。”⑤

但就实际的修身教学而言，他也是特别注重“修身作法”，曾在其《训育谈》中刻意将“训育之方法”分为“实施之训育”、“仪式之训育”、“秩序之训育”、“礼仪之训育”、“作业之训育”等五个方面，其间充满了十分具体细致的作法提示。

以“实施之训育”中的“清洁整理”德目为例，李廷翰要求学生做到洗手、勿尝铅笔、携手帕、整顿几内、每日课业用品须于前一日整备之、勿抛纸屑、用意扫除、衣服冠履须端正、整顿笔记册，同时也要求教师要指导得法。如

① 贾丰臻：《修身作法教授谈》，载《教育杂志》（第四卷第 9 号），1912 年版。
② 贾丰臻：《修身作法教授谈》（续），载《教育杂志》（第四卷第 10 号），1912 年版。
③ 贾丰臻：《修身作法教授谈》（续），载《教育杂志》（第四卷第 10 号），1912 年版。
④ 贾丰臻：《修身作法教授谈》（续），载《教育杂志》（第四卷第 10 号），1912 年版。
⑤ 李廷翰著：《教育丛稿》（下册），中华书局 1921 年版，第 161 页。

关于“洗手”，李廷翰说：“洗手为清洁之第一步，小儿初入学，一动笔墨，两手皆污。校中当于教室或廊中设一洗手处，备手巾胰皂水盆，盆勿太高，高则不适于幼儿之用；勿太小，小则水易外溅。初用时，儿童洗手，教师宜从旁指导，或派助手监察；否则滥用胰皂，洒水满地，巾尽污黑之弊起矣。”[①]又如关于“用意扫除”，李廷翰饶有兴趣地写道：

> 凡事皆有法。学校欲学生习劳，乃令任扫除之事，教师不先告以扫除之法，学生帚横箕侧，利未全收，弊随之起，为习劳故，转以养成其无秩序之习惯。是不可以不察也。余任万竹（小学）校事，教学生洒扫时，常先授以法，兹择录其扫地之一则于下：‘扫地举帚，宜轻而稳。尘埃过重，未扫之先，宜略洒水，水不可多，多则尘埃凝结，或黏著于地，欲洁反污。入尘埃于箕，先须聚尘埃于一处，扫时勿过求速，速而重则尘埃四散或上腾，地面既不易扫净，四周之物亦易受其污。扫渣滓弃物，莫不如是。物既入箕，宜将帚轻搁于箕上，柄出箕外，物受帚压，遇风不致飞扬，物倾于桶或他处后，宜轻拍其箕，使箕底无秽之物。’扫除亦不可无法，故扫除之上，冠以‘用意’二字也。[②]

这一“用意扫除”的修身作法可谓惟妙惟肖，充溢着劳动的生趣与美感，给人以十分深刻的印象。

再以“礼仪之训育”中的“仪容”德目为例，其作法要项包括整理成绩品、饮食、应对、问疾、吊丧、祝寿、贺喜、入席、答谢等，如其中的“应对”要项，李廷翰写道：“练习‘应对’，修身作法时可假设宾主，演客来、叩门、启门、肃客、入堂、奉茶诸仪式，他如寒暄之谈话，请问姓名之敬辞，亦逐渐教导，使之练习。”[③]

除贾丰臻、李廷翰外，民国初年的教育专家杨昌济先生也对修身教学做了较为深入的考察与思考。杨先生认为，小学修身科“单授智识尚为未足”，应特别着意于道德情操的培育。在他看来，“小儿富于模仿力。师以为善，则亦以为善；师以为恶，则亦以为恶，故教师不可不以躬行实践导之。故教授于示道德的模范以外，又不可不与以道德的兴奋。教师对于生徒请求之事，不可不为己所实行者，若非教师所实行者，则生徒生轻蔑之念并轻道德，

① 《训育谈》，收入李廷翰著：《教育丛稿》（上册），中华书局1921年版，第12页。
② 《训育谈》，收入李廷翰著：《教育丛稿》（上册），中华书局1921年版，第15～16页。
③ 《训育谈》，收入李廷翰著：《教育丛稿》（上册），中华书局1921年版，第58页。

遂破坏生徒道德之观念”[①]。对于模仿力极强的儿童而言，杨先生认为干燥无味的道德理论并“不能唤起生徒之感情”，强调“修身教授宜提出具体的事实，于幼儿者尤宜如此”。[②] 他举例说：“与其言正直之理由，不如言华盛顿幼时伐父之树而不欺其父之事，此可以养其爱正直之心。又生徒有强模仿力，向彼等说伟人之言行，有使彼等遇有机会即模仿之之效。若仅说明理论，而不示以模仿之对象，则不能使彼等起为善之志。自此点观之，修身教授务必示具体的事实。”[③]不过，随着儿童年龄的增长，亦当辅之以适当的知识引导。与小学修身教授不同，杨昌济指出：“中学之修身教授，不可不就生徒甚感兴味、支配思想之问题，与以正当之解释，如社会主义、非战争主义、自然主义即是也……教师若对于此等问题，不与正当之解释，则彼等误解此等主义，或为此等主义所误，故教师不可不就此等问题下正当之解释。又修身教授说如斯生徒感趣味之问题，则修身教授不至枯燥无味。然此等问题，以四年级以上为适当。三年级以下，生徒之理解力尚属幼稚，虽就此等问题言之，彼等亦不理解。”[④]很显然，杨昌济先生不仅注意到道德知识、情感与践行的相互关系，而且能够从儿童的年龄特征和接受程度层面更细致考察修身教学问题，提出了自己的独立学术见解。

概言之，民国成立以来的修身教学实践已引起有识之士的高度重视，并做了许多专题探索与思考。至1918年，教育专家贾丰臻曾就“修身教授”实践问题做了初步的总结。除继续坚持修身教授“不专恃教科书”、“当教作法”外，他强调修身教授还要“贵有兴味”、“贵合儿童心理”、“当教诗歌”、“当联络乐歌”、“当参考图画遗物模型”、“宜多用讲堂训话”等，这些建议基本上囊括了民国以来“修身教授”的种种革新主张，客观上推动了当时中小学修身教学的深入发展。

五、共和理想的身体投射：从个体修身到国家公民

我们无意否定民国以来修身教科书编写与修身教学不断改革的客观事实，但“修身”一词作为儒家教育的核心概念，毕竟深深地打上了“主敬”、“存

① 杨昌济：《教育学讲义》(1914)，见《杨昌济文集》，湖南教育出版社1983年版，第152页。
② 杨昌济：《教育学讲义》(1914)，见《杨昌济文集》，湖南教育出版社1983年版，第153页。
③ 杨昌济：《教育学讲义》(1914)，见《杨昌济文集》，湖南教育出版社1983年版，第154页。
④ 杨昌济：《教育学讲义》(1914)，见《杨昌济文集》，湖南教育出版社1983年版，第154～155页。

养”、“慎独”、“惩忿窒欲”、“迁善改过”等个体修持身心的烙印，与共和国突出“国家公民”的主旨相违背。这一点，梁启超先生早在其《新民说》论及的“公德意识”、“国家思想”中有所阐发，甚至有学者由此揭示出近代中国的“身体国家化”趋势，指出：“我们所看到的都不是一个将身体归宿于个人的倡议，而是一个将身体推向于国家管控，由国家来经营和管理的努力。”①

诚然，修身科并没有因为1912年民主共和国的成立而立即废止，但彰显共和精义、突出国家观念、强化国民责任、呼唤公民意识之声，始终不绝于耳。1912年，贾丰臻在《论道德教育》一文中激烈批评国人素来“只知有己不知有人”，缺乏“爱国”“公德”意识。他说：“吾国一般人民所最缺乏者，曰：爱国心与公德心。甲午之役，台湾割矣，而闽人之醉梦如故。庚子之役，北京危矣，而南人之酣嬉如故。是何也？曰：无爱国心故也。一家之堂奥美哉轮奂，而门外之道路置若罔闻；商贾货财富埒王侯，而公家之输将悭于挖肉。是何也？无公德心故也……吾国人之性质只知有己，不知有人；只知有家族，不知有社会，不知有国家，不知有世界。”②1914年，陶行知在《共和精义》中更明确写道：“共和也者，国民全体同心同德，戮力以襄国事，以固国本，以宁国情，使进化于无穷之主义也。”③在他看来，作为共和国民自然不能“止于独善”，而当以主人翁姿态尽职于社会发展。他说：“盖个人之有价值，以其对于社会有天职之当尽耳。其在帝制之下，仅君主与诸臣负之。共和主义则责之全体国民，群策群力，群运群智，群负群责，以求群之进化福利，此共和之目的也。且各人因担负此责之故，渐知成德以福人群。奉天命为归宿，而不敢止于独善……故共和主义之大利，即藉责任以养成完善之国民。”④

1915年，伴随着“新文化运动”的兴起，国家观念与公民意识更加深入人心。1916年，朱元善撰文指出：“所谓公民教育者非他，乃确认个人为组织国家之分子，而藉教授训练之力以完成其堪任公民之资格而已。换言之，即唤起国家观念，以矫正其冷淡国事之弊，使之对于国家有献身奉公之精神，对

---

① 黄金麟著：《历史、身体、国家——近代中国的身体形成（1895—1937）》，新星出版社2006年版，第65页。

② 贾丰臻：《论道德教育》，载《教育杂志》（第四卷第9号），1912年版。

③ 《陶行知全集》（第一卷），湖南教育出版社1984年版，第44页。

④ 《陶行知全集》（第一卷），湖南教育出版社1984年版，第46页。

于一己有自营自主之能力，此公民教育之意义也。”[①]兹后，公民教育之呼声愈益强烈，且与随之而来的“五四”爱国运动相互激荡，使国人普遍觉悟到旧式修身的严重缺陷，并导致旨在培养国家公民的社会科之最终确立，从而在体制上完成了共和理想的身体投射。

概言之，修身科的消亡与公民、社会科的出现绝非偶然，而是民主共和社会理想的必然要求。张粒民在引证程湘帆所批评的“太陈腐”、“太重学理”、“教材支配未能适当”等修身科缺陷后，更进一步指出：“修身科目的在个人道德之修养，而公民科除培植个人道德外，并能造成儿童法律之概念……修身学科不适用于法治国家也。公民科教育之目的则不然，凡一切弊病之属于修身科者，一扫而空之，宜乎其为大多数人所竭力提倡也。”[②]而丁晓先则是从社会、国家的高度深刻阐明了修身科与公民、社会科角色变易之历史必然性。他说：“旧时的修身科，注重在个人道德的修养，着眼点在个人方面，目的在修养成功一个矩步规行的循良佳子第；虽也可算在人格修养上用工夫，但因其含有‘各人自扫门前雪’的意味，只是人格上片面的修养。即使达到了所期望的目的，也未必即可适合共和国的资格。社会科的教学，要使儿童能够适应社会，能够维持社会，能够改进社会……大家都觉得修身科中空讲个人修持身心的道德话，所生影响、所获效果不大；我们应当以使儿童修养成功一个适合于共和国家、世界潮流的好公民为标准，而从实际生活中指导儿童于社会的种种德智。”[③]不过，“好公民”的标准应如何制定？以及如何才能成为好公民？国家与个人的关系应该如何定位？凡此种种，无疑将成为新学制后学校德育改革的重要问题。

第三节　“三民主义”文化统制与德育课程教学的模具化

1927年4月，南京国民政府成立，宣告了北洋军阀统治的瓦解。为了强化国民党的党国意志，国民政府公开提出“党化教育”，后又改称“三民主义教育”，旨在以“三民主义”文化统制国人的思想行为，刻意进行党化德育的

① 朱元善：《今后之教育方针》，载《教育杂志》(第八卷第4号)，1916年版。
② 张粒民：《小学校之公民教育》，载《教育杂志》(第十六卷第4号)，1924年版。
③ 丁晓先：《小学社会科教学概要》，载《教育杂志》(第十六卷第1号)，1924年版。

政策导向，致力于学校德育课程标准的建构，对德育实施进行严密化的设计和监控，并同时在学校乃至整个社会开展“新生活运动”，意图对“五四”以来的现代德育进行特定意义的政治化和军事化改造，以服从和服务于国民党的党国整体利益。

一、“党化教育”的提出与“三民主义”文化统制

政治与教育密不可分。伴随着军事上的胜利、政治上的独裁，南京国民政府必然要求文化教育上的思想统制。作为国民政府教育行政委员会委员兼广东教育厅厅长，许崇清曾明确阐述了“革命”与“教育”的同构性。他说：“今后的教育政策，当然亦应该与这个革命的一般政策相并动，然后所施设的教育，才能成为确有实效的教育。而且今后的教育政策，所指导的方向，亦只有与这个革命的一般政策所进取的方向相一致；然后所设施的教育，才能尽致发挥固有的价值，教育的发达才能预期。”[①]在他看来，“所谓政治即是社会生活的统制”，强调“要将从来的政治组织化为一个纯粹的社会统制，使民众得在社会里面自由发挥其统制力，以期获收政治上美满的效果；所以今后的政治教育，必定要是长养这个社会统制力，方足以副革命的需求”。[②] 为了论证国民党的合法性和普适性，南京国民政府极力强调“国民党不是一个平常的政党”，而是“革命党和代表民众利益的党”，并藉此推出其“党化教育”主张，声称：“我们所谓党化教育，就是在国民党指导之下，把教育变成革命化和民众化。换句话说，我们的教育方针，要建筑在国民党的根本政策上。国民党的根本政策是三民主义、建国方略、建国大纲和历次全国代表大会的宣言和议决案，我们的教育方针，应该根据这几种材料而定。这是党化教育的具体意义”[③]很显然，党化教育抹杀了教育的独立性，突出了教育的政治性，强调教育“是完成政治革命和社会革命的工具”[④]。

---

① 许崇清：《教育方针草案》，见舒新城编：《近代中国教育史料》（补编），《民国丛书》第二编 46，上海书店据中华书局 1933 年版影印，第 4 页。

② 许崇清：《教育方针草案》，见舒新城编：《近代中国教育史料》（补编），《民国丛书》第二编 46，上海书店据中华书局 1933 年版影印，第 6～7 页。

③ 韦悫：《国民政府教育方针草案》，见舒新城编：《近代中国教育史料》（补编），《民国丛书》第二编 46，上海书店据中华书局 1933 年版影印，第 9 页。

④ 韦悫：《国民政府教育方针草案》，见舒新城编：《近代中国教育史料》（补编），《民国丛书》第二编 46，上海书店据中华书局 1933 年版影印，第 18 页。

依据国民党中央政府的“党化教育”精神，一些地方政府争相推出“党化教育”实施方案。其中，浙江省政府最先拟定了《浙江实施党化教育大纲》，明确要求“以本党（中国国民党）训练党员之方法训练学生”，指出：“党化教育的学校，应训练学生：（甲）明了国民革命的意义；（乙）明了三民主义；（丙）明了个人与社会、与国家、与世界的关系；（丁）以党的意思为自己的意思；（戊）用言语及文字发表自己的意思；（己）训练自己使社会重视；（庚）受本党的指挥而指挥民众；（辛）牺牲自己的利益为民众的利益；（壬）与社会恶势力奋斗；（癸）纠正共产主义及共产党策略之错误，救拔具有革命性而误入歧途之青年，以三民主义感化之，及用各种力量铲除破坏国民革命之共产党员；（子）辨别指导者是否本党忠实同志；（丑）不为一切邪说及金钱所诱惑。”①此外，该实施大纲还同时要求“以本党的纪律为学校的规约”，“以三民主义之中心思想确定学生的人生观”。② 为了体现“党化教育”的严肃性和强制性，南京国民政府教育行政会议甚至议决：“背叛本党之学生，学校当然不得容留。”③

如上所述，“党化教育”的提法及其具体要求确实十分露骨，充满了火药味，故很快招致有识之士和国民党内部人士的批评。1928 年 5 月，南京国民政府在其召开的第一次全国教育会议上提出以“三民主义教育”替换“党化教育”，并以之为“中华民国的教育宗旨”。次年 3 月，国民党第三次全国代表大会正式通过了这一“三民主义教育宗旨”，其具体表述为：“中华民国之教育根据三民主义，以充实人民生活，扶植社会生存，发展国民生计，延续民族生命为目的；务期民族独立，民权普遍，民生发展，以促进世界大同。”④此后，国民政府即通令包括中小学在内的全国教育系统严格执行。不过，这一替换并没有改变国民党排斥异己的专制主义党化教育的实质，因为此时的“三民主义”已非孙中山先生“联俄”、“联共”、“扶助农工”的真“三民主义”，而是国民党专制独裁、高度意识形态化的假“三民主义”。

---

① 《浙江实施党化教育大纲》，见舒新城编：《近代中国教育史料》（补编），《民国丛书》第二编 46，上海书店据中华书局 1933 年版影印，第 24 页。

② 《浙江实施党化教育大纲》，见舒新城编：《近代中国教育史料》（补编），《民国丛书》第二编 46，上海书店据中华书局 1933 年版影印，第 24～26 页。

③ 《国民政府教育行政会议对于上海学联会总要求之答复覆》，见舒新城编：《近代中国教育史料》（补编），《民国丛书》第二编 46，上海书店据中华书局 1933 年版影印，第 22 页。

④ 《第二次中国教育年鉴》（第一编），商务印书馆 1948 年版，第 2 页。

国民政府之所以热衷于“三民主义”文化统制，乃是其“政治上的专制独裁论在文化领域的回响”①。同时，也与近代中国民族主义情绪日益高涨与国际上反民主的法西斯主义运动兴起密不可分。美国学者柯伟林说：“蒋介石的确赞幕纳粹所具有的对内控制和引导人民力量与对外再张国威的能力。”②他曾对将去德国学习的儿子蒋纬国说：“中国应向一个稳健扎实而不是充满幻想的国家学习，我们不能凭幻想办事……德国是唯一的可以从中学到一点东西的国家。他们可以给我们打下底子，从而培育发扬我们自己的稳定坚实的作风。”③正是出自强化中央集权的目的，蒋介石十分赞赏当时德国式的法西斯主义强权政治，其御用文人亦乘势叫嚣：“我们要求中国的莫索利尼，要求中国的希特勒，要求中国的斯大林；这个惟一的领袖，是国民党的生命的重心，也是中国民族复兴的灵魂。”④与这一政治上的专制独裁相呼应，蒋介石要求在文化教育上全面实施“三民主义”思想统制，并突出表现在其党化德育政策的导向上。这一点，我们将在德育课程标准的历史建构、德育实施的严密化考核与监控，以及“新生活运动”中的身心规训等方面做进一步分析。

二、德育课程标准的历史建构

南京政府在确立“三民主义教育宗旨”的基础上，便致力于学校课程的标准化建构。从 1929 年颁行小学课程暂行标准、中学课程暂行标准起，其后的 1932 年、1936 年、1942 年、1948 年均作了不同程度的修订。由于这些课程标准多次修订，具体的德育课程也数易其名，相应的德目要求、教学大纲和实施方法也必然有所变更。但不管怎么变，南京国民政府的德育课程教学始终保持着十分浓厚的政治化色彩，体现了“三民主义”教育旨趣的一以贯之。

依据“新学制课程纲要”，学校德育课程主要是通过社会科（含卫生、公

① 倪伟著：《“民族”想象与国家统制——1929—1948 年南京政府的文艺政策及文学运动》，上海教育出版社 2003 年版，第 179 页。

② [美]柯伟林著，陈谦平等译：《德国与中华民国》，江苏人民出版社 2006 年版，第 203 页。

③ [美]柯伟林著，陈谦平等译：《德国与中华民国》，江苏人民出版社 2006 年版，第 173～174 页。

④ 《组织与领袖》，转见倪伟著：《“民族”想象与国家统制——1929—1948 年南京政府的文艺政策及文学运动》，上海教育出版社 2003 年版，第 170 页。

民、历史、地理)进行混合教学。1927年4月,南京国民政府成立后,"党化教育"高涨,德育课程改革首当其冲。1929年,国民政府在《小学课程暂行标准总说明》、《初级中学暂行课程标准说明》、《高级中学普通科暂行课程标准说明》中均明确规定增设"党义"科。1932年,国民政府正式颁布了《小学课程标准》,取消了"党义"科,保留"社会"科,并增设"公民训练"科,要求小学生每周至少必须花60分钟时间参与"公民训练",提醒教师在进行"公民训练"指导的同时,"不在文字教学和理论的探讨",而应该"就学校、家庭及社会生活方面,指导儿童身体力行"。① 同年,国民政府还颁布了《中学课程标准》,"党义"科也被"公民"科所取代,另设有"军事训练"科。其后1936年、1942年、1948年所进行的中、小学课程标准修订,小学的"社会"被改为"常识"(包括社会、自然),"小学公民训练"一度改为"小学训育";而中学的"公民"科则基本恒定,"军事训练"有时被改为"体育及童子军"。下面,我们不妨对产生重要影响的"小学公民训练标准"、"小学训育标准"和"中学公民训练标准"略作考察,以透析其中的深层蕴涵及其意义。

先以"小学公民训练标准"和"小学训育标准"为例,国民政府十分自觉地灌注了其文化复古主义伦理旨趣和三民主义政治理想。在1932年颁行的《小学公民训练标准》中,开篇即昭示其训练目标为:"发扬中国民族固有的道德,以忠、孝、仁、爱、信、义、和、平为中心,并采取其他各民族的美德,制定下列目标训练儿童,以养成健全公民:(一)关于公民的体格训练:养成整洁卫生的习惯,快乐活泼的精神;(二)关于公民的德性训练:养成礼义廉耻的观念,亲爱精诚的德性;(三)关于公民的经济训练:养成节俭劳动的习惯,生产合作的知性;(四)关于公民的政治训练:养成奉公守法的观念,爱国爱群的思想。"②这一"训练目标"表述中堆砌了许多华丽的辞藻,但其关键乃是后来蒋介石反复倡扬的"四维八德"——"礼义廉耻"、"忠孝仁爱信义和平"。1941年,国民政府在《小学训育标准》中更直白地指出:其理想公民就是能够自觉自愿地"奉行三民主义的健全公民"。这一点,在该标准的"愿词"中也

① 《20世纪中国中小学课程标准·教学大纲汇编:课程(教学)计划卷》,人民教育出版社2001年版,第125页。

② 《小学公民训练标准》,见《20世纪中国中小学课程标准·教学大纲汇编:思想政治卷》,人民教育出版社2001年版,第13页。

表现德十分充分："我愿意遵守青年守则，修养我们的人品；使我的身体强健；使我的道德增进！我愿意遵守青年守则，立定我的决心：为社会生产服务，为国家奋斗争夺！我愿做一个中国的好公民，奉行三民主义，向大同的世界前进。"①

为了达到如上的公民训练目标，"标准"制定者精心选择了公民训练的四方面要目，共计32条规律或德目：(1) 关于体格的——强健、清洁、快乐、活泼；(2) 关于德性的——自制、勤勉、敏捷、精细、诚实、公正、谦和、亲爱、仁慈、互助、礼貌、服从、负责、坚忍、知耻、勇敢、义侠、进取、守规律、重公益；(3) 关于经济的——节约、劳动、生产、合作；(4) 关于政治的——奉公、守法、爱国爱群、拥护公理。然后，又根据此32条德目，进一步细化为更加具体、且对不同年级更有针对性的条目要求。下面不妨略举数条：

第(一)条　中国公民是强健的。要求做到：②

(1) 我不把不能吃的东西放在嘴里。
(2) 我不用手指挖鼻孔、挖耳朵、擦眼睛。
(3) 我吃东西分量不过多。
(4) 我吃东西细细地嚼碎了才咽下去。
(5) 我在应当吃东西的时间吃东西。
(6) 我不吃不容易消化的食物。
(7) 我不多吃糖食。
(8) 我除饭食外不吃零食。
(9) 我穿衣不太多。
(10) 我不穿太窄或太长大的衣服。

（以上）第一、二学年起

① 《小学训育标准》，见《20世纪中国中小学课程标准·教学大纲汇编：思想政治卷》，人民教育出版社2001年版，第26页。

② 《小学公民训练标准》，见《20世纪中国中小学课程标准·教学大纲汇编：思想政治卷》，人民教育出版社2001年版，第15～16页。

条目	学年
(11) 我每天大便,有一定的时候。 (12) 我每天早睡早起,睡起有一定的时间。 (13) 我睡觉的时候,头要露在被窝外面。 (14) 我用鼻子呼吸,嘴常常要闭着。 (15) 我坐立和走路的时候,都要留意腰和背的正直。 (16) 我在下课的时候,做适当的游戏。 (17) 我在屋子里要留心开关窗户,调换空气。 (18) 我要常常留心天气的寒暖而增加衣服。 (19) 我在食前或者食后,都不作剧烈的运动。 (20) 我每天要有适当的时间去运动。	第三、四学年起
(21) 我在天气好的时候,常常往户外散步游戏。 (22) 我不在光线不足或光线过强的地方看书。 (23) 我每天要练习一种体操或国术。 (24) 我要用冷水洗脸。 (25) 我要听医生的指导、种牛痘、打防疫针。 (26) 我生病时听医生的说话。 (27) 我努力扑灭蚊蝇等害人的东西。	第五、六学年起

第(十六)条　中国公民是服从的。要求做到:①

(1) 我听从父母和师长的训导。——第一、二学年起

(2) 我听从维持秩序的人的指导。——第三、四学年起

(3) 我服从领袖的指导。

(4) 我服从团体的决议。

(5) 我尊重大多数人的意见。

(6) 我受了训诫,不恼恨。要反省,并且改正过失。

第(三十一)条　中国公民是爱国爱群的。要求做到:②

条目	学年
(1) 我敬重党旗国旗。 (2) 我唱党歌或国歌时,一定立正脱帽。	第一、二学年起

---

① 《小学公民训练标准》,见《20 世纪中国中小学课程标准·教学大纲汇编:思想政治卷》,人民教育出版社 2001 年版,第 20 页。

② 《小学公民训练标准》,见《20 世纪中国中小学课程标准·教学大纲汇编:思想政治卷》,人民教育出版社 2001 年版,第 23～24 页。

(3) 我听见国旗升落的信号，一定起立致敬。
(4) 我爱用本国货。
(5) 我尊敬校徽。
——第三、四学年

(6) 我不做损害学校团体或社会国家的事情。
(7) 我爱护自己的学校和团体。
(8) 我愿意牺牲自己，爱护国家。
(9) 我常常看报，留心公众的事情。
——第五、六学年起

从这些德目中的具体条目要求，确实深入到儿童良好道德习惯和文明素质的养成。由于所订的具体条目过多，如 1936 年修订后的《小学公民训练标准》，虽然总德目有原来的 32 个压缩为 26 个，但具体条目仍多达 249 条，不免给人以繁琐零碎之感。特别是具体条目中渗入国民党的专制主义政治教条，如上文所引的“我服从领袖的指导”、“我唱党歌或国歌时，一定立正脱帽”等要求，都表现出强烈的意识形态导向。至 1942 年，国民政府再次修订小学公民训练标准时，不仅把名称改为《小学训育标准》，更进而用国民党党员守则 12 条——“忠勇为爱国之本、孝顺为齐家之本、仁爱为接物之本、信义为立业之本、和平为处世之本、礼节为治事之本、服从为负责之本、勤俭为服务之本、整洁为强身之本、助人为快乐之本、学问为济世之本、有恒为成功之本”，去取代实行多年的 26 条德目。这样的做法固然党化了德育，统制了思想，但也在很大程度上抹杀了小学德育自身的特点与规律。

再以“中学公民课程标准”为例，国民政府也是不遗余力地强化三民主义要旨、专制主义旧道德和党国独裁意识。如 1932 年《初级中学公民课程》中的教学目标就明确写道：“使学生明了三民主义之要旨，及政治经济法律与地方自治之基本知识，培养健全之公民资格”；“使学生了解我国固有道德之意义，确是复兴民族之道德的基础”。① 同年颁布的《高级中学公民课程标准》，更要求学生“认识中国国民党之主义、政纲、政策，为建国及解决社会问题唯一之途径”②。1936 年，修订后的《初级中学公民课程标准》在基本恪守原公民课程目标要求的基础上，又增添了“实践新生活运动之规律”的内容，

---

① 《初级中学公民课程标准》(1932)，见《20 世纪中国中小学课程标准·教学大纲汇编：思想政治卷》，人民教育出版社 2001 年版，第 149 页。

② 《高级中学公民课程标准》(1932)，见《20 世纪中国中小学课程标准·教学大纲汇编：思想政治卷》，人民教育出版社 2001 年版，第 154 页。

充分吸收了蒋介石刚刚出笼不久的“新生活运动”精神。而“三民主义”在此后的《中学公民课程标准》中更被上升至“信仰”高度，要求学生无条件遵从，强调务必“使学生明了三民主义之要旨，国家民族之意义，以正确其思想，坚定其信仰”①；指示“一切教材应以适合本国国情政治信仰为主，国外学说介绍时，须详释慎解，融会贯通，而以三民主义为依归”②。

与中学公民课程教学目标相契合，国民政府在历次课程标准中均拟定了相应的分年“教材大纲”，并配备相关的公民教科书。如1940年颁行的《修正初级中学公民课程标准》，即对“教材大纲”提出了十分具体的要求和规定。为了便于细部分析，不妨将初级中学的三学年公民教材大纲引述如下：

一、第一学年第一、二学期

（一）公民之意义及信守

（1）公民之意义——国民与公民

（2）国民共同之信仰

（3）我国固有之道德

（4）新生活规律

（5）国民精神总动员纲领

（二）学校生活

（1）共通——礼义廉耻——校训之意义

（2）青年守则

（3）课内外各种活动

（甲）课业活动

（乙）健康活动

（丙）劳动活动

（丁）自治活动（附述民权初步大意）

（戊）生产活动

---

① 《修正初级中学公民课程标准》（1940），见《20世纪中国中小学课程标准·教学大纲汇编：思想政治卷》，人民教育出版社2001年版，第168页。

② 《修正初级中学公民课程标准》（1940），见《20世纪中国中小学课程标准·教学大纲汇编：思想政治卷》，人民教育出版社2001年版，第171页。

（己）休闲活动

（三）家庭生活

（1）家庭组织

（2）亲属关系

（3）家庭道德

（4）家庭服务

（5）家庭经济——节约储蓄与治产

（6）家族与国族之关系

二、第二学年第一、二学期

（四）社会生活

（1）群己关系

（2）共同生活与社会道德

（3）社会秩序（附述违警罚法刑法要义）

（4）社会财富与国民经济

（5）会社组织

（6）宗教认识与宗教信仰

（7）职业选择与职业道德

（五）地方自治事业

（1）编查户口

（2）清丈土地及规定地价

（3）开辟交通

（4）推广农业及发展工矿

（5）推行合作

（6）普及教育

（7）训练民众

（8）推行公共卫生

（9）办理警卫

（10）兵役与工役

（11）实施救恤

三、第三学年第一、二学期

（六）地方自治制度

（1）地方自治之意义

（2）地方自治之组织

（七）公民与政治

（1）国民的权利与义务

（2）政权与治权

（3）中央政府与地方政府

（4）中央财政与地方财政

（八）公民与国家

（1）中华民族与中华民国

（2）中国国民党与建国大纲

（3）国民经济建设

（4）国防建设

（5）国家与领袖

（九）公民与世界

（1）对于国际

（甲）我国与世界各国之关系

（乙）我国对世界所负之使命

（丙）大同之意义

（2）对于人类

（甲）人生之意义与目的

（乙）人类之互助

（3）对于万物

（甲）征服自然

（乙）利用万物①

如上这一详细的初级中学公民课程的“教材大纲”，确实提供了一个小公民所必须知道的学校生活、家庭生活、社会生活，以及地方政治、国家行

① 《修正初级中学公民课程标准》(1940)，见《20世纪中国中小学课程标准·教学大纲汇编：思想政治卷》，人民教育出版社2001年版，第168～170页。

政、国际关系、自然万物等多方面知识，已非传统臣民的狭隘知识所能范域。但另一方面，我们从这份“大纲”中不能不感受到国民党的专制独裁气息。且勿论“大纲”中充斥着“国民共同之信仰——三民主义”、“新生活规律”、“国民精神总动员纲领”、“礼义廉耻”之共通校训、中国国民党与建国大纲等明显带有意识形态导向的内容。更有甚者的是，国民政府的小学教科书赫然写着：“服从蒋委员长”。依据上述“教材大纲”而编写的教科书《初级中学公民》，其中第三册第三讲第十九、二十课“国家与领袖”，即大肆吹嘘和歌颂国民党领袖蒋介石的“光辉业绩”，称：“中国最近十几年来，在国民革命的过程中，产生了一个伟大的领袖，就是蒋委员长。他现在是中国国民党总裁、国民政府主席、国防最高委员会委员长、军事委员会委员长，为全国民众所一致敬仰、一致服从的一人。”[①]该教材称：蒋委员长“事业无不成功”，而且“人格特别伟大”，直呼其“为全国唯一的领袖，我们当然要服从他”；并就“怎样服从他”的问题，提出三点意见：“一、要认定服从蒋委员长必须出于至诚，表里如一，言行一致。二、要认定服从蒋委员长，必须在他领导之下将个人的聪明、才力，贡献给国家、民族，以求建国的成功和三民主义的实现。三、要认定服从蒋委员长，必须使自己的日常生活也和蒋委员长一样——严整、有恒、乐观和自强不息。”[②]毫无疑问，这是一个以蒋委员长为榜样的“新生活”公民运动，经过这样的课程标准化和模具化塑造之后，所生产出来的只能是公民其表、臣民其实的产品。

三、德育课程实施的设计和监控

南京国民政府不仅热衷于制定规范化德目和具体化条目，而且对如何贯彻执行德育课程十分注重。如1932年颁布的《小学公民训练标准》，就提出了18个“实施方案要点”。其中，第一个要点就指出：公民训练应分为公共的训练和个别的训练两个方面：[③]

---

① 国立编译馆主编：《初级中学公民》（第三册），国定中小学教科书七家联合供应处1946年版，第77页。

② 国立编译馆主编：《初级中学公民》（第三册），国定中小学教科书七家联合供应处1946年版，第82～83页。

③ 《小学公民训练标准》，见《20世纪中国中小学课程标准·教学大纲汇编：思想政治卷》，人民教育出版社2001年版，第24页。

(1) 公共的训练

(甲) 在各科教学时间由各教员间接的指导儿童;或直接的根据纲要条目,加以申说。

(乙) 在随时随地　由教员注意儿童的各种活动,直接间接引用规律和各条目,指导儿童遵守。

(丙) 在某一时期随儿童公共的需要,或发现儿童公共的缺点时期,择定适当的德目,为训练的中心,用种种方法作公共的训练,时期以一周至三周为度。

(丁) 在每星期间　愿词在每星期纪念周时,全体宣读;或将词意编成歌曲吟唱。又每星期也可择定一个适当的德目,特加注重,作为公共的训练。但切不可流于叫口号贴标语的形式。

(戊) 在每周六十分钟特定时间　把六十分钟分作三次,间日教学,或分作六次,逐日指导。在每次特定时间,由教员将偶发事项引用条目,加以申说。如举行特定训练周,就应注意和中心德目有关系的条目。

(2) 个别的训练

可酌量全校师生的多寡,分成若干组或若干团,每一教员一组或一团的个别训练责任。对本团的儿童,用种种方法督导他实践条目,自行检查,并注意考察成绩。①

不得不承认,南京国民政府已充分考虑到儿童训练时间和空间进行全方位分割:从分散各科教学的时间到特定的 60 分钟专门训练时间,从随时随地到某各个时期,乃至每星期间,都安排了不同形式的公民公共训练。在此基础上,调动全校教师资源,共同参与个别训练。无论是公共的训练,还是个别的训练,都要求注重与训练德目、条目的实际关联。特别是其中的“训练周”,既要注意到与中心德目的联系,又要考虑到与各科教学的关联,同时还要注意到环境的配合和师生的互动。若组织得符合教育原理,又切合儿童心理,一定别有生趣。以上海万竹小学为例,它就十分注意训练周实施方案的精心设计。下面,特引述二则:

---

① 《小学公民训练标准》,见《20 世纪中国中小学课程标准·教学大纲汇编:思想政治卷》,人民教育出版社 2001 年版,第 24 页。

<table>
<tr><td colspan="4">诚实周实施方案[①]</td></tr>
<tr><td>目的</td><td colspan="3">养成儿童说真话,干事实的习惯。</td></tr>
<tr><td rowspan="6">方法</td><td rowspan="2">环境布置</td><td>标语</td><td>1. 我借了人家的东西,要如期归还;2. 我拾到别人遗失的东西,要想法送还他;3. 我损坏了东西,要自己承认或赔偿;4. 我不说谎话,不骗人;5. 人家有事问我,我要恳切地回答他;6. 我不做假见证;7. 我和人家约会,一定准时践约;8. 我不掩饰自己的过失。</td></tr>
<tr><td>图表</td><td>1. 华盛顿斫樱桃树后遭父责询挂图;2. 说谎遇害图;3. 不说谎话的模范人物图;4. 绘制守时刻的图画。</td></tr>
<tr><td rowspan="2">活动</td><td>教师</td><td>1. 说明借用东西,应如期归还;2. 说明拾得遗失物处置的方法;3. 说明公物的应当爱护;4. 介绍不说谎的模范人物;5. 指导儿童应对的方式与礼貌;6. 说明做事切实的方法;7. 说明不守时刻的弊害;8. 指导儿童怎样查出自己的过失。</td></tr>
<tr><td>儿童</td><td>1. 借用人家的东西,能如期归还;2. 不私藏人家的东西;3. 损坏了公物,自己承认;4. 不说谎,不骗人;5. 恳切地回答人家的询问;6. 做事不草率;7. 遵守时刻;8. 查出自己的过失而悔改之。</td></tr>
<tr><td>教学联络</td><td colspan="2">国语:读写作关于诚实方面的故事;
美术:诚实故事的发表;
音乐:唱诚实歌。</td></tr>
<tr><td>注意事项</td><td colspan="2">1. 教师对学生应有诚实的态度;
2. 教师以身作则;
3. 为公众服务的态度。</td></tr>
<tr><td>备注</td><td colspan="3">欢迎批评意见,于周末交训练部,以资修正!</td></tr>
</table>

① 万竹小学校编:《万竹小学概况》,开明印刷局1937年版,第376页。

<table>
<tr><th colspan="4">爱 国 周 实 施 方 案①</th></tr>
<tr><td>目的</td><td colspan="3">养成儿童爱护团体，尊敬国家及为国族奋斗的精神。</td></tr>
<tr><td rowspan="6">方法</td><td rowspan="2">环境布置</td><td>标语</td><td>1. 尊敬党旗国旗；2. 我唱党歌及国歌时，一定立正脱帽；3. 我听见国旗升落的记号，一定起立致敬；4. 我爱用国货；5. 我尊敬校徽；6. 我不做损害学校团体或国家社会的事情；7. 我爱护自己的学校和团体；8. 我愿意牺牲自己，爱护国家；9. 我常常看报；留心公众的事情。</td></tr>
<tr><td>图表</td><td>1. 行礼的各种挂图；2. 挂唱党歌国歌的情境图；3. 国货登记表；4. 急公好义的故事挂图；5. 爱国英雄故事挂图；6. 国际地图。</td></tr>
<tr><td rowspan="2">活动</td><td>教师</td><td>1. 说明个人和党国的关系；2. 指示儿童升落国旗的礼节；3. 说明唱国歌党歌时的态度；4. 说明为什么要用国货；5. 说明个人与团体社会国家的关系；6. 说明怎样爱护学校和团体；7. 说明人民对于国家应尽的义务；8. 指示儿童阅报时应注意的事项。</td></tr>
<tr><td>儿童</td><td>1. 敬爱党国旗；2. 练习升落国旗的礼节；3. 参观国货商场；4. 尊重校徽；5. 不做损害团体社会国家的事情；6. 尽力为学校与团体服务；7. 每天必阅一种报纸；8. 轮流作时事报告或演讲。</td></tr>
<tr><td>教学联络</td><td colspan="2">国语：读写作关于爱国方面的文字
社会：近百年来中国外交失败史，中山实业计划的研究
自然：国防利器的研究
劳作：制作国旗
美术：爱国故事的发表
音乐：唱国耻歌、从军歌、我们中华国民歌等</td></tr>
<tr><td>注意事项</td><td colspan="2">1. 行礼的姿势和态度；
2. 儿童的衣服用品是否国货；
3. 儿童为团体服务；
4. 本地各种不正当的小报。</td></tr>
<tr><td>备注</td><td colspan="3">欢迎批评意见，于周末交训练部，以资修正！</td></tr>
</table>

① 万竹小学校编：《万竹小学概况》，开明印刷局 1937 年版，第 392 页。

如上引证的二则“训练周实施方案”，均不是简单地传授德目教条，而是通过创造性的“环境布置”、师生活动、学科教学联络以及有针对性的“注意事项”等环节予以实施，这在一定程度上体现了当时基层学校德育工作的独特性。

但需要指出的是，由于南京国民政府奉行专制主义政策，其德育课程实施同样也渗透出精神控制和党治独裁的特点。如 1941 年《小学训育标准》“实施方法要点”中就明确规定：“纪念周中应由主席领导全体师生共同宣读青年守则一遍。”[①]又如上海万竹小学“革命纪念日一览表”中专列了“清党纪念”，并拟定宣传要点为：“本党铲共清党之经过情形”、“阐明以三民主义打倒共产党之意义”等，[②]充满了排挤异己的党见。

为了检视德育工作的实效性，南京国民政府还发明了各种量化或准量化的考查方法以管制学生的身体发展，指出：“训育的考查可分两种：一由教员考查，一由儿童考查。教员考查可从几方面着手，平日随时考查记载，并征求其他教员的报告，听取儿童间的舆论，询问家长的意见。儿童考查重在反省；或按期做报告，或随时记反省表，或共同批评讨论，或受测验。又属于习惯和能力的训练细目，应在平日随时随地注意考查记载；属于观察的训练细目，可采用测验法。教员记载表、儿童报告单、反省表以及测验材料等，得由各校斟酌情形自代拟订。”[③]计量化思维是近代科学的产物，它可以补中国传统直觉思维的缺陷，其合理性不容置疑；但把这种研究“物”的方法简单化地移植来研究“人”，特别是用来考察需要大量投入情感交流和心灵导引的复杂德育工作，未免过于理智、冷漠和单一。

与当时中国教育科学化潮流一致，上海万竹小学也制定了《好公民考查办法》，要求“根据训练周德目逐周考查”，“于每周土曜日，将考查结果填入好公民考查表，公布在各该级教室中”；并依照统计结果“分别等第”，然后“逐一填入《儿童成绩存根表》、《儿童成绩报告书单》及《儿童学籍簿》，并将

① 《小学训育标准》(1941)，见《20 世纪中国中小学课程标准·教学大纲汇编：思想政治卷》，人民教育出版社 2001 年版，第 47 页。

② 万竹小学校编：《万竹小学概况》，开明印刷局 1937 年版，第 376 页。

③ 《小学训育标准》(1941)，见《20 世纪中国中小学课程标准·教学大纲汇编：思想政治卷》，人民教育出版社 2001 年版，第 47～48 页。

结算完成的《好公民考查表》，汇交惩奖股保存”。[①] 这种簿记式考查乃是一种工业化的惩罚性监控，而不是人性化的发展性管理，其“细密的考核作业和其所形塑出来的档案化身体管理，使身体在此时经受许多严密但却无形的管制”[②]。

四、“新生活运动”的旧道德本质及其人格想象

出自专制主义独裁统治的目的，蒋介石一方面借助王守仁以“心即理”、“致良知”和“知行合一”为主旨的心学理论构建力行哲学，谋求思想一统；另一方面向往德国的法西斯主义，崇尚普鲁士的军事伦理学。在他看来，“这种伦理学与他自己所珍视的中国传统完全一致……企图使中国之‘体’与当代相适应，并用以挽救中国。他在致力于统一国家和发扬国民精神的过程中，发现德国之‘体’中有许多方面很合他的胃口。这些方面，再加上传统的中国思想，就可用来改造已经变质、缺乏纪律秩序和效率的中国精神了”[③]。很显然，蒋介石“新生活运动”的提法，既有中国传统思想根源，又受西方现代文化的影响，是特定时期中西文化的杂合体。

蒋介石心目中的“传统的中国思想”就是四维八德——“礼义廉耻”、“忠孝仁爱信义和平”。1934 年 2 月 19 日，他在南昌扩大总理纪念周上发表了题为《新生活运动要义》的演讲，称：“新生活运动者，我全体国民之生活革命也，以最简易而最急切之方法，涤除我国民不合时代不适环境之习惯，使趋向于适合时代与环境之生活，质言之，即求国民之生活合理化，而以中华民族国有之德性——‘礼义廉耻’为基准也。”[④]在这一“礼义廉耻”的基本精神基础上，蒋介石要求国人从“衣、食、住、行”做起，以“整齐、清洁、简单、朴素、迅速、确实”为实施原则，使国民生活走向“合理化”、“革命化”和“军事化”。

为了全面推行“新生活运动”，蒋介石在南昌成立了“新生活运动促进总会”，亲任会长。其后，全国各地纷纷效法，至 1936 年，“全国各地有 20 个省

---

① 万竹小学校编：《万竹小学概况》，开明印刷局 1937 年版，第 367 页。

② 黄金麟著：《历史、身体、国家——近代中国的身体形成（1895—1937）》，新星出版社 2006 年版，第 84 页。

③ 柯伟林著，陈谦平等译：《德国与中华民国》，江苏人民出版社 2006 年版，第 205 页。

④ 转见张宪文、方庆秋主编：《蒋介石全传》，海南人民出版社 1996 年版，第 195 页。

4 个直辖市，1335 个县成立了新生活运动促进会”[①]。

从学校层面看，蒋介石“新生活运动”的核心观念实际上已成为国统区德育工作的指导思想。如 1939 年 9 月，国民政府颁行的《训育纲要》就明确要求国人“一言一行，莫不合乎忠孝仁爱信义和平八德、礼义廉耻四维”[②]，强调“军事管理务必严格执行，以养成其整齐、清洁、迅速、确实、勤劳、质朴之习惯，俾合于新生活之规律”[③]。而影响巨大的《中等学校训育科目系统表》，更是以“四维八德”为骨架而展开，将各种预设德目分别纳入对自己、家庭、社会、国家乃至世界的责任中，并统领于以“诚”为核心的“知”（明礼义知廉耻）、“仁”（亲爱精诚）、“勇”（负责任守纪律），是儒家修身治国理论的当代拓展。为了加强对学生思想的控制，不少国民党党员热衷于找学生谈话，力图党化学生思想。地理学家施雅风在《抗日战争前的中学生活》中曾回忆起 1935 年的中学学习场景：“有小一半时间上政治课，请了许多国民党上层人物来上大课，其中有张治中、陈果夫、陈立夫、周佛海等，讲些什么已经完全遗忘，也有政治教官，找学生个别谈话，找我谈话时，主要问对领袖（蒋介石）有何认识，要忠于领袖等等。后来发现，这位教官曾在个别同学中发展复兴社组织。”[④]

为了让学生从小学会“新生活”，有关“新生活运动”的宣传甚至被编入小学教科书。如《复兴公民教科书》高小第二册第五课《新生活运动》这样写道：

> 新生活运动的中心目的，是把我国民族固有的德性——“礼、义、廉、耻”做基础，去求国民生活的合理化……“礼”是规规矩矩的态度；“义”是正正当当的行为；“廉”是清清白白的辨别；“耻”是切切实实的觉悟。所以“耻”是行为的动机；“廉”是行为的向导；“义”是行为的履践；“礼”是行为的表现。四者互相连贯，缺一不可。新生活运动定着切实易行的方法，从衣、食、住、行的规矩、清洁、整齐、简朴和迅速、确实等做起，再进一步去求国民生活的艺术化、生产化和军事化。等到

---

① 张宪文、方庆秋主编：《蒋介石全传》，海南人民出版社 1996 年版，第 197 页。

② 《训育纲要》，见宋恩荣、章咸主编：《中华民国教育法规选编》（1912—1949），江苏教育出版社 1990 年版，第 170 页。

③ 《训育纲要》，见宋恩荣、章咸主编：《中华民国教育法规选编》（1912—1949），江苏教育出版社 1990 年版，第 173 页。

④ 傅国涌编：《过去的中学》，长江文艺出版社 2006 年版，第 75 页。

"三化"实现了，生活合理化才算达到目的。这样从浅入深，循序渐进，使我全体国民都把"礼、义、廉、耻"做规律，逐一实现在衣、食、住、行之中，就可以完成生活革命，并且可以奠定民族复兴的基础。[①]

事实上，蒋介石的"新生活运动"特别注重特定意义的"军事化"导向。在他看来，"新生活者，不过为生活之外表的形式，而军事化者，乃为其实质的内容与最后之目的"[②]。职是之故，他对源自英国的童子军教育情有独钟，曾于1933年亲自担任"中国童子军司令部"司令，并责成国民政府在中小学普遍设立"军事训练"或"体育及童子军"，列入官方课程标准。不可否认，在民族危机日益严重的二十世纪二三十年代，对学生加强军事训练，培养其勇敢、纪律、艰苦、敏捷、爱国等军人品格，具有一定的时代合理性。

但需要指出的是，学校毕竟不同于军队，担任学生的军事教官除必须具备过硬的军事本领外，还必须具有相当的知识文化素养。林砺儒曾敏锐指出："训练中学生的军事教官，虽未必要十二分优秀的军事学识，然而头脑总要比较聪慧，人物总要比较出色。普通兵丁，识字无多，头脑简单，所以容易得他们服从机械的训练……军事教官，颇似体育教师。体育教师要得学生信服，不能净靠技术和校规，而必须凭自己的头脑、才能和言行。军事教官亦然，不能净凭技术和军律。然而这样的优秀将校人才岂可多得，军队里又岂肯轻易置之于闲散？"[③]果不其然，国民政府的军事训练或童子军训练之所以乏善可陈，缺少合格的教官确实是一个重要因素。据胡伯威先生回忆，他儿时曾遇到一位满口四川话的童子军教练，该教练"上操的时候像长官对当兵的那样，动辄呵斥，甚至推搡踢腿。还有一次不记得是为了什么原因，他罚我们全班男生跪在楼上教室外面，说要跪半天，不许任何人起来。大约跪了个把钟头，他走上楼来说：'算了算了，念您们初次，原谅你们了。'大家一哄而散，有人还笑着学他把'原谅，原谅'说成'月亮，月亮'"[④]。

概言之，蒋介石"新生活运动"中传统伦理文化与现代军事精神的结合，旨在铸就具有三民主义精神气质的军人化人格形象。这一点，也可以从当

① 吕金录、宗亮寰、赵景源编校：《复兴公民教科书》高小第二册，商务印书馆1937年第11版，第12～14页。

② 转见张宪文、方庆秋主编：《蒋介石全传》，海南人民出版社1996年版，第195页。

③ 北京师范大学编：《林砺儒文集》，广东教育出版社1994年版，第712～713页。

④ 胡伯威著：《"儿时"民国》，广西大学出版社2006年版，第151页。

时学校流行的一首《童子军歌》中得到印证。歌词是这样写的：[①]

> 我国童子军，童子军，童子军。
> 我们，我们，我们是三民主义的少年兵。
> 年纪小志气真，献此身、献此力、献此心为人民。
> 忠孝仁爱信义和平，终是我们行动的精神。
> 大家团结向前进，前进，前进，青天高，白日明。

① 胡伯威著：《"儿时"民国》，广西大学出版社2006年版，第150页。

第四章　价值观念变迁与德育课程教学的深层透视（下）

与“三民主义”文化统制下德育课程教学模具化特征不同，中国共产党从土地革命、抗日战争到解放战争等不同历史时期所建构起来的革命根据地教育，特别是其中小学德育教学蕴涵着别具一格的红色创造精神。这种极富革命气魄的创造精神在“后革命时代”的德育课程教学变迁中仍然产生着重要影响，但由于“左”倾思潮愈演愈烈，致使中小学德育课程教学逐渐脱离现代化建设轨道，深深地卷入泛政治漩涡。“改革开放”以后，中国中小学德育课程教学在多元文化冲击下进行了全面改革与理性重构，虽然其间的新问题时有出现，但体现出来的乃是与时俱进的发展态势。

第一节　来自革命根据地的创造精神：德育课程教学新探索

1927 年 4 月，由于国民党公开背叛革命和大肆捕杀共产党，中国共产党被迫开展了土地革命战争，以及后来发生的抗日战争和解放战争。与之相应，革命根据地的中小学德育课程教学也依次进行了旨在配合革命战争及生产建设的种种改革。

一、突出为革命战争及生产建设服务的课程设置原则

一定的教育总是为一定的政治、经济服务。从土地革命战争时期起，中国共产党就十分重视教育的政治导向。1931 年 9 月 23 日，湘鄂赣省工农兵苏维埃第一次代表大会所通过的《文化问题决议案》就公开声称教育的阶级

性，强调要"实施无产阶级的赤化教育，以启发学生群众的阶级觉悟和认识，坚强学生群众的阶级意识和斗争决心为原则"；并通过"学习科学的马克思列宁主义的革命理论和经验"，"提高学生群众的政治水平……以确定定苏区学生群众自己的革命人生观"。[①] 1932 年 6 月 3 日，江西永新县四全代表大会在其《文化教育问题决议案》中进一步要求将"所有反革命书籍及复古思想书籍，搜集送交县文化部封闭或焚毁，普遍使用我们的革命书籍，有步骤地贯彻共产主义教育到儿童的脑海里去"[②]。为了巩固革命根据地和吸收劳苦民众参加革命，毛泽东在 1934 年 1 月召开的第二次全国苏维埃代表大会上更明确地指出，苏维埃教育的总方针："在于以共产主义的精神教育广大的劳苦大众，在于使文化教育为革命战争和阶级斗争服务，在于使教育与劳动联系起来，在于使广大中国民众都成为享受文明幸福的人。"[③]事实上，这"四个在于"不仅是土地革命时期苏维埃教育的总方针，而且奠定了整个新民主义革命时期的教育基调。此后的抗日战争及解放战争时期均有不同的革命任务，但"教育为革命战争和阶级斗争及根据地建设服务，教育与生产劳动结合，要培养学生具有新民主主义社会成员的思想政治觉悟和道德品质的基本精神，则是始终如一的"[④]。

土地革命战争时期，各苏区中小学均十分重视政治思想课的开设。1933 年 10 月，中央教育人民委员部发布的《小学课程与教则草案》指出："政治水平要达到了解马克思主义列宁主义的基础；因为儿童目前是参加阶级斗争的一员，同时是共产主义未来的后辈，所以政治水平，必要达到能了解阶级斗争一般的理论和策略，就是要有马克思列宁主义的基础。"[⑤]依据这一要求，该草案在四个学年中均设有政治课，并提出了相应的不同要求，如第一学年政治课，"主要的斗争中学习政治，教员要领导儿童参加能执行的、能了解的，尤其是和儿童本身有联系的各种政治活动。读本上的政治课，只拿

① 《湘鄂赣省工农兵苏维埃第一次代表大会文化问题决议案》(1931 年 9 月 23 日)，见陈元晖等编：《老解放区教育资料》(一)，教育科学出版社 1981 年版，第 101～102 页。

② 《文化教育问题决议案》(1932 年 6 月 3 日永新四全代表大会通过)，见陈元晖等编：《老解放区教育资料》(一)，教育科学出版社 1981 年版，第 144 页。

③ 《毛泽东同志论教育工作》，人民教育出版社 1958 年版，第 15 页。

④ 高谦民主编：《中国小学思想品德教学史》，山东教育出版社 1995 年版，第 313 页。

⑤ 《小学课程与教则草案》(1933 年 10 月)，见陈元晖等编：《老解放区教育资料》(一)，教育科学出版社 1981 年版，第 297 页。

来指点给儿童做参考材料"①;而第二年政治课,特别提醒:"社会关系的认识,在斗争和日常生活中,要随时引起注意:第一要从儿童本身利害上引起阶级仇恨,就是要从儿童生活中来了解地主资产阶级对于儿童和其家庭的剥削和压迫。第二要使儿童了解政府、学校、群众团体与儿童的家庭关系及儿童本身的关系,随时在斗争中利用各种机会,使他们了解这种关系,使他们对苏维埃、对群众团体、对学校有相当的认识,自觉地起来拥护,自动的参加工作。"②至于第三学年的政治课,在"二学年应有的政治生活,应有的政治认识外,开始历史发展的了解,就是要开始了解过去现在不同的情形。在了解本区乡各阶级的关系时,兼要了解本区乡阶级斗争的经过和革命的发展"③。很显然,不同学年的小学政治课要求是各有侧重、循序渐进的。

1934年4月,教育人民委员部正式颁布了《小学课程教则大纲》。其中,初级列宁小学设有国语(每周6小时)、算术(每周4小时)、游戏(每周8小时),外加课外的劳作实习(每周6小时)、社会工作(每周6小时);高级列宁小学设有国语(每周6小时)、算术(每周6小时)、社会常识(四年级每周2小时、五年级每周3小时)、科学常识(四年级每周2小时、五年级每周3小时)、游艺(每周8小时)、劳作实习(每周8小时)、社会工作(每周10小时)。在这一课程安排中似乎隐去了"政治"科目,但实际上该大纲特别提示"政治"已包含在"国语"课程中,强调"小学的一切科目,都应当使学习与生产劳动及政治斗争密切联系,并在课外组织儿童的劳作实习与社会工作"④。

除小学外,苏区中学亦十分注意设立各种名目的政治课程。如广西劳动第一中学"取消了国民党的《党义》课,增设了革命理论课";川陕苏区工农中学将课程分为政治、军事、文化三类,其中政治课以《革命三字经》和《红色战士丛书》为课本;而监沔列宁学校、石首列宁学校等初级中学则开设了共产主义课程。⑤

抗日战争时期,根据地的中小学课程不能不突出救亡图存的革命主题,

---

① 《小学课程与教则草案》(1933年10月),见陈元晖等编:《老解放区教育资料》(一),教育科学出版社1981年版,第300页。

② 《小学课程与教则草案》(1933年10月),见陈元晖等编:《老解放区教育资料》(一),教育科学出版社1981年版,第303页。

③ 《小学课程与教则草案》(1933年10月),见陈元晖等编:《老解放区教育资料》(一),教育科学出版社1981年版,第304页。

④ 《小学课程教则大纲》(1934年4月),见陈元晖等编:《老解放区教育资料》(一),教育科学出版社1981年版,第313页。

⑤ 详见张志建著:《中学思想政治课发展史》,北京师范大学出版社1994年版,第94页。

不能不“实行以抗日救国为目标的新制度和新课程”[1]。1938年，陕甘宁特区教育厅有鉴于“边区将成为直接抗战区域的形势下”，指示小学应配合“战时的环境与需要”，实现“课程重心的转移：首先应该注意到统一战线和抗战政治的教育，使学生对抗战的形势和抗战的工作有简单的了解。当然，其他一般的课目还是照常去教。其次防空防毒，反汉奸、托匪等，因为这是目前迫切需要的常识，假使不注意到这些课目，是不能应付战时环境的”。[2] 1939年8月15日公布的《陕甘宁边区小学规程》明确规定：“小学课程以政治军事为中心”，其具体的教学课目及每星期教学节数为：[3]

陕甘宁边区小学教学科目表

<table>
<tr><th colspan="2" rowspan="2">节数 / 年级 / 科目</th><th colspan="3">初级小学</th><th colspan="2">高级小学</th></tr>
<tr><th>一年级</th><th>二年级</th><th>三年级</th><th>四年级</th><th>五年级</th></tr>
<tr><td colspan="2">国语</td><td>十二</td><td>十二</td><td>十二</td><td>十二</td><td>十二</td></tr>
<tr><td colspan="2">算术</td><td>三</td><td>四</td><td>五</td><td>五</td><td>五</td></tr>
<tr><td>政治</td><td rowspan="4">常识</td><td rowspan="4">六</td><td rowspan="4">六</td><td rowspan="4">六</td><td>四</td><td>四</td></tr>
<tr><td>自然</td><td>二</td><td>二</td></tr>
<tr><td>历史</td><td>二</td><td>二</td></tr>
<tr><td>地理</td><td>二</td><td>二</td></tr>
<tr><td colspan="2">美术</td><td>二</td><td>二</td><td>二</td><td>二</td><td>二</td></tr>
<tr><td colspan="2">劳作</td><td>二</td><td>二</td><td>二</td><td>二</td><td>二</td></tr>
<tr><td colspan="2">音乐</td><td>三</td><td>三</td><td>三</td><td>二</td><td>二</td></tr>
<tr><td colspan="2">体育</td><td>三</td><td>三</td><td>三</td><td>六</td><td>六</td></tr>
<tr><td colspan="2">总计</td><td>三一</td><td>三二</td><td>三五</td><td>三九</td><td>三九</td></tr>
<tr><td colspan="7">说明：1. 初级小学常识包括政治、自然、历史、地理四科。
2. 劳作以劳动为主，体育以军事为主。
3. 一节以三十分为原则，必要时可延长到四十分或五十分钟。</td></tr>
</table>

---

① 顾明远总主编：《中国教育大系·马克思主义与中国教育》（下），湖北教育出版社1994年版，第1240页。

② 《通告——抗战时期小学应该注意的几个工作》，见《陕甘宁边区教育资料》（小学教育部分）（上册），教育科学出版社1981年版，第2页。

③ 《陕甘宁边区小学规程》（1939年8月15日），见《陕甘宁边区教育资料》（小学教育部分）（上册），教育科学出版社1981年版，第61页。

上表中的“体育”主要以军事训练为主，初小的“常识”及高小的“政治”固然含有十分明显的政治思想教育，而每周多达12课时的“国语”实际上也蕴涵着十分浓厚的政治思想导向。以绥德实验小学的五年级“国语”课目为例，其内容含有：

（一）从群众报上送的秧歌词：

1.“发展生产” 2.“农户大秧歌” 3.“组织起来” 4.“八路军抗战成绩” 5.“欢迎难民” 6.“妇女种庄稼” 7.“春耕小调” 8.“领导农民翻身” 9.“好消息”

（二）课本中教的课文：

1. 生产计划（一二篇），2. 赤水完小的业余生产，3. 模范党员申长林，4. 劳动创造一切，5. 无敌的军队，6. 关中分区的劳动英雄，7. 八路军告日本士兵书，8. 向毛主席献词，9. 四四儿童节筹备会，10. 苏联的农民（一二篇），11. 鲁南人民心目中的新四军，12. 一个希腊的神话，13. 毛泽东的少年时代（一二篇），14. 阳会崖战斗，15. 介绍阅录的有——马老太太之死，一个变十个，劳动的果实，列宁和一个士兵，纽扣……等。

（三）应用文：

1. 书信类十一篇，2. 便条类（学生请假条、家长代请假条、借物便条、还物便条、借条、收条、领条、发票、招客条启事、路条、通知等十二篇），3. 契约类（指物借约、借约、赁约、典约、转典约、卖约、拦级、租约等）。[①]

这些来自民间的“秧歌词”、刻意安排的“课文”以及有助于日常生活的“应用文”都充分考虑到战时边区的特殊环境。其中，贯穿着红色革命思想的引导、反侵略的抗日主题、热爱生产的劳动观念，其价值选择和政治导向不言自明。

事实上，不只是陕甘宁边区，晋察冀边区等许多抗日根据地的小学也都十分重视课程的政治导向。1938年2月，边委员会颁布的《晋察冀边区小学校教学科目及每周教学时间表》中还专设了“国难讲话”科目，一、二年级每周60分钟，三、四年级每周120分钟，五、六年级每周180分钟，该科目旨在

① 《绥德实验小学课程内容的改进》（1944年），见《陕甘宁边区教育资料》（小学教育部分）（下），教育科学出版社1981年版，第30～31页。

“授以国难中应有的认识，并指导其课外救亡活动的方式，以养成儿童爱国家、复兴民族的意志和信念”①。

此外，革命根据地小学十分重视将爱国主义精神渗透至包括国语、常识在内的各门课程中去。刘松涛先生曾回忆起边区的战时小学课本，称：

> 在国语课本中（当时因物质条件困难，多半是国语常识合编——原注）联系到抗战内容的差不多占到65%以上。晋察冀边区1940年编写的小学课本则占到全书的82%。在课本上不但进行了有关抗战的基本观点的教育，同时更表扬民族英烈，揭发敌人的凶残丑恶，动员群众参加后方勤务。在自然常识部分，则着重选编了用一切土法子自力更生克服由于敌寇破坏封锁给予的物质条件困难的课文。……在算术课的文字题中，就计算“公粮”、“公草”、“公柴”的数字，学算“合理负担”、“统一计税”以及减租减息后的租米和利息，调查敌伪烧杀的房屋和人数。在高年级的史地课中，则着重讲历史上的民族英雄的事迹，民族革命战争中的教训以及本区、本县、本省的自然环境，祖国的地势、物产，敌占区的情况等。在音乐课方面，学的差不多是抗战歌曲，从“义勇军进行曲”到“救亡进行曲”，到各地自编的“抗日小调”，每个学生都唱得烂熟，不但自己会唱而且教会了自己的哥哥姐姐、爸爸妈妈。上美术课时，就学画当前需要的壁画、宣传画，学写标语的艺术字。做游戏就玩“捉汉奸”、“打游击战”、“捉俘虏”。②

应该指出，这种注重课程与抗战联系的编制原则在当时情况下有着特别重要的革命意义，是值得肯定的。但由于过分强调了政治性，不免存在“政治口号化”倾向，有些课文乃“勉强拉来与抗战联系”，则是“不必要的”。③

与小学课程相契合，根据地的中学课程设置总体上同样是突出了服务抗战需要的政治导向，但其间的发展较为复杂。以陕甘宁边区中学为例，1940年以前，课程偏重政治科目，政治教学“偏重抗日统一战线、游击战争、

① 《边委会颁布晋察冀边区小学校教学科目及每周教学时间表》（1938年2月），见《晋察冀边区教育资料选编》（初等教育分册）（上），河北教育出版社1990年版，第2页。

② 刘松涛：《革命战争中对儿童进行爱国教育的点滴经验》，见王谦主编：《晋察冀边区教育资料选编》（回忆录分册），河北教育出版社1990年版，第82页。

③ 刘松涛：《对编辑七部小学国语课本的回顾》，见《人民教育》社编：《老解放区教育工作经验片段》，上海教育出版社1979年版，第279页。

民运工作等实际问题”[①]。1940—1942年，强调正规化，课程偏重文化科目，此时《陕甘宁边区暂行中学规程草案》规定的课程门类“与国民党课程相仿，有严重的旧型正规化思想与形式主义”[②]。该《草案》规定：“初级中学之教学科目，为公民知识、国文、外国语（英文或俄文）、历史、地理、数学、自然（动物、植物、物理、化学）、生理卫生、美术、音乐及军事训练（女生习军事看护）。体育、劳作两科，于课外进行”[③]；“高级中学之教学科目，为社会科学概论、国文、外国语、中外历史、中外地理、数学、生物学、物理、化学、哲学、美术、音乐及军事训练（女生习军事看护）。体育、劳作两科，于课外进行”[④]。从形式上看，该《草案》规定的课程门类齐全，较为完备；但并不适合战事频仍的边区环境。

1944年5月，西北局宣传部及边区教育厅拟定了《中等学校新课程》，其基本课目及时间为：边区建设（第一至第三学期，每周四小时），政治常识（第四至第六学期，每周三小时），国文（第一至第四学期每周五小时，第五至第六学期每周三小时），数学（第一至第四学期每周四小时，第五至六学期每周三小时），史地（第一至第四学期每周三小时），自然（第一至第四学期，每周三小时），生产知识（第五至第六学期，每周三小时），医药知识（第五至第六学期，每周三小时）。其中，“边区建设包括边区史地、边区政策、边区组织三项；政治常识包括经济、政治常识，抗日战争与三民主义常识，组织生活与工作方法常识三项；国文以养成日常工作中各种实用文字的正确读、写能力为主旨；数学以养成财经合作部门需要的会计、统计人才为主旨；史、地以第一学期教鸦片战争以前的中国史，第二学期教近百年中国史，特重五四以后的现代史，外国史仅于两学期中取必要者参入教授。第三学期学中国地理，第四学期学外国地理，均重在经济政治地理；自然以根据地战争与生产的需要为背景，使学生得到关于自然现象、自然规律的综合而有系统的常识；生产

---

① 《初级中学课程教材讲授提纲》，见《陕甘宁边区教育资料》（中等教育部分）（上），教育科学出版社1981年版，第324～325页。

② 《初级中学课程教材讲授提纲》，见《陕甘宁边区教育资料》（中等教育部分）（上），教育科学出版社1981年版，第322页。

③ 《陕甘宁边区暂行中学规程草案》，见《陕甘宁边区教育资料》（中等教育部分）（上），教育科学出版社1981年版，第25页。

④ 《陕甘宁边区暂行中学规程草案》，见《陕甘宁边区教育资料》（中等教育部分）（上），教育科学出版社1981年版，第27页。

知识，在各部分中侧重农业，亦兼及工业、商业等的初步概念；医学知识，教一些接生、救急、防疫、兽医等简易切用的技术和一些常见的中西药品的性能，以为推广边区群众卫生运动之用”。① 不难看出，如上这一《中等学校新课程》及其内容说明“在很大程度上克服了”旧型正规化思想与形式主义的缺陷，反映了对边区历史发展和现实问题的充分关注，整个课程结构呈现出“实际”、“精简”、“集中”、“联贯”的特点。

解放战争时期，依据国共战争形势变化与发展，各解放区中小学的规模在不断扩大，其德育课程设置也必然因时变革，有所调整。如《晋察冀边区小学暂行规程草案》（1946 年 6 月）规定：初小设国语、算术、常识、体育、文体或文娱，高小设公民、国语、算术、历史、地理、自然、体育、文娱。② 又如《东北区小学教育暂行实施办法》规定：初小设国语、算术、自然、社会、唱游、劳作，高小设国语、算术、自然、地理、历史、政治常识、音乐、体育、卫生、劳作。③ 如上课程，除公民、政治常识为专设的德育科目外，国语、常识、历史、地理等科目也不同程度地承载着思想政治内容。

在解放战争初期，面对蒋介石军队向解放区发起疯狂的军事进攻，老解放区小学也就特别重视战时的军事知识教育，注意将战争知识渗透至各门课程中。如：“在高级小学里，把体育课改为军事课，进行分散、转移、隐蔽、站岗、放哨和坚壁清野等演习。在自然课中增加了防空、防毒、卫生、救护等知识。语文课增选报纸上的有关解放战争英勇事迹的通讯报导，或将当地的斗争事例，由教员编成语文来进行教学。在算术课中增加了结合实际斗争的应用题，如某次战役我军歼灭敌人、缴获敌人武器的数字的统计和计算等。”④

不过，随着国共两军力量对比的变化，中国人民解放军很快进入了战略反攻阶段，新解放区日益增多。针对新的革命形势，除了废除国统区的“党义”、“公民”、“童子军训练”等课程及各种训育制度外，解放区人民政府十分

---

① 《西北局宣传部、边区教育厅拟定中等学校新课程》，见《陕甘宁边区教育资料》（中等教育部分）（上），教育科学出版社 1981 年版，第 102～103 页。

② 《晋察冀边区小学暂行规程草案》（1946 年 6 月 11 日），见《晋察冀边区教育资料选编》（初等教育分册）（上），河北教育出版社 1990 年版，第 168 页。

③ 转见高谦民主编：《中国小学思想品德教学史》，山东教育出版社 1995 年版，第 316 页。

④ 陈元晖等编写：《老解放区教育简史》，教育科学出版社 1982 年版，第 167 页。

注意正面阐明新民主主义德育思想，指出边区与蒋区“政治教学”之基本区别在于：边区政治教学旨在“建立新民主主义观点，培养为人民服务的思想，锻炼基本的工作方法与作风”；而蒋区政治教学则是“灌输封建奴化的反动观点——如四维、八德、十二守则等”，并“训练为个人为反动统治者服务的思想——如升官发财、看门照户、安分守己、盲目服从”；强调要坚决抛弃“封建社会的奴隶道德”，但同时指出“有些是属于各种社会中都需要的品质，如勤俭、朴实、谦虚、谨慎、信义、和平、负责、认真、服从、勇敢等，应站在人民立场上，在具体情况下具体运用”。[①] 很显然，在国共军事力量发生根本逆转的情况下，如何加强中国革命的理论教育，并注意结合国民党专制政治进行批判性比较，无疑是解放战争时期根据地中小学德育课程设置的一个重要亮点。以1948年的米脂中学政治课为例，其讲授细目为：

（一）绪论：现中国的两种社会（参考书：中国革命与中国共产党、近代百年史话）

一、中国社会

二、殖民地半殖民地半封建的蒋管区的历史变化

三、新民主主义解放区的简单历史发展

（二）蒋管区的经济现状（参考书：四大家族）

一、四大家族有多少钱？

二、四大家族的财产从何处来？

1. 政治经济互为因果

2. 内战发了财，发了财又内战

3. 买办发财

三、全国经济一把抓

1. 四大家族的四大银行控制了全国金融

2. 工商业一把抓

3. 全国最大的地主

四、蒋管区人民的经济生活

1. “地皮刮尽”

2. “今古奇捐”与“民国万税”

---

① 《初级中学课程教材讲授提纲》，见《陕甘宁边区教育资料》（中等教育部分）（上），教育科学出版社1981年版，第325～326页。

3. 物价飞涨

4. 争活命的斗争

（三）新民主主义解放区的经济（参考书：目前形势与我们的任务）

一、新民主主义的经济

1. 新民主主义革命的三大经济纲领

2. 新民主主义经济的三个组成部分

3. 新民主主义经济的指导方针

（四）蒋管区的政治（参考书：人民公敌蒋介石）

一、封建买办法西斯统治的新朝代

1. 蒋介石的国家是什么

2. 蒋介石的政权基础

二、蒋介石反革命统治的特点

1. 特点一：法西斯主义的特务统治

2. 特点二：武装的反革命

3. 特点三：帝国主义的代理人

三、日寇投降及蒋管区的政治动荡

1. 政协会议

2. "国民大会"

3. 蒋介石把中国出卖干净

（五）新民主主义解放区的政治（参考书：新民主主义论）

一、新民主主义国家

二、新民主主义的政治

三、解放区人民的政治权利

（六）人民解放战争（参考书：目前形势与我们的任务、中央关于军事形势评论）

一、毛主席的十大战略方针

二、战争的转折点

三、一年左右打垮蒋介石反动统治

（七）党派介绍（参考书：国际常识、群众日报）

一、中国共产党与中国革命

二、国民党概况

三、中国几个民主党派与团体
1. 中国国民党革命委员会
2. 中国民主同盟
3. 中国民主促进会
4. 致公党
5. 中国农工民主党
6. 中国人民救国会
附:各党派致毛主席电响应“五一”口号召开新政协会议
(八) 中国人民公敌蒋介石(参考书:人民公敌蒋介石)
(九) 中国人民领袖毛泽东(参考书:毛主席的人生观与作风)
(十) 政策问题
1. 新区政策:“减租减息”“统一战线”
2. 土地登记
3. 工商业政策
4. 生产运动[①]

如上这一“政治课细目”,可以说是当时根据地中学政治课的一个典型,它充分反映了解放战争时期解放区德育课程的鲜明阶级性、时代性和战斗性。

诚然,随着解放战争的深入推进和战后经济建设的即将到来,各解放区开始涌动起正规化的教育改革浪潮,文化课学习受到了普遍重视,甚至提出“高小文化课占 90%,政治课占 10%;初小不设政治课,但在国语和常识里包含一些政治常识”。[②] 应该指出,在临近全国解放和新型经济建设即将到来之际,加强文化课,不仅可以理解,而且很有必要。但同时在改革过程出现了另外一些偏差,有些学校“又开始产生因重视文化学习,而忽视政治思想教育,取消课外活动和社会活动,关起门来死读书的偏向”[③]。有鉴于此,山东省人民政府特别指出:“实施政治思想教育,是新民主主义学校的灵魂与基础”;强调“政治思想教育的目的。在于用新民主主义的思想教育青年

① 《米脂中学政治课细目》(1948),见《老解放区教育资料选编》,人民教育出版社 1959 年版,第 136～139 页。

② 高谦民主编:《中国小学思想品德教学史》,山东教育出版社 1995 年版,第 317 页。

③ 《山东省人民政府关于中等学校政治思想教育的指示》(1949 年 2 月),见教育科学研究所筹备处编:《老解放区教育资料选编》,人民教育出版社 1959 年版,第 202 页。

学生，与工农群众结合，为工农群众服务”。[1] 为了达到这一目的，该地方人民政府要求统一初高中各年级政治课的内容及进度：

1. 初中一年级上学期中国现状，下学期中国革命；二年级上学期世界现状，下学期社会常识；三年级上学期人生观，下学期社会调查（二年制中学则可改为一年级上学期中国现状与世界现状，一年级下学期中国革命；二年级上学期社会常识，二年级下学期人生观与社会调查，内容可适当紧缩——原注）。

2. 高中一年级上学期经济学，一年级下学期、二年级上学期政治学，二年级下学期思想方法论，三年级上学期新民主主义论，三年级下学期政策常识。[2]

此外，该地方政府还进一步要求“政治思想教育，必须贯穿于各科教学之中；尤其是国文、历史、地理和师范的教育等课，更容易贯彻政治思想教育，必须予以适当的重视与运用”[3]。

概言之，从土地革命战争到抗日战争乃至解放战争，虽然不同历史时期的革命任务及其侧重点有所差异，但旨在服务革命战争及生产建设需要的课程设置原则始终如一，政治思想课及其相关课程备受关注，并在中小学实践中得到了不同程度的贯彻执行。

二、编写简明、易懂、鲜活的革命教材

与突出革命战争及生产建设主旨的政治思想原则相一致，新老解放区的各革命根据地均十分重视编写切合当时实际生活需要的革命教材，其特点往往是简明扼要、通俗易懂、生动活泼，蕴藏着十分深刻的革命真理。

早在土地革命时期，中国共产党就旗帜鲜明地表示“反对帝国主义基督教育”、“反对国民党文化教育”、“反对复古教育和私塾教育”、“反对军阀教育”，主张“实施马克思主义列宁主义的阶级教育”，编写统一教材，力求对教材内容进行必要的改良，要求：“(1) 以实施阶级教育为原则。(2) 采用社会

---

① 《山东省人民政府关于中等学校政治思想教育的指示》(1949 年 2 月)，见教育科学研究所筹备处编：《老解放区教育资料选编》，人民教育出版社 1959 年版，第 202 页。

② 《山东省人民政府关于中等学校政治思想教育的指示》(1949 年 2 月)，见教育科学研究所筹备处编：《老解放区教育资料选编》，人民教育出版社 1959 年版，第 203 页。

③ 《山东省人民政府关于中等学校政治思想教育的指示》(1949 年 2 月)，见教育科学研究所筹备处编：《老解放区教育资料选编》，人民教育出版社 1959 年版，第 203 页。

的实际教材，适合儿童、青年、成年的生理和心理。(3) 字句宜简短，不要冗长，须多带鼓动性。(4) 意义须明显，不要隐晦，应含有充分的阶级斗争意义。(5) 生字及教材的配合，要有一定的标准。(6) 注意马克思列宁主义以及苏联状况的介绍。”[①]这些要求，特别是其中的阶级性和趣味性在老区的学校教材建设中表现得较为突出。如土地革命时期有一首叫《游击队》的儿歌，被编入《小学国语课补充教材》第八课，歌词是这样的：

喔喔喔　鸡叫了
游击队　来到了
打红旗　骑白马
雪亮的大刀腰中挂
我做饭　你烧茶
大伙儿都来招待他[②]

整个歌词简洁、明了、清新、通俗，爱憎分明。又如当时中央教育部编辑出版的一部《共产儿童读本》(1～6 册)颇为流行，其中有一篇师生对话的课文：

先生说：“现在革命很快发展了，到处的工人、农民、士兵都起来革命。”

一个学生起来问道：“他们为什么要革命呢？”

先生说：“农民耕了田，工人做了工，可是他们还是没有饭吃，没有衣服穿，没有房子住。为什么这样呢？因为受了豪绅、地主、资本家的剥削。工人农民要饭吃，要衣穿，要房子住，所以就要起来革命。”[③]

通过师生间几句真诚的自然对话，揭示了工人、农民受“豪绅、地主、资本家的剥削”而被迫起来革命的朴实真理。再如湘鄂赣苏区列宁小学《红孩儿读本》第一册中有这样一篇课文：

---

① 《湘鄂赣省工农兵苏维埃第一次代表大会文化问题决议案》(1931 年 9 月 23 日)，见陈元晖等编：《老解放区教育资料》(一)，教育科学出版社 1981 年版，第 103 页。

② 《小学国语课补充教材》，见王用斌等编选：《晋察冀边区教育资料选编》(续集)，北京师范大学出版社 1991 年版，第 646 页。

③ 转见高谦民主编：《中国小学思想品德教学史》，山东教育出版社 1995 年版，第 321 页。

小弟弟，年纪小，
常恨自己力量小。
他说：土豪又高又肥胖，
小小拳头，怎么打得倒？
我说：小弟弟，莫心愁，
千千万万的拳头团结起，要把土豪打成泥。①

这种源自日常生活的仔细观察，形象生动，意义深远，读起来朗朗上口，很受儿童欢迎。

抗日战争时期，晋察冀、陕甘宁等边区同样十分注意在常识、国语等课程中渗透抗日救亡的时代主题。先以"常识"课本为例，当时有一本《小学常识》第六册第八课《晋察冀边区是怎样来的》，是这样介绍：

"七七"抗日以后，国民党的军队没有抵抗，退出了华北，华北就完全被敌人占领了。当时八路军，开到敌人后方，到处打敌人，收复了很多地方。后来，收复的地方扩大了，就需要有一个统一的政府，来办理抗战工作；这样就在二十七年的一月，召开了一个党政军民代表大会，在这个大会上，产生了抗日民主政府，就成了今天的晋察冀边区。想：1. 八路军来时边区的情形怎样？2. 边区是谁创造的？3. 边区政府是怎样成立的？做：访问村长，本村村公所什么时候成立的？有哪些组织？②

又如该《小学常识》第六册第十八课《我们的国际》这样写道：

小朋友，我们是中国的国民，也是中国未来的主人。中国的情形，你们知道吗？中国是一个很可爱的国家，有着广大的土地，有日本三十个大。人口有四万万五千万，有日本人口的七倍多，还有丰富的物产。我国的同胞，一向能吃苦耐劳，反抗外族的侵略和压迫。今天的抗日战争，更证明了这点。想：1. 中国的土地、人口和日本比较怎样？2. 中国同胞性情怎样？做：大家说抗日战争的故事。③

---

① 转见李国强著：《中央苏区教育史》（修订本），江西教育出版社 2001 年版，第 179～180 页。

② 王用斌等编选：《晋察冀边区教育资料选编》（续集），北京师范大学出版社 1991 年版，第 638 页。

③ 王用斌等编选：《晋察冀边区教育资料选编》（续集），北京师范大学出版社 1991 年版，第 642～643 页。

不难看出，这两则常识课均介绍得简要、清晰、风趣，并配上别具一格的可以“想”的思考题和必须“做”的实践题，兼顾了理论与实践的结合，整个课文蕴涵着明显的抗日主题，革命色彩十分浓厚。

再以“国语”课本为例，当时晋察冀边区集体编写了一本适用于初小的《国语课本》，该课本把“提高儿童文化政治水准，使对抗战有正确认识”、“增强儿童各必要的抗战知识和革命道德”作为自己的重要编辑主旨。[①] 其中，第二册第十九课、第三十一课写道：

十九别说我年纪小
别说我年纪小
也有枪来也有刀
也上前线杀强盗
别说我年纪小
也站岗来也放哨
也叫汉奸跑不了
别说我年纪小
也募捐来也慰劳
也散传单也喊口号[②]

三十一拿枪干一场
河里水　黄又黄　日本鬼子狠过狼
烧了田家村　又烧高家庄
吃了我们的鸡　又杀我们的羊
抢去牛和马　还抢钱和粮
烧抢还不算　杀人更猖狂
中国好男儿　快快拿枪干一场[③]

另有一篇名叫《小日本》的《国语课补充教材》，别具生趣，其歌词为：

---

① 王用斌等编选：《晋察冀边区教育资料选编》(续集)，北京师范大学出版社 1991 年版，第 646 页。
② 见《晋察冀边区教育资料选编》(初等教育分册)(上)，河北教育出版社 1990 年版，第 266 页。
③ 见《晋察冀边区教育资料选编》(初等教育分册)(上)，河北教育出版社 1990 年版，第 267 页。

小日本，太可恨
又放火，又杀人
烧了很多小娃的家
杀了很多小娃的爸
杀了很多小娃的妈
还来抓小娃
可恨可恨太可恨
我们要去打日本[①]

如上这些课文，不仅言简意赅、朴实无华，而且采取顺口溜的歌谣形式，读起来自然顺口，有助于提高儿童的阶级觉悟，对于培养儿童勇敢独立精神和保家卫国意识很有益处。

解放战争时期，革命根据地中小学的相关德育教材也就很自然地围绕着解放战争以及人民当家做主的主题而展开。如陕甘宁边区的初小国语教科书就编有这样一篇课文，表达了农民翻身解放的喜悦心情：

冰儿消　雪儿化
河里水　哗啦啦
河水河水
你说的是什么话
河水说
我是唱歌
不是在说话
河水河水
你唱的是什么
河水说
我唱春天到
我唱风暖和
我唱大地解放了

① 见王用斌等编选：《晋察冀边区教育资料选编》（续集），北京师范大学出版社1991年版，第644页。

我唱春天快乐多①

又如：晋察冀边区行政委员会教育处审定发行的《国语课本》（高级小学第三册）中有一篇名叫《新小放牛》的课文，以对唱山歌的形式歌颂了劳动人民创造财富和毛主席、共产党领导人民翻身解放的丰功伟绩：

保元牵牛上场（唱）：出得门来好太阳，眼看着老老少少翻地又开荒；媳妇赶毛驴，孩子背粪筐；老汉扛犁在前面走，黄牛儿摇尾上山岗。心里喜洋洋，嘴里把歌唱，唱一个小放牛，没人来帮腔。

莲女提篮上场（唱）：出得门来用目望，二月里来好风光。家家齐种地，人人都开荒；变工队来真热闹，东邻西舍一齐忙。迈步往前赶，送饭走一场，保元哥口唱山歌站路旁。

……

保元：好，听我唱来。（唱）山上的大树什么人来栽？地下的河渠什么人来开？什么人开荒种五谷？什么人打出窑洞来？

莲女（唱）：山上的大树庄户人儿栽，地下的河渠劳动英雄开，农人们开荒种五谷，工人们打出窑洞来。

保元（唱）：什么人来挖煤在深山？什么人织布做衣穿？什么人做出桌和凳？什么人打出镢和锨？

莲女（唱）：煤工们挖煤在深山，织工们织布做衣穿，木工们做出桌和凳，铁工们打出镢和锨。

保元（唱）：没有了工人穿不穿的成？没有了农人能不能够生？这个世界什么人而造？什么人应做主人翁？

莲女（唱）：没有了工人穿也穿不成，没有了农人怎也不能生，这个世界是工农造，工人和农民应做主人翁。

保元（唱）：什么人应该受尊敬？什么人脸面最无光？什么人闹地人称赞？什么人做工美名扬？

莲女（唱）：劳动英雄受尊敬，二流子脸面最无光，吴满有闹地人称赞，赵占魁做工美名扬。

保元（唱）：什么人号召大生产？什么人领导把身翻？什么人抗战又生产？什么人给咱保家园？

① 引自刘御：《谈谈初小国语教科书中的劳动观点》，见陕西师范大学教育科学研究所编辑：《陕甘宁边区教育资料》（小学教育部分）（下），教育科学出版社 1981 年版，第 161～162 页。

莲女（唱）：毛主席号召大生产，共产党领导把身翻，八路军抗战又生产，他们给咱保家园。

保元（唱）：怎么样才能多打粮？怎么样才能生产得强？怎么样才能更有力量？建设和平民主新中国幸福无疆。

莲女（唱）：多开荒才能多打粮，拨工呀互助生产得强，有吃有穿有力量，建设和平新中国幸福无疆。（二人重复齐唱一遍）

莲女：嗅！你看！我们唱着唱着，也就快到了，保元哥，咱们快走吧。（一同赶牛吆喝下场）

作业：学唱这个新小放牛，若有可能的话，就排演它。[①]

如上两篇课文均源自民间的火热生活场景，夹带着乡村的泥土芳香，采用了劳动人民喜闻乐见的民谣山歌形式，表达了被压迫者的真实的情感、期望和梦想，具有很强的现实感染力和德育穿透力。

总之，突出教材的政治思想，努力编写出简明、易懂、鲜活的革命教材乃是新民主主义革命时期中小学教材建设的重要特色。但需要指出的是，根据地中小学的教材编写也确实存在着一定程度的形式主义和“党八股”现象，常常把诸如《国语》这样的一般文化课大都编成了政治性课本，这不免“太政治化”了。诚如董纯才先生所批评：“抗战以前中国一般的教科书的最大毛病，就是不谈政治，和抗战没有联系，脱离了实际，所以不合用。为了纠正这种毛病，我们主张要把教育和政治、抗日联系起来，使教育为抗战服务。我们非常强调政治教育，因此编教材就尽量和政治斗争联系。这是我们的一种进步表现。但是我们犯了形式主义的毛病，在这方面做得过火了，不问学科的性质，不分青红皂白，不什么教材都要讲讲政治，反而忽视了各科教材本身的教学目标。这就变成了‘喧宾夺主’了。”[②]

三、实施联系实际、机动多样的教学策略

与国统区的常规教育不同，中国共产党所领导的新民主主义教育始终是处在极其艰苦的战争环境中进行。从这个意义上说，无论是土地革命时

---

① 王用斌等编选：《晋察冀边区教育资料选编》（续集），北京师范大学出版社 1991 年版，第 707～709 页。

② 《怎样以反对党八股的精神编教材》（1942 年 12 月 5 日），见中央教科所编：《董纯才教育文选》，教育科学出版社 2005 年版，第 15 页。

期，还是抗日战争和解放战争时期，我们的中小学德育始终表现出对战争环境下实际政治生活和儿童人格发展的特别关注。1934 年 4 月，中华苏维埃人民委员会在《小学课程教则大纲》中详细阐述了三条“小学教授方法的原则”，即“小学教育与政治斗争的联系”、“小学教育与生产劳动的联系”、“小学教育及儿童创造性的发展”。① 事实上，此三条不只是苏区小学教授方法的重要原则，甚至可以引申为整个革命根据地中小学德育教学的工作指针，它要求根据地德育必须从实际出发，一改传统的灌输式教学，“从根本训育儿童，读书讲解和实际行动要有密切联系，有系统的加强儿童的知识能力和对于政治问题的了解”；同时，“有计划的领导学生参加生产劳动”；“使他们不但能够在行动中逐渐了解或发现许多新的问题，并且从新的知识进行自动的创造的行动”。② 很显然，这样的教学必然是联系实际、机动多样的启发式教学。

在土地革命战争时期，苏维埃列宁小学的一些教学方式就很有创意。如湘鄂赣苏区列宁小学曾于 1932 年底形成了一个十分独特的“八字教学诀”——抓、攻、启、讲、读、勤、听、写：

> “抓”，就是抓重点，即抓课文中有“思想、才华、智慧”的地方；
>
> “攻”，就是攻难关，即攻克课文中难讲、难记、难理解、难运用的地方；
>
> “讲”，就是教师要讲清要义，不七扯八拉；
>
> “启”，就是教师在教学中不包办、不直讲、不硬灌，从事物中启发学生；
>
> “听”，就是听课要明白，听出头绪中心，听革命故事；
>
> “勤”，就是勤动脑，多思考。勤动手，多练习，勤学好问；
>
> “读”，就是读课文，背诵重点段；
>
> “写”，就是写字笔记，要思路清楚，字迹整洁。③

此“八字教学诀”，字字着实，形象生动，改变了简单灌输的传统教授法，

---

① 《小学课程教则大纲》(1934 年 4 月)，见陈元晖等编：《老解放区教育资料》(一)，教育科学出版社 1981 年版，第 315～319 页。

② 《小学课程教则大纲》(1934 年 4 月)，见陈元晖等编：《老解放区教育资料》(一)，教育科学出版社 1981 年版，第 316～318 页。

③ 转见张志建著：《中学思想政治课发展史》，北京师范大学出版社 1994 年版，第 103 页。

教师的引导性、启发性和学生的积极性、主动性都得到了极大的张扬，有助于学生理性地习得科学知识和革命真理。

在抗日战争时期，革命根据地的中小学德育也特别重视联系实际的教学方法。以陕甘宁边区的初级中学政治教学为例，它就特别要求须从如下四个方面加强与实际的结合：

> 第一，是使课本实际化——一方面与革命的观点、政策、思想、作风结合，同时与学生的思想特点与文化水平结合。第二，是对学生加强时事教育——有计划、有领导的让学生进行读报与时事讨论。第三，是发扬校内民主活动——指导学生活动，学习生活检讨会、总结会，对同学中临时发生的典型事件，进行深入的教育。第四，让学生适当的参加生产劳动、社会活动、社会调查与群众运动——如种菜、纺线、闹秧歌、做宣传，领导读报、识字组、黑板报，调查工农生活、社会问题、文教情况，参加减租会、反恶霸斗争会等。①

如上四个方面，生动地体现了边区政治教学兼顾了课堂与课外的互动、理论与实际的交融。相比较而言，“四者之中以课堂中之课本教学为主。其他三者都是用来充实课本内容的，也是不可忽视的。因为若不反复地通过具体事例与实际活动，若不多次的在行动中去考验，课本就会变成口头与笔下的教条，养成学生‘口是心非’、‘言不顾行’的恶习，收不到实际的效果”②。况且，一味在课堂高谈抗战的大道理，十余岁的乡村儿童并不容易理解，这就要求教师“在讲授有关抗战的基本理论的时候，特别注意深入浅出，联系儿童的日常生活。比如讲到新中国和旧中国不同的时候，就告诉儿童将来打败日本以后，要建立一个崭新的中国，人人都过快乐幸福的日子。更结合着‘生活在边区真快活’、‘我的家’、‘新中国’……之类的课文，使他们和过去的生活作比较，说出新中国的远景，懂得认真帮助作抗日工作，为争取建立这样一个新国家而努力。讲到民族自尊心和自信心的时候，就结合着讲些宣扬民族英烈的故事，如‘我是区长’、‘东北三江好’、‘少年义勇军小老韩’、‘靳小瑞杀敌’、‘马老太太’等课文，更联系到本县本区本村对敌斗争的

---

① 《初级中学课程教材讲授提纲》，《陕甘宁边区教育资料》（中等教育部分）（上），教育科学出版社1981年版，第326页。

② 《初级中学课程教材讲授提纲》，《陕甘宁边区教育资料》（中等教育部分）（上），教育科学出版社1981年版，第326～327页。

英勇故事，和个别汉奸特务屈膝投降的丑事；使他们懂得什么是光荣，什么是丑恶，鼓励他们向民族英雄学习”①。

这里，我们不妨以“冀中抗日根据地的前哨阵地”——束鹿县南庞营村的一所抗日小学为例，看看该小学的田宁远老师是怎样进行德育教学。据青野先生回忆，田老师首先发给学生两套课本，一套为《国语》、《算术》、《修身》，印刷精良，田老师对学生说：“它的内容全是毒药，是日寇汉奸卖国贼编的课本”，要“批判地讲解”，回家后放在桌子或炕头上，“敌人捉住你，看见你在念他们的课本，就不会下手了”；另一套是用毛头纸（糊窗户纸）刻印的《国语》、《算术》课本，田老师说：“这套课本虽然印的粗糙，但它的内容全是革命的抗日的解放的真理，是我们冀中抗日根据地自己编印的。我们抗日小学就要以这套课本为基本教材。这套课本来得不容易，没有共产党八路军，没有冀中抗日根据地，没有千百万人的流血牺牲，就没有抗日小学，就没有这套课本，千万不要让它落到日寇汉奸手里，如果被敌人发现了，就要遭到杀身之祸。因为敌人害怕共产党、八路军，害怕冀中抗日根据地，害怕抗日小学，害怕我们这革命的课本……每天上学带来，放学之后要隐蔽起来，千万不能让敌人发现！”②在讲课时，田老师总是充满激情，爱憎分明，他不仅谈到抗日救国的深明大义，更善于联系实际，“历数了我们南庞营村为抗日牺牲的王登科、齐大整、齐顺发，以及还在县游击队和八路军里进行战斗的齐志秀、王聚新、王周表、王文占等人的情况”；勉励大家“要继承先烈的遗志，高举抗日的大旗，把抗日战争进行到底”。③ 这种联系身边发生的实际情景，特别能够引发学生们的情感共鸣，从而达到了唤醒童心、全民抗日的目的。此外，田老师还善于通过写“街头诗”，丰富教学情趣，表达革命激情，很受学生们喜爱。其中，有一首《打伏击》的诗写道：

---

① 刘松涛：《革命战争中对儿童进行爱国教育的点滴经验》，见教育科学研究所筹备处编：《老解放区教育资料选编》，人民教育出版社 1959 年版，第 182 页。

② 《回忆我的启蒙老师田宁远老师》，王谦主编：《晋察冀边区教育资料选编》（回忆录分册），河北教育出版社 1990 年版，第 380～381 页。

③ 《回忆我的启蒙老师田宁远老师》，王谦主编：《晋察冀边区教育资料选编》（回忆录分册），河北教育出版社 1990 年版，第 382 页。

在村西，道沟里，
游击族，打伏击；
铁西瓜，开了花，
日伪军，嘴啃泥；
快缴枪，当俘虏，
按政策，优待你；
扫战场，得胜利，
唱着歌，快转移！①

解放战争时期，根据地的中小学德育同样十分关注现实政治的实际斗争。如陕甘宁边区教育厅曾指示学校德育工作须紧密配合现实生活中“土地改革运动”，指示对学生进行思想教育时必须注意：“1. 有教育意义的集会，如对恶霸地主的斗争会，要令学生参加，使学生从实际斗争中了解过去农村剥削制度的不合理与土地改革的必要。2. 各级政府应随时向所属学校供给有关材料，并令教员参加有关会议。学校教员要组织这项问题的学习，并随时从当地和报纸上搜集生动活泼的材料，向学生讲授。3. 不同阶级出身的学生，在土地改革中必有不同的反应，学校要随时搜集斯项材料，加以研究，用作思想教育的根据……教育工作配合这一运动的目的在于使学生在土地改革运动中，了解中国革命的基本问题。”②

其实，由于战争环境下的复杂生活状态，德育教学不仅要善于联系实际，而且要灵活机动，针对具体情况实行多样化教学应对策略。以抗日战争时期为例，革命根据地学校在教学方式上就曾实行过敌来我走、没有固定场所的“游击教学”，或表面上和伪小学一样，而实则进行抗日宣传的“伪装教学”，或干脆完全隐蔽起来进行“地下教学”。在教学方法上，根据地学校更是创造了若干机动灵活的教学方法：(1) 实事教学法。就是利用革命斗争的事实，向儿童进行鲜活的政治教育。“比如讲述当地抗日干部、群众被俘后，受尽非人的酷刑，英勇不屈、从容就义的故事……尤其是在敌寇疯狂烧杀之后，有的教师便仔细讲述这些事实，带领儿童实地察看烧毁的房屋，慰问受

① 《回忆我的启蒙老师田宁远老师》，王谦主编：《晋察冀边区教育资料选编》（回忆录分册），河北教育出版社 1990 年版，第 384 页。

② 《陕甘宁边区教育厅关于教育工作配合土地改革运动的指示》（1947 年 2 月 17 日），见教育科学研究所筹备处编：《老解放区教育资料选编》，人民教育出版社 1959 年版，第 126～127 页。

难者的家属，使儿童懂德什么是仇恨。”(2) 骗敌教学法。就是针对敌伪可能的问讯，教师对儿童进行特别训练，“专教他一套支应敌人的方法，使敌人问讯好久，找不出一点破绽来”。上文所举的田老师发给学生两种课本——伪课本和抗日课本，以伪课本为掩护、实则进行抗日教学，也是一种骗敌教学法。(3) 反驳教学法。就是利用伪课本内容，以事实为依据进行针锋相对的反驳教学。如：“在晋察冀边区望定县有的小学讲‘王道乐土的时候，就揭露敌人捉住中国人灌凉水、喂洋狗、指甲根里插竹签等惨刑，问学生这是不是‘王道乐土’。”[①]此外，还有某些特殊的心理教学法。如：“教师有时教小孩学哑巴，学了以后做实验，乘他不备的时候，在背后大喊一声：‘咳!’倘若他回头或一缩脖子，就算没有练好(哑巴多数也听不见)。”[②]

应该肯定，如上这些教学方式和方法形式多样、机动灵活，充分体现了革命根据地中小学德育教学的独特创造和革命浪漫主义精神，是战争环境下人民教育智慧的宝贵结晶。

第二节　后革命时代的德育课程教学变迁

中华人民共和国的成立昭示着中国社会进入了“后革命时代”。不过，从后来发展的事实证明，建国后的相当长时期仍然延续着浓厚的“革命”精神，强调要“用革命办法办好人民教育”，“用革命办法准备和进行我们的建设工作”。[③] 应该肯定，建国后 17 年，中国中小学德育课程教学进行了许多积极可贵的探索，开展了“五爱”教育，突出了社会主义的国家意志和人民本位，高扬了集体主义精神和共产主义情操；但由于新中国所面临的异常严峻

① 详见刘松涛：《革命战争中对儿童进行爱国主义教育的点滴经验》，见教育科学研究所筹备处编：《老解放区教育资料选编》，人民教育出版社 1959 年版，第 186～189 页。

② 刘子余：《一个岗楼村的抗日小学》，见《人民教育》社编：《老解放区教育工作经验片段》，上海教育出版社 1997 年版，第 76～77 页。

③ 钱俊瑞：《用革命办法办好人民教育——在第一次全国初等教育与师范教育会议上的总结报告》(1951 年 9 月 11 日)，见《中华人民共和国重要教育文献》(1949—1975)，海南出版社 1998 年版，第 113 页。

的国际环境和政治上选择了"苏联的革命后发展模式"①，我们的德育工作确实出现了照搬苏联德育模式的教条化和形式化倾向，存在着日益拔高的政治化情节，淡化了德育的本身特点和固有价值。

一、"五爱"教育的确立及其在课程教学中的渗透

由于社会性质的根本变化，国民党统治时期的"公民"、"党义"等课程被明令禁止，其公民教育也被全盘否定。1949 年 9 月，中国人民政治协商会议通过的《共同纲领》要求新中国的国民必须具备"五爱"公德，明确指出："爱祖国、爱人民、爱劳动、爱科学、爱护公共财物为中华人民共和国全体国民的公德。"这一对全体国民的公德要求，也被视为对中小学学生进行思想道德教育的基本要求，写入 1952 年教育部颁行的《小学暂行规程》（草案）和《中学暂行规程》（草案）之中。同时，在 1955 年颁行的《小学生守则》和《中学生守则》中都有明显体现，如两个守则都在第一条位置上分别写明："准备为祖国服务，为人民服务"；"准备为祖国人民服务"。

"爱祖国"，就是要学生热爱来之不易的中华人民共和国。因为"国家既是我们人民自己的国家，国家的事情就是我们自己的事，不只是要关切，并且还要勇敢地奔赴祖国的召唤，甚至献身予我们的祖国，如同苏联人民在建设祖国、捍卫祖国中所做了的一切"②。这种无条件地服从祖国需要与召唤，被认为是一种神圣的爱国主义表现。徐特立说："人民不仅有权爱国，而且爱国是一个义务，是一种光荣……不爱国甚至卖国是犯法的，是要受到人民监督和政府惩罚的。"③

"爱人民"，就是要树立为人民服务的思想。徐特立指出："凡是参加我们的反帝反封建革命的，而且拥护这个人民民主国家的《共同纲领》的，不问其任何阶级，就都包括在人民的范围之内。但是一切反革命者，不包括在人民之内……爱人民最基本的最一般的，即凡是人民，都要给以政权、财权、人

---

① [美]莫里斯·梅斯纳著，张瑛等译：《毛泽东的中国及其发展模式》，社会科学文献出版社 1992 年版，第 66 页。

② 李舜琴：《学校的政治思想教育》，见教育资料丛刊社编：《小学的思想政治教育》，新华书店 1950 年版，第 1 页。

③ 徐特立：《论国民公德》，原载 1950 年 7 月 1 日～9 月 1 日《人民教育》第 1 卷第 3～5 期，见中央教科所编：《徐特立教育文选》，人民教育出版社 1986 年版，第 220～221 页。

权之保证。”①对学生而言，爱人民即是要培养热爱劳动人民的情感，重视群众路线和集体观念。

“爱劳动”，就是要改变鄙视劳动和劳动人民的旧观念，树立劳动光荣、“不劳动者不得食”的新观念。在徐特立看来，“劳动创造世界和创造人类是普遍真理”，强调“今天的劳动者，无论是劳心或劳力，无论是有产或无产者，都是国家的主人翁，劳动是为自己的劳动，因此，我们要肃清以往旧社会的那种鄙弃劳动的错误思想，建立新的劳动观点，把劳动看为高尚的、光荣的，不是勉强被迫的劳动”。②

“爱科学”，就是反对封建迷信，热爱科学知识，提倡实事求是的科学态度，树立科学的世界观。徐特立指出，除自然科学外，还须知道马克思主义的社会科学，强调“马克思的唯物史观、社会发展观、政治经济学，是一个最高的原理的科学”。③ 他认为：“真正的爱科学，要对于自己的思想做不断的检查，要科学与实际结合，要解决的问题是无限的，所以爱科学是没有终止的……科学的态度是实事求是，不自以为是，是坚持真理，改正错误，错误的要向真理投降。”④

“爱护公共财物”，就是要爱护集体利益和国家财产，养成先公后私的高尚品质。徐特立批评了“自来水不随时关闭，电灯不随时关闭”的不良习惯，指出：“公共财物多保存一分，就可以向老百姓少要一分，我们在建设方面，就增加了一分生产资金。爱护公共财物和爱国家是分不开的，这就是爱国家、爱人民的实际动之一。”⑤

事实上，建国初期的中小学课程教学也确实体现了对“五爱”教育精神的贯彻执行。以“爱祖国”教育为例，首先，要求语文课教师必须将培养学生的爱国精神作为明确的教学目的。如语文课中的《十七勇士强渡大渡河》、

① 徐特立：《论国民公德》，原载1950年7月1日～9月1日《人民教育》第1卷第3～5期，见中央教科所编：《徐特立教育文选》，人民教育出版社1986年版，第222～223页。

② 徐特立：《论国民公德》，原载1950年7月1日～9月1日《人民教育》第1卷第3～5期，见中央教科所编：《徐特立教育文选》，人民教育出版社1986年版，第226页。

③ 徐特立：《论国民公德》，原载1950年7月1日～9月1日《人民教育》第1卷第3～5期，见中央教科所编：《徐特立教育文选》，人民教育出版社1986年版，第227页。

④ 徐特立：《论国民公德》，原载1950年7月1日～9月1日《人民教育》第1卷第3～5期，见中央教科所编：《徐特立教育文选》，人民教育出版社1986年版，第229页。

⑤ 徐特立：《论国民公德》，原载1950年7月1日～9月1日《人民教育》第1卷第3～5期，见中央教科所编：《徐特立教育文选》，人民教育出版社1986年版，第231页。

《平型关大捷》、《忠实的水》，一位语文老师这样写道："前两课，在内容上有紧密的联系，是二万五千里长征及抗日战争中，人民战士的英勇善战的事迹。后一课是新中国成立之后，我们建立了强大的国防力量，过去没有的海军，现在也有了；从水兵的自述诗中，还可以看出我们的海军在日益强大。这三篇的教学目的都是使儿童认识到人民军队忠于祖国、忠于人民的高贵品质，加深对人民解放军的热爱。教这几课，可以有系统地介绍二万五千里长征的故事，讲战士们在抗日、抗美援朝以及解放台湾中的英勇故事，以树立学生保卫祖国、保卫和平的决心与信心。"[①]其次，语文教师要善于联系实际，通过新旧制度比较，激发学生爱国主义情感。如讲授"成渝铁路"时，"我们从历史上比较为什么反动政府在喊了四十年四川要修路，结果仍然是白费，而西南解放不到半年，我们就开工筑路，使这四十年的愿望在二年内就实现了。以此来说明新社会制度的优越性和毛主席领导的正确性，进而联系到湛江铁路、末沙铁路的通车，说明政府是真正为了改善人民的生活，谋求人民的幸福"[②]。这样的语文教学固然负荷了过于浓重的政治意味，但在建国初期确有其存在的合理性。

关于历史教学，主要要求历史课教师在教学时必须注意对民族英雄与败类的比较分析，培养学生鲜明的爱国主义情感，"譬如当讲到岳飞、文天祥、史可法这些民族英雄时，使学生认识到他们所以能名垂青史，受到人民的尊重，是由于他们保卫祖国的忠勇事迹。讲到石敬瑭、秦桧、吴三桂、曾国藩、蒋介石等出卖民族利益，镇压人民的可耻的残暴罪行，则使学生认识到他们是民族的罪人和人民的公敌，在历史上受到人民的鄙视和惩罚，以激起学生对他们的强烈的憎恨"[③]。

至于地理课教学，也要求教师要善于结合时事政治进行爱国主义教育。北京师大一附中地理老师李静生给我们留下了十分生动的教学手记，他说："'抗美援朝'初期，有一次我讲到'东北的资源'时，首先叙述东北有满山遍

① 帅清：《怎样在语文教学中进行爱国主义教育》，见文化教育出版社编：《怎样在中小学中进行共产主义道德教育》，文化教育出版社1955年版，第16～17页。

② 帅清：《怎样在语文教学中进行爱国主义教育》，见文化教育出版社编：《怎样在中小学中进行共产主义道德教育》，文化教育出版社1955年版，第17页。

③ 松江省文教厅初等教育科：《怎样在历史教学中进行爱国主义教育》，见文化教育出版社编：《怎样在中小学中进行共产主义道德教育》，文化教育出版社1955年版，第24～25页。

野的大豆，高粱，无边无涯的森林带，集中而丰富的煤铁矿，用不尽的水力资源……学生一边听着，一边脸上显出了热情的微笑。这时，我转变话题：看！在鸭绿江的对岸——朝鲜，美帝国主义正在疯狂地屠杀善良的人民，烧毁人民的财产，它的阴谋不仅是占领朝鲜，而且要进攻我国的东北，想夺去我们和平幸福的生活，把中国人民变成他们的奴隶……当是坚强的中国人民，有力量可以打击侵略者！我讲话时，自己的情绪很激动，学生们脸上的笑容立刻消失，坐在我面前的是一个个紧张愤怒的面孔。这就是说，我的感情已经感染了学生，使他们受到了教育。"①

当然，爱国主义教育除通过各科教学渗透外，还可以通过学校或班级组织的各种游艺会、节庆会等各种活动进行。至于专门的中学政治课和小学政治常识课，无疑包含了爱国主义教育，可谓不言自明。同理，爱人民、爱劳动、爱科学、爱护公共财物，在建国初期也都能配合各科教学活动、课外活动以及专门的政治课活动中有序进行，兹不细述。

由于国民党的"公民"教育被取消，"五爱"作为新中国公民的共同道德标准，要求中小学进行广泛的"五爱"教育，这对于学生的新公民道德意识和行为习惯的养成无疑具有十分重要的意义，对培育社会良好风气也不无贡献。但由于过分强调了国家、人民的意义，个人的权益、需求以及主体性道德观念被相对忽视。

二、苏联德育思想的导入与共产主义道德教育的高扬

与"五爱"教育旨趣相契合，20 世纪 50 年代的中国中小学德育十分注重阶级教育、集体主义教育和共产主义教育，而这一切固然有老解放区德育实践的渊源，但更重要的是苏联德育的思想观念的移植与投射。以凯洛夫主编的《教育学》为例，该书自 1950 年在中国初次出版至 1957 年再版，总印数高达 50 余万册，其中包含了社会主义和共产主义德育的基本理念。此外，在当时中国流行的苏联教育学著作还有普希金的《教育学讲义》(北京师范大学出版社 1952 年)、崔可夫的《教育学讲义》(人民教育出版社 1954 年)、杰普莉茨卡娅的《苏维埃教育学讲义》(华东师范大学出版社 1957 年)等，均论

① 李静生：《在地理教学中进行爱国主义教育的几点经验》，见文化教育出版社编：《怎样在中小学中进行共产主义道德教育》，文化教育出版社 1955 年版，第 31 页。

及共产主义道德教育。直接论述苏联德育的著作则有包德列夫著的《共产主义道德教育问题》(正风出版社 1953 年)、马卡连柯著的《论共产主义教育》(人民教育出版社 1954 年)、波波夫著的《共产主义教育思想》(人民教育出版社 1953 年)、加里宁著的《论共产主义教育和教学》(人民教育出版社 1957 年)、苏共中央社会社会科学院哲学教学研究室、俄罗斯联邦教育科学院教育学和教育史研究所编的《共产主义教育原理》(人民教育社 1962 年)等。至于当时影响最大的教育杂志《人民教育》,更是连篇累牍地介绍苏联教育和学习苏联教育经验的文章,其中相当数量即是德育内容。那么,苏联德育工作者传达给我们的到底是一种什么样的德育思想呢?

其一,朴素的阶级情感和崇高的共产主义道德精神。凯洛夫主编的《教育学》明确写道:"在苏维埃学校中,德育包括有计划和有目的地影响学生的意识、情感和行为,目的在于培养他们的共产主义道德精神……共产主义道德跟资产阶级道德是绝对相反的。在苏联,生产资料私有制的消灭和社会主义所有制的建立,决定了苏维埃人的新的道德品质的形成。苏维埃人用一种新的态度来对待公共财物、对待劳动。他们的特征是:能把个人利益跟社会利益结合起来,善于在为社会服务中得到个人的满足,忠于自己的社会主义祖国,尊重全世界的人民,忠诚老实,有高度的纪律性和组织性。"①作为劳动人民的道德,苏联教育家并没有否定共产主义道德的阶级性,加里宁说:"共产主义教育的基本主要任务,便是要最高限度地帮助我们的阶级斗争。"②他指出,在当时"大部分国家都敌视着社会主义国家"(列宁语)的前提下,这种"阶级斗争"不仅十分必要,而且"已经提升到高级阶段"。③ 事实上,对共产主义道德的追求和对资产阶级的仇恨在当时苏联教育学著作中总是天然地联系在一起,强调"要成为一个有道德的人,就是说他要尽心竭力地去为建设新的、共产主义的社会而斗争"④;指出:"共产主义道德的本质在于

---

① [苏]伊·阿·凯洛夫总主编:《教育学》,人民教育出版社 1957 年版,第 223 页。

② [苏]米·依·加里宁著,陈昌浩、沈颖译:《论共产主义教育和教学》,人民教育出版社 1957 年第一版、1981 年第二版,第 50 页。

③ [苏]米·依·加里宁著,陈昌浩、沈颖译:《论共产主义教育和教学》,人民教育出版社 1957 年第一版、1981 年第二版,第 51 页。

④ [苏]伊·阿·凯洛夫总主编:《教育学》,人民教育出版社 1957 年版,第 223 页。

为建设共产主义而斗争，在于对共产主义的无限忠诚和对其敌人的不调和性。"①

其二，坚强的集体主义观念。与共产主义道德精神密不可分的一个重要观念——集体主义观念对新中国德育也产生了广泛影响。在马卡连柯看来，集体主义教育之所以重要，在于它本身就是针对资产阶级教育弊端而提出，体现了社会主义和共产主义社会的本质要求。他说："资产阶级社会的教育是一种培养个人去适应生存斗争的教育，因此，很自然地，就应当使这样的人养成进行这种生存斗争所必需的种种品质，那就是，诡谋机巧和为了自己而进行个人奋斗的品质——为了自己而进行个人奋斗的战士的品质。"②与之不同，马卡连柯强调，我们是"作为集体的成员"，在苏维埃社会主义国度里生活和成长起来，苏维埃的理想引导着个人的前进方向，"共同的目的应当决定我们的个人目的"。③ 而个人只有融入集体，才能得到自由而全面的发展。马卡连柯指出："什么是集体呢？这并不像儿童学者所讲的那样，只是相互有关的一些个人的简单聚集。集体是具有目的的个人集合体……这里，同学之间的关系问题，并不是友谊问题，并不是爱的问题，并不是一团和气的问题，而是责任攸关的问题。"④正是借助这一"活生生的社会有机体"——集体，马卡连柯期望能够培养出真正符合苏维埃社会需求的建设者——集体主义者，他说："我们的教育任务就是要培养集体主义者。"⑤马卡连柯这种在集体中、通过集体并为了集体的教育创造，不仅是其高尔基工学团和捷尔任斯基公社教育成功的秘诀，而且赢得了苏维埃共和国人民的普遍赞誉。凯洛夫主编的《教育学》曾充分肯定这一集体主义教育思想，称："如果班级或学校是一个整个的团体的集体，教育工作进行起来就容易得多。在已经形成的集体中，学生舆论的教育力量表现得最明显。像善于把

① ［苏］苏共中央社会社会科学院哲学教学研究室、俄罗斯联邦教育科学院教育学和教育史研究所编：《共产主义教育原理》，人民教育社 1962 年版，第 242～243 页。

② 《普通学校的苏维埃教育问题》，见吴式颖等编：《马卡连柯教育文集》（下卷），人民教育出版社 2005 年第二版，第 463 页。

③ 《普通学校的苏维埃教育问题》，见吴式颖等编：《马卡连柯教育文集》（下卷），人民教育出版社 2005 年第二版，第 465 页。

④ 《普通学校的苏维埃教育问题》，见吴式颖等编：《马卡连柯教育文集》（下卷），人民教育出版社 2005 年第二版，第 465 页。

⑤ 《我的教育经验中的若干结论》，吴式颖等编：《马卡连柯教育文集》（上卷），人民教育出版社 2005 年第二版，第 106 页。

个人利益跟公共利益结合起来和友爱互助这样一些珍贵的品质，首先是在集体中培养和巩固起来的……如果教师在自己的教育活动中能够依靠很好地组织起来的班集体和学生集体，那么他对学生所施加的教育影响的力量就会大大地增长起来。”[①]苏联学者集体撰写的另一本教育著作《共产主义教育原理》更直接地写道：“集体教育的原则在最伟大的苏维埃教育家克鲁普斯卡雅和马卡连柯的著作中得到了深刻的论证和发展。他们的结论是：共产主义教育只有在友爱的和有工作效能的集体中才可能实现。与资产阶级思想家的意见相反，正确地组织起来的集体既不束缚、也不限制个性的发展。相反，它能为个人的才能和天赋的全面发展开辟广阔的天地。”[②]

作为后起的社会主义国家，中国与苏联的革命和建国方略基本一致。因此，建国初期的中国德育理论几乎是全盘移植苏联做法。胡守芬在其编著的《小学共产主义道德教育的内容和方法》中写道：“共产主义道德，按其阶级本质来说，是工人阶级的道德……但它同时也代表着全体劳动人民的利益。因为工人阶级革命的最终目的，是彻底消灭阶级、实现社会主义和共产主义……为实现社会主义和共产主义而斗争，是共产主义道德的最高标准。”[③]在他看来，“如果我们学校不培养新生一代具有共产主义道德品质，我们的教育和教学工作也会失去了灵魂，就不成其为共产主义的教育和教学了”[④]。同理，胡守芬对集体主义教育也十分推崇。他说：“我国在过渡时期，共产主义道德要求人们要以集体主义反对个人主义；以劳动观点反对剥削观点；以独立创造精神反对保守落后思想；以忠诚老实反对欺诈哄骗；以勤俭节约反对奢侈浪费。”[⑤]

概言之，当时中国德育学者所注目的阶级斗争意识、共产主义道德和集体主义观念与苏联专家学者的观点如出一辙，体现了苏联社会主义德育思想对中国教育领域的全面辐射。

---

① [苏]伊·阿·凯洛夫总主编：《教育学》，人民教育出版社 1957 年版，第 238 页。

② [苏]苏共中央社会社会科学院哲学教学研究室、俄罗斯联邦教育科学院教育学和教育史研究所编：《共产主义教育原理》，人民教育社 1962 年版，第 258 页。

③ 胡守芬编著：《小学共产主义道德教育的内容和方法》，新知识出版社 1957 年版，第 5 页。

④ 胡守芬编著：《小学共产主义道德教育的内容和方法》，新知识出版社 1957 年版，第 10 页。

⑤ 胡守芬编著：《小学共产主义道德教育的内容和方法》，新知识出版社 1957 年版，第 7 页。

三、阶级教育的突显与强化

作为共产主义教育的组成部分，阶级教育在战争年代和建国初期受到重视，这并不奇怪。到1956年9月，中共第八届全国代表大会已明确指出："国内主要矛盾已经不再是工人阶级和资产阶级的矛盾，而是人民对于经济文化迅速发展的需要同当前经济文化不能满足人民需要的状况之间的矛盾；全国人民的主要任务是集中力量发展社会生产力，实现国家工业化，逐步满足人民日益增长的物质和文化需要。"[①]但遗憾的是，中共八大的正确路线并没有得到很好的贯彻执行，紧接着的整风运动和"反右派"斗争及其扩大化，致使阶级斗争之弦再度崩紧。1957年2月，毛泽东在最高国务会议第十一次扩大会议上特别指出："阶级斗争还没有结束。无产阶级与资产阶级之间的阶级斗争还没有结束。无产阶级与资产阶级之间的阶级斗争，各派政治力量之间的阶级斗争，无产阶级和资产阶级之间的意识形态方面的阶级斗争，还是长期的、曲折的，有时甚至是很激烈的。"[②]其后，随着政治运动的节律加快和思想上的不断"左"倾，从"大越跃"到"人民公社"，"共产风"越刮越猛，阶级斗争意识愈益强化，阶级教育观念日益突显，甚至发展到阶级斗争要年年讲、月月讲、日日讲的地步；以为放松了阶级斗争教育，则必然使我们党滑向资本主义和修正主义的泥坑。

作为社会生活的缩影，学校很快就成为阶级斗争教育的重要阵地。1957年8月27日，教育部、团中央在《关于对于中学和师范学校学生进行社会主义思想教育的联合通知》中写道："今年下半年(即1957—1958)学年度上学期)中学和师范学校原定各年级政治课的内容(初一、二"青年修养"、初三"政治常识"、高一、二"社会科学常识"、高三"中华人民共和国宪法")决定改为进行以反右派斗争为中心的社会主义思想教育，目的在于使学生受到一次实际的阶级教育，提高社会主义思想觉悟，明确在社会主义大革命时代中青年学生的任务和学习的目的。"该通知还对授课时数提出具体要求，规定初一、二每周1小时，初三以上每周2小时。改名后的政治课名称不完全

---

① 《中国共产党中央委员会关于建国以来党的若干历史问题的决议》，见中共中央文献研究室编：《三中全会以来重要文献选编》(下)，人民出版社1982年版，第802页。

② 毛泽东：《关于正确处理人民内部矛盾的问题》，见《社会主义教育课程阅读文件汇编》(第一编)，人民出版社1957年版，第36页。

一致，如有的学校叫“社会主义”或“共产主义教育”；[①]有的学校则称“社会主义教育”或“社会主义思想教育”；[②]但突出阶级斗争意识，则是该课程设置的共同意图。教育部、团中央强调指出，各中学和师范学校在进行思想教育时，“应当根据毛主席在‘关于正确处理人民内部矛盾的问题’中所指出的六项政治标准的精神，贯串着批判右派分子反党反人民反社会主义的言行，着重解决当前学生的政治思想上的主要问题。”[③]以北京师大附中为例，当时该校政治课教学就明确要求：“必须把教师的讲授和学生的鸣放、讨论、争辩结合起来，把课堂学习和课外活动结合起来，把理论学习和实地调查研究参观访问结合起来。”[④]

除专门的思想政治课外，当时以阶级斗争为核心的社会主义思想教育还要求通过其它各科教学，予以贯彻执行。以历史教学为例，小学教师汤睿桢在《通过历史教学进行社会主义思想教育的体会》中写道：“我在六年级的历史教学中深切感到，历史课是对学生进行热爱祖国、热爱社会主义教育最主要的课程之一……尤其是六年级的历史课教材，是近百年来中国人民在封建主义、官僚资本主义和帝国主义内外双重敌人压迫、剥削、摧残下争取彻底解放的革命斗争的历史，通过内外敌人对我国人民的压迫与我国人民英勇进行革命斗争的历史事实，以及中国共产党在革命斗争中的正确英明的领导，更能启发学生深刻的认识革命缔造的艰难，共产党的光荣、正确、伟大，从而加强学生争取革命事业的彻底胜利及建设社会主义、共产主义的革命志气和胜利信心。”[⑤]同理，语文课教学也要求必须深刻挖掘教材的政治性和思想性，如讲述李大钊被害经历的“十六年前的回忆”一课，旨在激发学生“对反动统治阶级的仇恨，鼓舞他们为祖国社会主义建设事业而献身”；号召少先队员到最艰苦、最荒凉的地方去建设祖国的“八月的营火”一课，则是启发学生“把当一个社会主义和共产主义的优秀劳动者作为自己的生活的目

① 北京师大附中编：《北京师大附中》，人民教育出版社 2000 年版，第 324～325 页。

② 上海市大同中学编：《上海市大同中学》，人民教育出版社 2002 年版，第 78～79 页。

③ 《教育部、团中央关于对中学和师范学校学生进行社会主义思想教育的联合通知》（1957 年 8 月 27 日），见北京师大教科所编：《中小学教育政策法令选编》下（1949—1966），内部发行，第 48 页。

④ 北京师大附中编：《北京师大附中》，人民教育出版社 2000 年版，第 323 页。

⑤ 舞阳洪山完小汤睿桢：《通过历史教学进行社会主义思想教育的体会》，见教育半月刊社编：《对小学生进行社会主义思想教育的经验》，河南人民出版社 1958 年版，第 54～55 页。

标”,“培养儿童用自己的辛勤劳动建设祖国的远大志向”。[①]

1960年,北京师大附中在总结当时教改经验时这样写道:“加强思想教育,进一步使教育为无产阶级政治服务是一个根本性的问题,在此次教改中,同学们大量揭露教学上脱离政治的事实,使教学的政治方向性确定了起来。如语文教学明确以毛泽东文艺思想作为指导思想;历史教学以阶级斗争为纲分析历史事实;外语教学充实了政治生活的用语和内容等。”[②]其后,由于毛泽东进一步强调“千忘不要忘记阶级斗争”,致使“阶级教育”话语很快上升至霸权地位,成为当时学校思想政治教育工作的核心灵魂。

1963年,共青团上海市委潘文铮说:“如果我们不加强对青少年的阶级、阶级斗争的教育,听任资产阶级思想侵蚀,即使生长在社会主义的青少年也有变坏的危险。”[③]在他看来,人的共产主义意识不可能自发产生,而只能通过“兴无灭资”的阶级教育逐步形成。除加强政治理论课学习外,他提出要通过讲村史、社史、厂史、家史的方法对青少年进行阶级教育,也可以引导学生到实际斗争中“经风雨,见世面”,用革命领袖和英雄模范人物形象去激励青少年,并特别建议“要逐步建立一套阶级教育的做法和制度。譬如,通过政治课进行比较系统的阶级、阶级斗争基本观点的教育;坚持不懈地组织学生参加生产劳动和社会政治活动,并在劳动和社会活动中,注意运用阶级斗争的事实和经验,对学生进行活的阶级教育;在课外生活中坚持提倡唱革命的歌,看革命的书,演革命的戏;每逢‘五四’、‘七一’等革命节日开展纪念活动,每年五月举行‘红领巾月’活动;以及在团的组织生活和班民主生活中坚持开展批评与自我批评等”[④]。

事实上,当时的阶级教育确实不只是在学校政治课中进行较系统的阶级斗争基本观点的教育,而是结合课内外各种活动广泛开展,“唱革命的歌,看革命的书,演革命的戏”的革命精神几乎充盈着学校日常生活的一切领域。1963年,上海控江中学许尔音、潘顺霖在总结学校德育工作时,指出其

① 开封市小学六年级语文教研组:《通过语文课进行社会主义思想教育和劳动教育》,见教育半月刊社编:《对小学生进行社会主义思想教育的经验》,河南人民出版社1958年版,第46～47页。

② 北京师大附中文书档案1960年卷,引自《北京师大附中》,人民教育出版社2000年版,第327～328页。

③ 潘文铮:《加强对青少年的阶级教育》,上海教育出版社1963年版,第3页。

④ 潘文铮:《加强对青少年的阶级教育》,上海教育出版社1963年版,第10页。

几年来“在实际工作中如何坚持阶级教育”的若干体会：

一、将阶级教育与形势教育结合起来。我们感到，学生无时无刻不同社会接触，社会上的各种问题和各种思想无不影响学生，并通过学生反映到学校里来，这就必须对学生进行兴无灭资的阶级教育。几年来我们一直比较注意进行这种教育，以提高学生的阶级觉悟。

二、将政治课作为进行阶级教育的固定阵地。我们不仅通过政治课将基本理论知识传授给学生，还随时注意在讲述政治课时结合当前形势和各年级学生的思想实际，有重点、有计划地进行阶级教育。

三、将学生的劳动锻炼和阶级教育结合起来，这是使阶级教育经常化的又一个重要方面。教育学生学习劳动人民的优秀品质，让学生在生产斗争中经受锻炼，提高他们的阶级觉悟。

四、在重大的革命节日和著名英雄人物的诞生、逝世纪念日前后进行革命传统教育和阶级教育。

五、要使阶级教育经常化，关键还在于做到形势教育、理论教育、品质教育等工作各有专人负责。班主任、政治教师、团队组织各有分工，又统一在培养共产主义接班人的工作中。我们通常都将班会和团队活动列入课程表。

六、在进行阶级教育的活动中必须充分发动群众，在发挥教师的主导作用下，充分运用群众自我教育的方法。当然还必须十分重视运用家长力量和社会力量共同向学生进行阶级教育。[①]

从如上一所中学德育工作的全面总结中，我们不难体会出“阶级教育”在当时德育工作的核心地位。但由于过分突出政治教育，又把政治教育等同于阶级教育，致使德育工作严重政治化和意识形态化，字里行间充满着特定时期的政治语言，而青少年本身的基础道德被全然轻视，乃至漠视。相反，真正关怀学生道德人格成长，给学生以慈母般关爱的优秀教师——如南京师院附小的斯霞老师，却被当做资产阶级“母爱教育”的典型，指斥其抹杀教育的阶级性，遭到无情的批判和粗暴的否定。

应该肯定，在社会主义建设过程中涌现出雷锋和许多雷锋式的英雄人物是值得肯定的，他们在平凡的岗位上做出了突出贡献，其身上所体现的爱

---

① 控江中学许尔音、潘顺霖：《必须坚持对学生进行阶级教育》，见《加强对青少年的阶级教育》，上海教育出版社 1963 年版，第 22～23 页。

憎分明、忠诚老实、艰苦朴素、乐于助人、敬岗爱业、任劳任怨、毫不利己、专门利人等优秀品质，受到党中央的高度重视和表彰，对改善社会风气、树立远大理想和提升全社会的共产主义道德境界都起到了十分重要的作用。但同时，我们也应该看到当时学习雷锋具有强烈的阶级教育意味。罗瑞卿在《学习雷锋——写给〈中国青年〉》中写到："他（雷锋）从毛主席的著作中深刻地懂得了，没有阶级的解放，也就没有集体的、阶级的幸福，也就没有个人的幸福。他说：'没有共产党就没有我'，又说：'世界上还有三分之二的穷人没有得到解放，他们没有吃没有穿，受着压迫、剥削，我绝不能看着他们受欺凌。'他没有因为现在过着幸福生活而忘记过去阶级压迫的痛苦，因此，他把一切可以节省下来的钱，积蓄起来支援国家建设或者帮助别人解决困难……只要照着雷锋的榜样去做，读毛主席的书，听毛主席的话，按毛主席的指示办事，每一个人，在每个工作岗位上，都可以为祖国、为人民、为革命建立不朽的功勋。"[①]雷锋不仅在日记中写道要"永远作党的驯服工具"[②]，而且反复表示"坚决听毛主席的话，跟毛主席走，将革命进行到底"[③]。本来平凡的英雄人物教育，被涂上了过多的政治化和阶级化色彩，从而使德育不自觉地脱离了真实的生活，人为地拔高了人们的认识水平和接受能力。虽然许多学校表示通过"学习雷锋"的教育活动，"他们的阶级觉悟提高了，阶级、阶级斗争观念增强了，社会主义的政治方向更加坚定了"[④]，但正如有的学者所指出的那样："学雷锋促进了德育内容的纯化，在发挥积极的社会作用的同时，也使个人崇拜、突出政治、强化阶级斗争和敌我对立情感，达到盲从的地步，过于理想化的人生观教育，脱离现实的共产主义精神教育，使德育日益疏离现实，成为一种纯粹提升精神境界的活动。"[⑤]

四、政治化情结与德育课程教学名称的频繁变动

中华人民共和国的成立标志着中国社会进入了一个全新发展的历史时

---

① 罗瑞卿：《学习雷锋——写给〈中国青年〉》，见《雷锋日记》（1959—1962），解放军文艺出版社 1963 年版，卷前第 4～5 页。

② 《雷锋日记》（1959—1962），解放军文艺出版社 1963 年版，第 12 页。

③ 《雷锋日记》（1959—1962），解放军文艺出版社 1963 年版，第 23 页。

④ 《各地学校开展"学习雷锋"活动》，载《人民教育》，1963 年第 11 期。

⑤ 孙少平编著：《新中国德育 50 年》，福建教育出版社 2002 年版，第 93 页。

期。国统区的“党义”、“公民”课被全然否定，代之而起的是符合新中国特殊国际背景、政治需要和教育总方针的新德育课程。从理论上讲，这一新德育课程固然要考虑解放初期复杂政治生活的现实需要，同时要善于吸收老解放区的德育传统，并注意借鉴苏联社会主义国家的德育工作经验。因此，在实践过程中，新中国的中小学德育课程的名称和内容不能不考虑国际上的政治风云走向，不能不随着国内政治运动的变化而变化，而较少关注受教育者自身成长的内在需要及其规律，从而表现出浓厚的政治化情结。

新中国成立之初，全国各地中小学思想政治课设置情况不尽相同，所教内容也没有统一规定。一般而言，小学设立政治常识课，中学设立政治课，但具体讲授内容差异较大。如当时北京初一、二讲授《毛泽东青少年时代》、《青年修养》、《革命故事》，初三讲授《中国革命和中国共产党》、《人民共敌蒋介石》、《四大家族》、《青年修养》、《中国革命读本》，高一、二讲授《中国革命和中国共产党》、《政治经济学》、《社会发展史》、《社会科学基本知识讲座》、《中国革命读本》，高三讲授《新民主主义论》、《中国革命和中国共产党》、《中国革命读本》、《共同纲领》。上海初三主要讲授《世界现状》，河南高一则讲授《社会科学基本教程》等。[①] 为了整合和统一思想政治教育，1951 年 6 月 23 日，教育部颁发了《关于改定中学政治课名称、教学时数及教材的通知》，取消了原教学计划中所列的“政治一科名称”，分年级增设了如下相关科目：初中三年级，《中国革命常识》；高中二年级及高中三年级上学期，《社会科学基础知识》；高中三年级下学期，《共同纲领》，并规定教学时数均为每周 2 小时。[②] 是年 11 月 29 日，教育部又颁发了《关于中学“政治课”略有变更的通知》，除具体名称略有更正外，如将原“社会科学基础知识”更正为“社会科学基本知识”等，主要是从初中一年级至高中三年级每年均增设“时事政策”一科，每周 1 小时，规定“时事政策课的教材可参考‘时事手册’、‘抗美援朝专刊’、‘人民周报’和当地报纸的材料”[③]。

中学德育工作固然重要，中央领导人也不断提出要加强思想政治教育。

① 张志建著：《中学思想政治课发展史》，北京师大出版社 1994 年版，第 276 页。

② 《关于改定中学政治课名称、教学时数及教材的通知》（1951 年 6 月 23 日），见课程教材研究所编：《20 世纪中国中小学课程标准 · 教学大纲汇编：思想政治卷》，人民教育出版社 2001 年版，第 194 页。

③ 《关于中学“政治课”略有变更的通知》（1951 年 11 月 29 日），见课程教材研究所编：《20 世纪中国中小学课程标准 · 教学大纲汇编：思想政治卷》，人民教育出版社 2001 年版，第 195 页。

如1954年1月27日，钱俊瑞在《关于加强政治思想教育问题》中特别指出，要从劳动教育、爱国主义和国际主义教育、集体主义和纪律教育几个方面人力加强思想政治教育。不过，依据凯洛夫主编的《教育学》原理，"德育工作贯穿在学校工作的各个部分"①，各科教师都负有神圣的德育职责；强调"教师在以科学的知识、技能和技巧武装学生的同时，要在课堂上形成学生的世界观基础、共产主义的观点和信念"②。从这个意义上说，没有必要专设思想政治课，每一本学科本身都赋有思想政治教化的任务。那时，全国正在全面学习苏联教育经验，因此我们也模仿苏联开始淡化思想政治课，至1956年仅在高三保留宪法课，其余各年级的政治课一律取消。

这种淡化思想政治课的做法很快引起中共中央最高领导人毛泽东的警觉。1957年2月，他说："在知识分子和青年学生中间，最近一个时期，思想政治工作减弱了，出现了一些偏向。在一些人的眼中，好象什么政治，什么祖国的前途，人类的理想，都没有关心的必要。好象马克思主义行时了一阵，现在就不那么行时了。针对这种情况，现在需要加强思想政治工作。不论是知识分子，还是青年学生，都应该努力学习。除了学习专业之外，在思想上要有所进步，政治上也要有所进步，这就需要学习马克思主义，学习时事政治。没有正确的政治观点，就等于没有灵魂……我们的教育方针，应该使受教育者在德育、智育、体育几方面都得到发展，成为有社会主义觉悟的有文化的劳动者。"③为此，教育部很快做出了恢复政治课的决定，称："自从初中三年级和高中一、二年级的政治课停授以后，许多学校曾向我们提出恢复政治课的意见。根据党中央加强思想政治工作的指示和全国第三次教育行政会议的精神，我们又研究了当前学生的思想品德面貌和中学政治课设置的历史情况，认为今后的中等学校，除了从各方面加强思想政治教育工作外，还有必要在各年级设置政治课，以更好地培养学生成为具有社会主义觉悟和优秀品质的人。"④

---

① [苏]伊·阿·凯洛夫总主编：《教育学》，人民教育出版社1957年版，第224页。

② [苏]伊·阿·凯洛夫总主编：《教育学》，人民教育出版社1957年版，第199页。

③ 《关于正确处理人民内部矛盾的问题》，见人民教育出版社编：《毛泽东同志论教育工作》，人民教育出版社1992年版，第258页。

④ 《关于中学、师范学校设置政治课的通知》(1957年8月17日)，见课程教材研究所编：《20世纪中国中小学课程标准·教学大纲汇编：思想政治卷》，人民教育出版社2001年版，第198页。

为了切实培养“有社会主义觉悟和优秀品质的人”，当时教育部决定将课程总称定为“政治课”，初中一、二年级讲“青年修养”，初中三年级讲“政治常识”，高中一、二年级讲“社会科学常识”，高中三年级讲“社会主义建设”。平心而论，这个课程设置的总体安排有一定的合理性，如注意从学生的思想品德教育和公民意识入手，称：“初中一、二年级的‘青年修养’一科，具有公民品德教育的性质。由于初中阶段是学生的品质与个性形成的重要时期，就当前学校的情况看，思想品德教育比较薄弱，学生的品德方面存在着许多缺点。因此，除了应该改进和加强各方面的思想品德教育工作外，还必须根据学生的年龄特征，直接地、比较系统地讲授一些有关共产主义道德的常识，对学生进行身、心修养方面的教育，使他们明确认识：应该怎样待人接物，怎样对待个人同集体、同国家的关系，怎样培养自己成为具有优秀品质和良好行为习惯的社会主义公民。”[①]与之相应，教育部还附上了“青年修养”的教学要点，如“待人接物的正确态度（诚恳、谦虚、礼貌、帮助和关怀别人等）”、“严格要求自己（艰苦朴素、勤俭、活泼、乐观、公正、诚实、勇敢、刚毅、言行一致、克服困难、高尚爱美的情操、正当的兴趣和爱好、批评与自我批评等）”、“热爱劳动（劳动的意义、劳动纪律、创造性的劳动等）”、“热爱科学（知识就是力量、追求真理、分清是非、培养独立思考能力等），这些都不同程度地蕴涵有相应的基础德育价值。在“青年修养”基础上，初三开设“政治常识”课，主要“讲授我国的国家和社会制度以及当前的任务”；高中一、二年级的“社会科学常识”则是“通俗易懂地给学生讲一些关于辩正唯物主义与历史唯物主义最基本的观点、方法”；至于高三的“社会主义建设”，其“内容较‘政治常识’更为深、广，能更多地分析一些现实生活和学生思想上的实际问题，以进一步树立学生为社会主义服务的思想”。[②] 不难看出，1957 年 8 月 17 日，教育部对重新设置中学政治课确实做了较为周密的考虑，提出了一些合理化建议，具体科目之间也有一定的逻辑性和发展性。

但遗憾的是，这个通知刚刚发布 10 天，即 1957 年 8 月 27 日，教育部、团中央又发布了《关于对中学和师范学校进行社会主义思想教育的联合通

---

① 《关于中学、师范学校设置政治课的通知》（1957 年 8 月 17 日），见课程教材研究所编：《20 世纪中国中小学课程标准 · 教学大纲汇编：思想政治卷》，人民教育出版社 2001 年版，第 199 页。

② 《关于中学、师范学校设置政治课的通知》（1957 年 8 月 17 日），见课程教材研究所编：《20 世纪中国中小学课程标准 · 教学大纲汇编：思想政治卷》，人民教育出版社 2001 年版，第 199 页。

知》，更正了前一个通知的相关规定，指出："今年下半年(即 1957—1958 学年度上学期)中学和师范学校原定各年级政治课的内容(初一、二'青年修养'、初三'政治常识'、高一、二'社会科学常识'、高三'中华人民共和国宪法'决定改为进行以反右派斗争为中心的社会主义思想教育，目的在于使学生受到一次实际的阶级教育，提高社会主义思想觉悟，明确在社会主义大革命时代中青年学生的任务和学习的目的。"①通知特别要求学校在进行社会主义思想教育时，要"贯串着批判右倾分子反党反人民反社会主义的言论"，"讲授内容必须针对本地本校学生政治思想上最突出的大是大非问题"。②很显然，这种不期而至的政治运动，一时间就跃升为学校德育的工作重点。

1959 年，教育部颁发了《中等学校政治课教学大纲》(试行草案)，该大纲明确指出："中等学校政治课的任务，是以共产主义道德和社会发展常识、党的方针政策等内容教育学生，培养学生共产主义道德品质、工人阶级的阶级观点、群众观点和集体观点、劳动观点即脑力劳动和体力劳动结合的观点、辩证唯物主义观点，提高学生的思想政治觉悟，消除资产阶级思想的影响，发展独立思考、明辨是非的能力，并为进一步学习马克思、列宁主义打下初步基础。"③依据这一基本任务，规定初、高中所设的政治课有：政治常识、经济常识、辩证唯物主义常识、时事政策等。为了配合政治课教学，教育部还于 1961 年 8 月 22 日颁布了《关于 1961—1962 学年度中等学校政治课课程设置和教学用书的通知》，指出："1.《中国革命和中国共产党》，毛泽东著，人民出版社出版，可供初三、高一、高二用；2. 中学课本《道德品质教育》(试选教材)，人民教育出版社出版，可供初一、初二用；3. 中学课本《社会发展简史》，河北省教育厅和北京师范学院编，人民教育出版社出版，可供初二、初三用；4. 中学课本《辩证唯物主义常识》，中共江苏省委宣传部理论教育处

---

① 《教育部、团中央关于对中学和师范学校学生进行社会主义思想教育的联合通知》，见课程教材研究所编：《20 世纪中国中小学课程标准・教学大纲汇编：思想政治卷》，人民教育出版社 2001 年版，第 203 页。

② 《教育部、团中央关于对中学和师范学校学生进行社会主义思想教育的联合通知》，见课程教材研究所编：《20 世纪中国中小学课程标准・教学大纲汇编：思想政治卷》，人民教育出版社 2001 年版，第 203 页。

③ 《中等学校政治课教学大纲》(试行草案)，见课程教材研究所编：《20 世纪中国中小学课程标准・教学大纲汇编：思想政治卷》，人民教育出版社 2001 年版，第 205 页。

编，人民教育出版社出版，可供高二、高三用。”[①]

1964 年，随着全国性社会主义教育运动的蓬勃开展，中央宣传部、高教部党组、教育部临时党组发布了《关于改进高等学校、中等学校政治理论课的意见》（1964 年 10 月 11 日），该意见从与资产阶级“争夺青年一代”的意识形态高度，指出：“政治理论课必须从思想上和理论上积极参加这一场阶级斗争，兴无产阶级思想，灭资产阶级思想，宣传马克思列宁主义、毛泽东思想。政治理论课必须同国内国际的阶级斗争密切联系，坚决反对主要危险的现代修正主义，同时也反对现代教条主义。”[②]该意见还进一步要求中等学校，“除学习时事政策和选读毛泽东著作外，今年新编和修订的四种，可在初中一年级到高中二年级的五个年级试用”。其具体要求为：初一（或初一至初二年级）开设《做革命的接班人》，初二（或初二至初三年级）开设《社会发展史》，初三（或高二年级）开设《辩证唯物主义常识》，《时事政策教育》各年级都须开设，至于《毛泽东著作选读》则特别指出：“今年已经规定高中两个年级学习《毛泽东著作选集》（乙种本）。今后高中三年级两个学期和初中三年级下学期主要学习毛泽东同志著作，着重解决毕业班学生思想问题。其它各个年级，除按课本讲授外，也要根据具体情况，适当选读毛泽东同志的文章。”[③]从如上思想政治课或政治理论课的内容安排和结构布局中，我们不难体会出浓厚的革命精神和阶级意识，德育的政治功能被进一步放大，毛泽东著作被逐渐上升为核心科目，领袖的权威意志和个人崇拜悄然兴起。

概言之，新中国建立以来，中小学德育课程可谓备受关注。据学者不完全统计，仅 1957—1966 年间，全国中学共开设了“22 种课名的思想政治课”[④]。问题还不在于所开课目之过多，更重要的是变化之过速以及变化背后的深刻意识形态因素。接二连三的社会政治运动使学校德育工作应接不

---

① 《关于 1961—1962 学年度中等学校政治课课程设置和教学用书的通知》（1961 年 8 月 22 日），见课程教材研究所编：《20 世纪中国中小学课程标准·教学大纲汇编：思想政治卷》，人民教育出版社 2001 年版，第 218 页。

② 《中央宣传部、高教部党组、教育部临时党组关于改进高等学校、中等学校政治理论课的意见》（1964 年 10 月 11 日），见课程教材研究所编：《20 世纪中国中小学课程标准·教学大纲汇编：思想政治卷》，人民教育出版社 2001 年版，第 223～224 页。

③ 《中央宣传部、高教部党组、教育部临时党组关于改进高等学校、中等学校政治理论课的意见》（1964 年 10 月 11 日），见课程教材研究所编：《20 世纪中国中小学课程标准·教学大纲汇编：思想政治卷》，人民教育出版社 2001 年版，第 225 页。

④ 张志建著：《中学思想政治课发展史》，北京师大出版社 1994 年版，第 293 页。

暇，不仅使课程设置目标和内容偏重德育的政治功能和社会需要，一味热衷于高标准的政治思想灌输，淡化乃至漠视学生的个性心理特点和接受能力；而且混淆了政治教育与道德教育的区别，甚至完全以政治教育取代道德教育，使学生的基础道德教育长期不受重视，异化了德育本质，突显了片面的“政治人”形象，导致人格的单向度畸形发展。

第三节　“文化大革命”与德育课程教学的严重扭曲

从 1966 年 5 月始至 1976 年 10 月止，中国社会进入了长达 10 年内乱的“文化大革命”时期。这十年不仅给整个国家和人民带来了厄运，而且也给中小学教育带来了灾难性的破坏。与“斗、批、改”的极左路线相配合，中小学德育被严重扭曲，并通过“革命化”的课程、教材读物和教学方式强烈地表现出来。

一、“斗、批、改”的极左路线与学校的“教育革命”导向

“文化大革命”的发生自有其客观的必然性，但直接原因则源自毛泽东同志的错误判断，他认为：“一大批资产阶级的代表人物、反革命的修正主义分子，已经混进党里、政府里、军队里和文化领域的各界里，相当大的一个多数的领导权已经不在马克思主义和人民群众手里。党内走资本主义道路的当权派在中央形成了一个资产阶级司令部，它有一条修正主义的政治路线和组织路线，在各省、市、自治区和中央各部门都有代理人。”[①]依据这一错误判断，当时的中共中央做出了《关于无产阶级文化大革命的决定》，决定采取自下而上的群众性“斗、批、改”运动方式，“斗垮走资本主义道路的当权派，批判资产阶级的反动学术‘权威’，批判资产阶级和一切剥削阶级的意识形态，改革教育，改革文艺，改革一切不适应社会主义经济基础的上层建筑，以利于巩固和发展社会主义”[②]。该决定不仅号召广大的工农兵、革命的知识

---

① 《中国共产党中央委员会关于建国以来党的若干历史问题的决议》，见《三中全会以来重要文献选编》(下)，人民出版社 1982 年版，第 808～809 页。

② 《中共中央关于无产阶级文化大革命的决定》(1966 年 8 月 8 日)，见何东昌主编：《中华人民共和国重要教育文献》(1949—1975)，海南出版社 1998 年版，第 1406 页。

分子和干部主动参与这一史无前例的“文化大革命”，而且明确要求学生“不但要学文，也要学工、学农、学军，也要随时参加批判资产阶级的文化革命的斗争”①。为了让学生直接参与“斗、批、改”运动，中央曾一度号召“停课闹革命”。一时间，青少年学生纷纷冲出校园，走向社会，全身心地投入全国性的红卫兵大串联活动，参与到大鸣、大放、大揭露、大批判的“大民主”运动之中，学校的正常教学工作遂很快陷入瘫痪。

1967 年初，为了控制过于混乱的学校局势，中共中央要求中小学学生“复课闹革命”，指示小学生回到学校，“积极参加本校的无产阶级文化大革命，进行斗、批、改……重点打击党内一小撮走资本主义道路的当权派，同时把教职员工中那些反动立场的地、富、反、坏、右分子（不是家庭出身）清除出去，由教育机关安排，就地劳动改造”②；强调“中学（包括中等专业学校、半工半读、半农半读等学校）的无产阶级文化大革命，必须坚决执行以毛主席为代表的无产阶级革命路线，彻底批判资产阶级反动路线。按照‘中共中央关于无产阶级文化大革命的决定’进行斗、批、改”③。

毫无疑问，不论是“停课闹革命”，还是“复课闹革命”，都要求必须主动参与轰轰烈烈的全民性“斗、批、改”运动，“彻底改革旧的教育制度，并且在这场尖锐、复杂的阶级斗争中锻炼自己，把自己培养成为无产阶级革命事业的接班人，成为毛主席的好学生”④。应该指出，这种旨在彻底改革旧制度的“教育革命”涉及到课程、教学、教法、学制、招生等多方面内容。下面，仅就“教育革命”口号下中小学德育课程、教材读物、教学方式的变化扭曲略做概述和分析。

二、政治挂帅的简约化课程

“文革”期间，各地中小学课程并没有统一规定，但强调政治挂帅、精简

---

① 《中共中央关于无产阶级文化大革命的决定》(1966 年 8 月 8 日)，见何东昌主编：《中华人民共和国重要教育文献》(1949—1975)，海南出版社 1998 年版，第 1408 页。

② 《关于小学无产阶级文化大革命的通知》(草案)(1967 年 2 月 4 日)，见瞿葆奎主编：《中国教育改革》，人民教育出版社 1991 年版，第 525 页。

③ 《关于中学无产阶级文化大革命的通知》(草案)(1967 年 2 月 4 日)，见瞿葆奎主编：《中国教育改革》，人民教育出版社 1991 年版，第 526 页。

④ 《人民日报》社论：《中小学复课闹革命》(1967 年 3 月 7 日)，见何东昌主编：《中华人民共和国重要教育文献》(1949—1975)，海南出版社 1998 年版，第 1414 页。

课程内容、突出生产劳动则是其基本的“革命”方向。

1966年6月13日，中共中央、国务院批转了教育部党组《关于1966—1967学年度中学〈政治〉、〈语文〉、〈历史〉教材处理意见的请示报告》，指出：“目前中学所用教材，没有以毛泽东思想挂帅，没有突出无产阶级政治，违背了毛主席关于阶级和阶级斗争的学说，违背了党的教育方针，不能再用”；同意小学“历史课暂停开设，《语文》教材应审查一次，将其中坏的内容删去后暂时采用。不论高小或初小都要学习毛主席著作，初小可以分别各年级的不同情况，学习一些毛主席语录，高小可以学‘老三篇’，以及其他适合高小学生思想政治水平和语文程度的一些文章”；“中学历史课均暂停开设。政治和语文合并，以毛主席著作为基本教材，高中和中等专业学校、师范学校主要采用《毛泽东著作选读甲种本》，初中主要采用《毛泽东著作选读乙种本》，并加入几篇毛主席关于军事和国际问题的著作；另外选读一些社会主义文化大革命中的好文章和革命作品……对旧的政治、语文、历史等教材中的错误内容，应当发动师生进行揭发、批判，以消除毒素，提高师生认识”。[①]这一重要“报告”虽然在当时全国各地“停课闹革命”中还无暇顾及，但在不久后的“复课闹革命”中很快显示出其指导性作用。1967年3月7日，《人民日报》的一篇社论明确表示：“复课闹革命，复的是毛泽东思想的课，上的是无产阶级文化大革命的课。上课，主要是结合无产阶级文化大革命，认真学习毛主席著作和语录，学习有关无产阶级文化大革命的文件，批判资产阶级的教材和教学制度。同时，应该用必要的时间，中学复习一些数学、物理、外语和各种必要的常识；小学学一些算术、科学常识。”[②]很显然，突出以毛泽东思想为核心的无产阶级政治挂帅无疑成为当时各地中小学课程改革的重要发展方向。

遵照毛主席“以学为主，兼学别样”和“课程设置要精简”的指示，各地中小学都不同程度地对原有课程进行整顿、压缩和精简。以上海市大同中学为例，该校“文革”中较早进行课程改革，“把化学和生物合并为农业基础课，

① 中共中央、国务院批转教育部党组《关于1966—1967学年度中〈政治〉、〈语文〉、〈历史〉教材处理意见的请示报告的通知》，见何东昌主编：《中华人民共和国重要教育文献》(1949—1975)，海南出版社1998年版，第1401页。

② 《人民日报》社论：《中小学复课闹革命》(1967年3月7日)，见何东昌主编：《中华人民共和国重要教育文献》(1949—1975)，海南出版社1998年版，第1414页。

数学和物理合并为工业基础课，还有一门革命文艺课”。1968 年 9 月 29 日，毛主席获悉后批示：“此件很有用，似可转发各地参考。请林、周及文革各同志酌定。”①此后，课程压缩合并之风愈演愈烈。

1969 年 1 月，兰州铸造厂“五・七”中学将原来的 17 门课程精简为如下 5 门课程：②其一，毛泽东思想课。“学习毛主席著作和一系列最新指示，学习党内两条路线斗争史和中国近代革命史。结合现实的阶级斗争进行阶级教育”。其二，工业基础课。“学习毛主席关于必须实现国家的社会主义工业化的光辉思想和工业学大庆的伟大指示，学习‘鞍钢宪法’。密切结合本厂生产，结合机械、电工、化工等，讲授数学、物理、化学的基础知识和工艺”。其三，农业基础课。“学习毛主席的以农业为基础的光辉思想和农业学大寨的伟大指示。以毛主席制定的农业‘八字宪法’为纲，结合农时季节的变化，讲授经济地理、气象、生物知识；结合化肥、农药、土地丈量、水利建设、测绘、农业机械等，讲授数学、物理、化学的基础知识。还讲授农业会计”。其四，革命文艺课。“学习毛主席的文艺思想，以《在延安文艺座谈会上的讲话》，关于文艺的 5 个文件为基本教材，学习《林彪同志委托江青同志召开的部队文艺工作座谈会纪要》。还学点语法和练习写作，开展各种宣传毛泽东思想和歌颂工农兵的创作活动。”其五，军事体育课。“学习毛主席的建军路线和人民战争思想，学习四个第一、三八作风。学习一些基本的军事常识，进行基本的军事训练，开展体育活动”。不难看出，这 5 门课程的具体内容要求都十分全面地贯彻了毛主席的“指示”，突出了无产阶级政治思想在课程领域的一以贯之，基础知识的系统性和完整性在大综合的课程——如工业基础课、农业基础课中被严重削弱了。

四川省成都四中曾于 1969 年 2 月将学习课程精简为：毛泽东思想课、革命文艺课、外语课、工农业生产劳动基础知识（包括数、理、化及农业生产基础知识）课、军事体育课以及劳动课。其中，劳动课占所有课时的 30%。这一课程方案兰州铸造厂“五・七”中学显然更为激进，它把工业基础课与农业基础课进一步合并为一门课——工农业生产劳动基础知识课，其“指导思想是为工农业生产劳动服务，必须密切联系实际，强调和参加工农业生产

---

① 上海市大同中学编：《上海市大同中学》，人民教育出版社 2002 年版，第 108 页。

② 《“厂办校、两挂钩”——甘肃省兰州市关于城市中学走工厂办校道路的调查报告》，见何东昌主编：《中华人民共和国重要教育文献》（1949—1975），海南出版社 1998 年版，第 1441 页。

实践。采用‘请进来，走出去’的方法进行教学，并配合参观、访问、现场教学和劳动等方式向工农兵学习……为学生参加三大革命斗争打下坚实的基础”①。即使外语课，也明确要求学生“能用英语背诵简短的毛主席语录”，强调“英语教学必须突出无产阶级政治，突出毛泽东思想”，规定英语教材须包括以下几方面内容：“1. 毛泽东思想的一些基本观点，如阶级斗争、全心全意为人民服务、帝国主义和一切反动派都是纸老虎。2. 中国人民和世界人民的无限热爱毛主席和歌颂毛主席的短文，如《东方红》、《大海航行靠舵手》等。3. 表现工农兵英雄形象的短文。4. 一般军事用语、政治用语和日常用语。5. 工农业方面的常用语。”②至于毛泽东思想课，当时成都四中的教育方案特别指明，要“培养学生对于伟大领袖毛主席，对毛泽东思想，对毛主席革命路线的无限热爱，无限信仰，无限忠诚，无限崇拜的深厚的无产阶级感情，是本课教学的根本目的”③。

1969 年 6 月 18 日，张春桥、姚文元等人在总结当时各地课程“改革”基础上，进一步炮制了《上海市中、小学教育革命纲要》(草案)，明确规定：“小学设七门课：毛泽东思想课，语文课，算术课(包括珠算)，革命文艺课(另一种意见分设唱歌、画图课)，军事体育课。四年级起增设科学常识课，外语课。中学设七门课：毛泽东思想课(包括有中国近代史，党内有两条路线斗争史、社会发展简史和地理知识)，语文课(包括学点语法、逻辑)，数学课，革命文艺课(另一种意见分音乐、画图课)，工农业基础知识课(另一种意见，分设物理、化学)，外语课，军事体育课。”④该纲要特别指出：“城市社会主义中、小学思想政治工作最根本的任务，是把活学活用毛泽东思想放在学校一切工作的首位，用毛泽东思想占领学校阵地。”⑤

与上海、兰州、成都等城市中学课改方案相契合，农村中小学也进行了类似的课程改革。1969 年 5 月 12 日，《人民日报》转发了吉林省梨树县革命委员会的《农村中、小学教育大纲》(草案)，该大纲规定小学设 5 门课：政治

---

① 成都市石室中学编：《成都市石室中学》，人民教育出版社 1999 年版，第 339～340 页。

② 成都市石室中学编：《成都市石室中学》，人民教育出版社 1999 年版，第 339 页。

③ 成都市石室中学编：《成都市石室中学》，人民教育出版社 1999 年版，第 337 页。

④ 《上海市中、小学教育革命纲领》(草案)(1969 年 6 月 18 日)，见瞿葆奎主编：《中国教育改革》，人民教育出版社 1991 年版，第 625 页。

⑤ 《上海市中、小学教育革命纲领》(草案)(1969 年 6 月 18 日)，见瞿葆奎主编：《中国教育改革》，人民教育出版社 1991 年版，第 622 页。

语文课、算术课、革命文艺课、军事体育课、劳动课；中学也设 5 门课：毛泽东思想教育课（包括有中国近代史、现代史、党内两条路线斗争史）、农业基础课（包括数学、物理、化学、经济地理）、革命文艺课（包括语文）、军事体育课（包括学习毛主席的人民战争思想，加强战备观念和开展军事体育活动）、劳动课。就课程设置的重要性而言，该大纲特别指出："政治、劳动和文化基础知识相比，政治是主要的，是统帅"；强调"农村中、小学思想政治工作的根本任务，是用毛泽东思想占领学校一切工作的首位"。[①]

综上所述，"文革"期间各地中小学的课程数大多简约为 5～7 门，课程的综合化加强了，但基础知识的系统性和完整性却减弱了。如认为，"化学这个东西，一般人用不着学那么多的概念、定律和公式，一般农村用不上那么多。拣实用的学学就可以，其他方面不用苛求。地理，也不必花那么长的时间去死背西欧有哪几个国家、有多少行政区划，非洲又有多少国家，都在哪里。知道一个大概就行了"[②]。而过于笼统的农业基础课或工业基础课，其实只能学到一些表面化、浅显化的实用知识。正如有的学者所指出的那样："只是从表面上看讲的生产实际知识，但绝不是说就解决了生产实际的问题。"[③]

至于整个课程设置所体现出来的政治挂帅和阶级斗争意识则是不言而喻，过于僵硬的政治化语言与政治标签俯拾皆是。以南京十中教育革命组所拟的《1974 上半年教学工作初步意见》（草案）为例，该《意见》不仅特别要求："政治、历史及革命文艺（美术、音乐）等学科的教学必须与批林批孔斗争紧密结合，改革教学内容，坚持开门办学，以革命精神，大胆进行教育革命实践，结合批林批孔斗争，大力开展课外活动（可在高一、初一年级开展四次结合批林批孔的历史讲座）"[④]；而且对数学课、理、化、农基课和外语课教学也提出了很高的政治要求。如数学课，"要求各年级都上好数学教学与大批判结合的典型课，如初二将学习勾股定理与批判'天才论'结合；初一学习等腰三角形性质时，请土木工人讲他们是如何应用和发展这部分知识的，批判林

---

① 吉林省梨树县革命委员会：《农村中、小学教育大纲》（草案），见何东昌主编：《中华人民共和国重要教育文献》（1949—1975），海南出版社 1998 年版，第 1446 页。

② 《课程设置一定要精简》，载《人民日报》，1969 年 7 月 31 日。

③ 程晋宽著：《"教育革命"的历史考察：1966—1976》，福建教育出版社 2001 年版，第 380 页。

④ 南京金陵中学编：《南京金陵中学》，人民教育出版社 1998 年版，第 196 页。

彪的'天才论';高一进行密位制教学时,请解放军同志讲在战斗实践中编出的学习密位制的口诀,批判林、孔的'生而知之论'"[①]。而外语课,则要求"将现有教材中有关阶级教育和革命英雄的故事的教材(如《刘胡兰的故事》、《雷锋的故事》、《半夜鸡叫》)提前进行教学,结合批林、孔'克己复礼'的反动纲领,并以外语配音、搞幻灯片等,配合当前斗争形势,开办外语课外活动。另外,还结合当前批林批孔斗争,学习一些有关标语口号"[②]。毫无疑问,这样贴标签式的课程改革显然背离了当时世界教育改革的现代化潮流,与其说是"革命",不如说是倒退。

三、充满"革命"话语的教材读物

"文革"初期,由于原有的中小学教材被认为"没有突出无产阶级政治",是资产阶级修正主义教育路线的产物,被勒令停止使用或重新审查修订。1967年,"复课闹革命"后,北京、上海、辽宁等地开始依据各自新的课程方案自编中小学教材,1969年后陆续发行试用。这些教材形式和内容都不统一,但突出政治和实用,充满形式主义的革命话语,则是其基本共性。

以1970年上海市中小学教材编写组的《语文》(中学二年级第二学期)为例,毛泽东的诗词、论著以及反映无产阶级思想的革命话语几乎占据了课文的绝大多数。整本教材的目录为:[③]

---

① 南京金陵中学编:《南京金陵中学》,人民教育出版社1998年版,第198页。

② 南京金陵中学编:《南京金陵中学》,人民教育出版社1998年版,第199页。

③ 《语文》(中学二年级第二学期用),上海市中小学教材编写组,1970年,卷前第1～2页。

8. 毛主席诗词(念奴娇　昆仑)

9. 革命友谊之歌

10. 披荆斩棘凝友谊

(第三单元提示)

11. 革命先锋(毛泽东)

12. 与阶级敌人斗争毫不留情　走社会主义道路坚定不移

13. 在广阔的天地里成长——记战斗在农村的吕美英

(第四单元提示)

14. 改造我们的学习(毛泽东)

15. 毛泽东的哲学思想照亮了山村——河南省登封县三官庙大队农民哲学的调查

16. 从"老三篇"中学习毛主席的哲学思想

(第五单元提示)

17. 在延安文艺座谈会上讲话(节选)(毛泽东)

18. 林彪同志委托江青同志召开的部队文艺工作座谈会纪要(节选)

19. 坚持(《沙家浜》第五场)

20. 坚持斗争,胜利在明天——赞革命现代京剧《沙家浜》中的《坚持》一场

写作知识:赞香花,批毒草

(第六单元提示)

21. 毛主席语录

22. 鸿门宴

23. 古风二首

该《语文》(中学二年级第二学期)教材共23课,毛主席诗词或论著就有7课,占全部课文的近三分之一,另外还有多篇都是直接歌颂毛泽东思想和活学活用毛泽东思想的体会。在编排方式上,全书共分六个单元(最后3课未列单元提示——引者注),在每个单元提示中都反复引用毛主席语录,力求全面系统地贯彻毛泽东思想。每一课的课后都列上具有思考题功能的若干"学和用",这些"学和用"的思考题也是充满了政治性的革命话语,如在该书的第12课后所列的"学和用"题目之一为:"杨水才同志在社会主义革命

和社会主义建设中，是怎样按照毛主席的教导发挥革命先锋作用的？”[①]第13课后所列的“学和用”题目之一为：“读了本文以后，概括地说一说吕美英经受了哪些考验，她怎样按照毛主席的教导，在农村这个广阔的天地里接受贫下中农再教育，成长为无产阶级先锋战士的。”[②]第18课后所列的“学和用”题目之一竟然为：“歌颂江青同志在文艺革命上的丰功伟绩。”[③]甚至纯粹古文的第22课“学和用”题目之一则是：“运用阶级分析的方法批判《鸿门宴》。”[④]不难看出，这样的语文教材实际上是政治化语文，而且是特定时期“极左”思想下的政治化语文。事实上，不只是某一册语文是这样编写的。据学者对上海市中学一、二、三年级上册语文课本（1972年1月版）的综合研究与统计，指出：“教材中的马克思、恩格斯、列宁、斯大林、毛泽东和鲁迅等的经典性作品总和占50.2%，远远超过了当时学生思想水平和文化水平的实际。有些作品不仅学生难以理解，甚至连教师也不易读懂。”[⑤]毫无疑问，这样的教材紧跟了当时的政治运动步伐，却背离了学生的年龄特点、接受能力和认识规律。

除语文教材外，“文革”期间其它中小学教材读物编写也同样充塞了偏激的政治化导向。有学者在分析当时上海市中小学教材时指出：“中学政治教材《中国共产党史》由张春桥授意，以市委写作组编写的《党史》为依据，不仅篡改了党史发展内容，而且拼命抬高江青，仅此一书中就有五处为她树碑立传；中学的《社会发展简史》、《哲学常识》、《政治经济学常识》及小学三、四、五年级政治教材中有关社会主义革命的性质、主要矛盾、主要对象、主要危险以及反修防修、限制资产阶级法权、巩固无产阶级专政等问题的论述，基本上引自‘四人帮’的有关文章……中小学的历史教材更是违反历史唯物主义，将整个封建社会的历史篡改为‘儒法斗争史’，按照‘四人帮’及市委写作组的口径，解说、评价历史现象，并抓住一点，不及其余。”[⑥]应该肯定，这个分析是符合历史事实的。

---

① 《语文》（中学二年级第二学期用），上海市中小学教材编写组，1970年，第60页。

② 《语文》（中学二年级第二学期用），上海市中小学教材编写组，1970年，第67页。

③ 《语文》（中学二年级第二学期用），上海市中小学教材编写组，1970年，第104页。

④ 《语文》（中学二年级第二学期用），上海市中小学教材编写组，1970年，第135页。

⑤ 李杏保、顾黄初著：《中国现代语文教育史》，四川教育出版社2000年二版，第331～332页。

⑥ 吕型伟主编：《上海普通教育史》（1949—1989），上海教育出版社1994年版，第392页。

为了突出政治挂帅，江青强调中学生甚至小学生都理应投身到批林批孔的运动中。1974 年 7 月 12 日，她曾在一个教师“反映批林批孔情况”的信件写下这样的批语：“中学，甚至小学的批林批孔都应抓紧些……《三字经》之类的东西，就是针对少年、儿童编的。我们对这个问题不重视，不能使一个人从儿童、少年就粗知一点马克思主义，敢于批孔老二，值得深思。”[①]同年 11 月 6 日，国务院科教组按照江青关于检查大中小学教材的意见，通知全国各地检查修订现行学校教材，指示修订教材的要求为：“一要充分反映无产阶级文化大革命的成果和开展批林批孔的要求；二、可将《论语》、《神童诗》、《三字经》、《女儿经》等节选、批注编入课本；三、先抓中小学历史、语文、政治和大学的文科教材的修订工作，然后再抓其他教材。”[②]旧的《三字经》被认为是封建糟粕，遭到严厉批判，工人理论工作组编写的充满“革命”、“阶级”、“斗争”话语的《新三歌》等读物很快在社会上流行起来。如上钢五厂工人理论学习小组编写出这样的《新三字歌》：

人之初　无善恶　习与性　非天赋
宇宙间　物质存　经发展　生命出
干革命　不靠天　“生由命”　莫信服
爱和憎　立场定　看路线　分善恶
……
要绝裂　旧传统　肃流毒　树新风
为革命　接好班　保江山　万代红
小黄帅　十二岁　反潮流　志气宏
无产者　育青年　德智体　贯始终
阳光下　新一代　批林孔　打冲锋
……
干革命　无贵贱　同志间　情意深
族和亲　虽同姓　立场异　阶级分
父革命　儿继承　听党话　同冲锋
兄与友　上下级　有错误　须斗争

① 金铁宽主编：《中华人民共和国教育大事记》(2)，山东教育出版社，第 960 页。
② 金铁宽主编：《中华人民共和国教育大事记》(2)，山东教育出版社，第 960 页。

阶级在　　斗争存　　此真理　　不容紊[1]

这样的《三字歌》也含有部分唯物主义因素，但通篇几乎贴满了“革命”、“阶级”、“斗争”、“反潮流”的标签，这种教条式、庸俗化的政治规训，绝非真正意义上的马克思主义思想政治教育，是特定时期的教育扭曲，其影响十分恶劣。

四、小将和工农兵上讲台

1967 年初，“复课闹革命”后，不只是课程、教材读物被深刻地打上了政治化烙印，教学方式也发生了一场神奇的“革命”，出现了小将与工农兵上讲台的“新生事物”。这种新生事物即被吹嘘为是：“打破了几千年来教师独占讲台和所谓‘师道尊严’的旧传统”；是“教育领域的一场革命……在草场地中学，工农兵上了讲台，小将上了讲台，教师队伍在改造，学校这个阵地，再也不是资产阶级知识分子的一统天下了。”[2]

“小将上讲台”，最初是北京草场地中学的一项“创举”。该校将学生分成每 10 人左右一小班，每班包教 2 门课程，学生在教师帮助下轮流上台讲课。“第一个走上讲台的是当时初二的学生×××。他看到本排的一部分同学受了无政府主义思潮的影响，在复课闹革命中表现不够好。针对这种情况，他学习了《将革命进行到底》后，主动向教师提出要在政治课中给同学讲毛主席这篇伟大著作。×××在讲台上用伟大的毛泽东思想，批判了无政府主义的各种表现，指出我们要树立继续革命的思想，把革命进行到底！”[3]由于这堂课讲得很“成功”，在学校产生了很大反响，许多“小将”纷纷效法，先后登上了政治课讲台。政治课能讲，文化课就不能讲吗？于是，备受鼓舞的小将又尝试开讲农业基础知识课。如有这样的讲题：“猪吃了什么样的大白菜会中毒？怎样预防？”先是教师发动学生向贫下中农做调查。有的学生调查结果是：“猪吃了烂白菜会中毒”；有的则说：“白菜煮得不熟，又

---

① 上海第五钢铁厂革命委员会编：《批黑文　谱新篇——批林批孔资料汇编》，上海第五钢铁厂革命委员会 1974 年 9 月，第 65～68 页。

② 《小将上讲台——北京市草场地中学在教育革命中的一项创举（调查报告）》，见何东昌主编：《中华人民共和国重要教育文献》（1949—1975），海南出版社 1998 年版，第 1451 页。

③ 《小将上讲台——北京市草场地中学在教育革命中的一项创举（调查报告）》，见何东昌主编：《中华人民共和国重要教育文献》（1949—1975），海南出版社 1998 年版，第 1452 页。

搁了几天的，猪吃了就中毒。”在充分讨论的基础上，教师帮助学生把调查来的材料加以分析提高，然后“再由学生去讲，这样的教学就把理论和实际联系起来了”[①]。实践证明，象草场地中学这样的农村中学，“学生绝大部分是贫下中农和其他劳动人民的子女，他们和农村三大革命运动有着密切的联系，因此，政治课、语文课、农业基础知识课的许多内容，数学、物理、化学等课的一部分联系实际的内容，他们在教师的帮助下是可以讲好的，而且有的内容他们比教师懂得多，再加上集体准备，甚至比教师讲得好”[②]。

不难看出，如上的“调查报告”确实在很大程度上改变了传统的教学方式，学生的主体地位被极大乃至过度地突出；师生关系不再是教师的“教”和学生的“学“的关系，而是“互教互学”的教学民主关系，这种“教学民主”实际上是特定时期政治“大民主”的一种反射。也正是在这个意义上，“小将上江台”被誉为“是在无产阶级专政条件下教育领域内的一场革命”，“是在毛泽东思想指引下工农兵占领教育阵地以后，创造出来的好经验”。[③] 但平心而论，学生毕竟是学生，自然要以学为主。只是因为“文革”期间，系统知识的弱化、课程的简化和教材读物的政治化，致使教学方式也不能不发生相应的“变化”。

与“小将上讲台”相呼应，工农兵上讲台也就顺理成章。据学者研究，“上海徐汇区从 1969 年 8 月开始，逐步建立了一支以工人为主体的工农兵讲师团，到 1974 年底，全区中小学、幼儿园已全面建立了工农兵讲师队伍，有工农兵讲师 1641 名”[④]。那时候，一般学校均十分热衷于请工人、贫下中农来校忆苦思甜，加强阶级斗争教育。如 1973 年 9 月 6 日，成都四中教导处在《关于 1973 年下期学生思想政治工作的几点意见》写道：“上期不少班级曾经创造和采用的请进来、走出来，请老工人、老贫下中农忆苦思甜，说家史、讲社史、进行现实阶级斗争及生产发展的社会调查，举办故事会、朗诵

① 《小将上讲台——北京市草场地中学在教育革命中的一项创举（调查报告）》，见何东昌主编：《中华人民共和国重要教育文献》（1949—1975），海南出版社 1998 年版，第 1451 页。

② 《小将上讲台——北京市草场地中学在教育革命中的一项创举（调查报告）》，见何东昌主编：《中华人民共和国重要教育文献》（1949—1975），海南出版社 1998 年版，第 1452 页。

③ 《光明日报》评论员：《教育革命的一条好经验》，《光明日报》1969 年 11 月 18 日，见何东昌主编：《中华人民共和国重要教育文献》（1949—1975），海南出版社 1998 年版，第 1450 页。

④ 程晋宽著：《“教育革命”的历史考察：1966—1976》，福建教育出版社 2001 年版，第 383 页。

会、文艺会、祭扫烈士陵墓、召开学雷锋汇报会等，都是较好的教育形式。”[①]在以往工作基础上，该校拟议本学期继续聘请工农兵上讲台、做报告。“第一次，拟请成纺厂老工人鲁先凤作忆苦思甜报告，对象是全校学生……。第二次，拟请李超群作关于革命理想的教育，对象主要是高中全体学生及初中的团员和申请入团的知识分子。”[②]

应该指出，让工人、贫下中农讲他们所熟悉的工农业实践知识，这本身无可非议，甚至也有值得肯定之处，对学生了解社会生活是一定益处的。但总体而言，“这些经验的形式远远超过了内容，其宣传意义远远重于实际效果”[③]。至于较专门的学科知识，也请工人、贫下中农来讲授，这显然背离了基本的教学规律。如谓：“工人讲师李师傅，刻苦学习 3 个月，从 A、B、C 学起，终于成为了英语的讲师，粉碎了‘外语教学神秘’的谬论，鼓舞了工人讲师们的斗志。”[④]这样的宣传显然是迎合了当时的政治需要，是不科学的。

第四节　多元文化冲击与德育课程教学的开拓创新

自 1978 年中国共产党十一届三中全会以来，中国政府确立了“改革开放”国策，中小学德育课程教学也开始步入健康发展的轨道。20 多年来，中国中小学德育课程教学遇到了许多困难和挑战，也进行了种种相应的调整和改革。虽然这些调整和改革并一定尽如人意，但决策部门和广大德育工作者所体现出来的开拓精神与创新努力是值得肯定的。

一、拨乱反正与共和国优良德育传统的弘扬

由于“文革”的十年动乱，中小学德育工作受到了“极左”思想的猛烈冲击而走入歧途。人们普遍厌恶“四人帮”所热衷的政治运动，深信其“口头上

① 《成都四中教导处关于 1973 年下期学生思想政治工作的几点意见》(1973 年 9 月 6 日)，见《成都市石室中学》，人民教育出版社 1999 年版，第 358 页。

② 《成都四中教导处关于 1973 年下期学生思想政治工作的几点意见》(1973 年 9 月 6 日)，见《成都市石室中学》，人民教育出版社 1999 年版，第 356 页。

③ 郑谦著：《被“革命”的教育》，中国青年出版社 1999 年版，第 187 页。

④ 《工人师傅上讲台》，上海人民出版社 1975 年版，第 25 页。

喊得响，实际上搞的是反革命反社会主义的政治，是用剥削阶级最腐朽最反动的思想来毒害青少年，制造'文盲加流氓'的人物"①。有鉴于此，邓小平决心拨乱反正，重新肯定了党的优良德育传统，特别是建国以来的"五爱"德育传统。他说："革命的理想，共产主义的品德，要从小开始培养。我们党的教育事业历来有这样的优良传统。革命战争年代，儿童团员、共青团员创造了可歌可泣的英雄业绩。全国解放以后，我们的教育工作，我们的青年团、少先队的工作，发扬光大了过去的优良传统。在很长的一段时间里，广大青少年好好学习，天天向上，爱祖国，爱人民，爱劳动，爱科学，爱护公共财物，英勇机智地同敌人、坏分子作斗争，树立了一代新风……我们希望从事教育工作的同志，各个有关部门的同志，整个社会的家家户户，都来关心青少年思想政治的进步，把被'四人帮'破坏了的优良革命传统恢复和发扬起来……我们要大力在青少年中提倡勤奋学习、遵守纪律、热爱劳动、助人为乐、艰苦奋斗、英勇对敌的革命风尚，把青少年培养成为忠于马克思主义、列宁主义、毛泽东思想的优秀人才，将来走上工作岗位，成为有很高的政治责任心和集体主义精神，有坚定的革命思想和实事求是、群众路线的工作作风，严守纪律，专心致志地为人民积极工作的劳动者。"②

依据邓小平恢复党的优良德育传统和培养"为人民积极工作的劳动者"的指示，中小学德育工作很快进入正轨。1979 年 4 月 22 日至 5 月 7 日，教育部在北京召开了全国中小学思想政治教育工作会议座谈会，会上对当时青少年学生的思想状况做了全面分析，指出："要继承和发扬我党思想政治工作的优良传统，认真总结建国 30 年来正反两方面的经验，并根据新形势的要求，注意研究新情况，解决新问题。"③会议还针对当前形势，提出了 5 条切实可行的德育工作建议。这些建议充分体现了对党的优良德育传统的继承和发扬，如谓："对小学生，也应根据四项基本原则的精神，进行'五爱'教

---

① 《邓小平同志在全国教育工作会议上的讲话》，见何东昌主编：《中华人民共和国重要教育文献(1976—1990)，海南出版社 1998 年版，第 1606 页。

② 《邓小平同志在全国教育工作会议上的讲话》，见何东昌主编：《中华人民共和国重要教育文献(1976—1990)，海南出版社 1998 年版，第 1606 页。

③ 《全国中小学思想政治教育工作座谈会纪要》，见课程教材研究所编：《20 世纪中国中小学课程标准教学大纲汇编：思想政治卷》，人民教育出版社 2001 年版，第 231 页。

育。"[①]1985年8月1日，中共中央在《关于改革学校思想品德和政治理论课程教学的通知》中也再次重申要对学生进行包括"五爱"在内的公民道德教育，从而使"五爱"教育传统在新的历史条件下得以绵延赓续、重放异彩。

除"五爱"教育重新受到重视外，学生的基本文明规范也受到了普遍关注。在充分研究"文革"前的"学生守则"及当前学生思想实际基础上，德育专家们重新厘定了《小学生守则》和《中学生守则》，并于1981年8月26日正式颁发。其中，《小学生守则》共十条：

（一）热爱祖国，热爱人民，热爱中国共产党。好好学习，天天向上。

（二）按时上学，不随便缺课。专心听讲，认真完成作业。

（三）坚持锻炼身体，积极参加课外活动。

（四）讲究卫生，服装整洁，不随便吐痰。

（五）热爱劳动，自己能做的事自己做。

（六）生活俭朴，爱惜粮食，不挑吃穿，不乱花钱。

（七）遵守学校纪律，遵守公共秩序。

（八）尊敬师长，团结同学，对人有礼貌，不骂人，不打人。

（九）关心集体，爱护公物，拾到东西要交公。

（十）诚实勇敢，不说谎话，有错就改。[②]

毫无疑问，这些平实的学生守则要目和"五爱"德育传统的重光对于"改革开放"后中小学德育的健康发展起到了重要的奠基作用。

二、德育课程的规范化与科学化建设(上)

粉碎"四人帮"之后，被严重扭曲的德育课程也开始从"政治化"情结中疏解过来，逐渐走上了规范化和科学化的轨道。

"文革"刚结束时，由于"两个凡是"的思想作祟，我们的德育课程还没有完全摆脱"左"的束缚。1978年1月18日，教育部颁发的《全日制中小学教学计划试行草案》仍然强调"坚持教育要革命的方向"、"坚持《五·七指示》的道路"。此时的中小学均开设"政治"课，其任务是："要对学生进行马列主

---

① 《全国中小学思想政治教育工作座谈会纪要》，见课程教材研究所编：《20世纪中国中小学课程标准教学大纲汇编：思想政治卷》，人民教育出版社2001年版，第231页。

② 瞿葆奎主编：《德育》，人民教育出版社1989年版，第151页。

义、毛泽东思想基本观点的教育。小学四、五年级主要进行初步的共产主义思想教育和必要的政治常识教育。中学主要进行社会发展简史、无产阶级革命和无产阶级专政理论、政治经济学、辩证唯物主义等基本观点的教育。中学阶段要组织学生通过课内外学习，选读毛选一至五卷的主要篇章。”①

1978 年 12 月，中国共产党十一届三中全会的召开标志着中国社会进入了全面“改革开放”的新时期。思想的解放、观念的更新，引发了政府主管部门和德育工作者的改革冲动和探索热情。1980 年 9 月 12 日，教育部颁发了《改进和加强中学政治课的意见》，该意见针对当时“中学政治课问题很多，困难很大”的情况，明确指出：“中学政治课的任务，是以马列主义、毛泽东思想的基础知识武装学生，提高学生认识问题的能力和政治觉悟，培养学生的共产主义道德品质，教育学生坚持又红又专的方向，逐步树立无产阶级世界观和人生观，立志为人民服务，为实现祖国的社会主义现代化而献身”；强调“政治课、时事政策教育、日常思想政治工作，都是学校马克思主义思想政治教育的重要有机构成……忽视任何一项都不利于整个思想政治教育的改进和加强”。② 该意见特别强调政治课须“保持相对的稳定”，同时“根据 30 年来中等教育的实践经验、中学的培养目标及政治课的任务，考虑到学生的年龄特点、知识水平，政治课与其他学科的关系”，提出了如下的课程设置方案，即：

初中一年级开设《青少年修养》
初中二年级开设《政治常识》
初中三年级开设《社会发展简史》
高中一年级开设《政治经济学常识》
高中二年级开设《辩证唯物主义常识》。③

与中学政治课改革相呼应，小学的德育课程则由原来的“政治课”改为“思想品德课”。1981 年 3 月 9 日，教育部正式颁发了《全日制五年制小学教学计划(修订草案)》，要求从该年秋季开始，小学各年级普遍设立“思想品德

① 何东昌主编：《中华人民共和国重要教育文献(1976—1990)，海南出版社 1998 年版，第 1594 页。

② 《改进和加强中学政治课的意见》，见课程教材研究所编：《20 世纪中国中小学课程标准教学大纲汇编：思想政治卷》，人民教育出版社 2001 年版，第 235 页。

③ 《改进和加强中学政治课的意见》，见课程教材研究所编：《20 世纪中国中小学课程标准教学大纲汇编：思想政治卷》，人民教育出版社 2001 年版，第 235 页。

课”。应该肯定，这一改革不只是一般的“名称”变易，而是充分体现了对小学生身心发展和认知水平的理性认识，否定了畸形的单一化的政治诉求，突出了做人的基础道德教育。此时的小学思想品德课被定位为“对学生进行初步的共产主义思想品德教育的重要途径之一”，主张“培养有高度社会主义精神文明的新一代，就要从小抓起”，并提出了具体要求，强调思想品德课教师必须“教育学生树立远大的共产主义革命理想，明确学习目的，为建设社会主义强国而勤奋学习；教育学生热爱党、热爱社会主义祖国，树立强烈的爱国主义思想和民族自尊心、自信心，同时也要进行国际主义的教育；教育学生热爱人民，树立全心全意为人民服务的思想，要立志为人民、为祖国、为人类作贡献，敢于同损害人民利益的坏人坏事作斗争；教育学生热爱劳动，懂得世界是劳动创造的，劳动是光荣的，学习劳动人民勤劳、诚实、谦虚、艰苦朴素等优良品质，珍惜劳动成果，爱护公共财物；教育学生遵纪守法，维护公共秩序，讲礼貌、讲卫生；树立热爱集体、团结友爱，助人为乐的新风尚”。[①] 虽然这些要求在今天看来仍然偏高，但在当时的历史条件下则是值得肯定的重要改革。为了提高思想品德教学的实际效果，教育部特别提示：“对小学生的思想品德教育要坚持正面教育，积极诱导；要从少年儿童的实际出发，照顾少年儿童的年龄特征，注意由近及远，由浅入深，深入浅出，生动活泼，讲求实效；要善于用革命前辈和英雄人物的模范事迹鼓舞教育学生，有效地进行革命传统教育；要把教育与实践结合起来，教育学生遵守《小学生守则》，开展‘学雷锋，创三好’和‘五讲’、‘四美’等活动。”[②]应该肯定，教育部这一“通知”指明了小学思想品德课的改革方向，对当时全国小学思想品德教学工作起到了重要的指导作用。

经过一年多的教学实践，教育部于 1982 年 5 月正式颁布了《全日制五年制小学思想品德教学大纲（试行草案）》，这一“大纲”秉承了教育部《关于小学开设思想品德课的通知》的基本精神，但在要求上无疑更加具体。如明确要求：“思想品德课以‘五爱’（爱祖国、爱人民、爱劳动、爱科学、爱社会主义）为基本内容，结合贯彻《小学生守则》，向小学生进行社会主义国家公民

---

① 《教育部关于小学开设思想品德课的通知》（1981 年 3 月 9 日），何东昌主编：《中华人民共和国重要教育文献（1976—1990），海南出版社 1998 年版，第 1913 页。

② 《教育部关于小学开设思想品德课的通知》（1981 年 3 月 9 日），何东昌主编：《中华人民共和国重要教育文献（1976—1990），第 1913 页。

应有的道德品质和行为规范的教育。着重在小学生中培养爱国主义、集体主义和主人翁精神。具体内容是：热爱人民，热爱祖国，热爱中国共产党，热爱劳动，热爱科学，热爱社会主义，勤奋学习，热爱集体，爱护公共财物，遵守纪律，文明礼貌，诚实谦虚，勇敢活泼，艰苦朴素。”[①]尤其可贵的是，该大纲对各年级学生分别提出了十分具体的教学内容和要求，强调要“根据各年级学生的不同特点和思想品德的具体情况，由近及远，由浅入深，突出重点，有的放矢地进行教育”[②]。

三、德育课程的规范化与科学化建设(下)

如上所述，“改革开放”以来中国中小学德育课程的规范化和科学化求索可谓有目共睹。但随着改革的深入和现代化事业的迅猛发展，中小学德育课程还需要与时俱进地加大改革力度。

1985 年 8 月 1 日，中共中央在《关于改革学校思想品德和政治理论课程教学的通知》中明确提出了德育课程改革的必要性，称：“为了适应我国社会主义现代化建设的需要，适应现代科学技术和现代经济政治的巨大发展变化，适应新时期青少年心理发展的具体状况，以及各方面改革的需要，我国现行的以马克思主义为指导的思想品德和政治理论课（从小学的思想品德课、中学的思想政治课到高等学校的马克思主义理论课）的课程设置、教学内容和教学方法也必须进行认真的改革。这已成为培养一代有理想、有道德、有文化、有纪律的建设人才的迫切任务之一。”[③]该通知要求小学思想品德课，必须“配合语文、历史、艺术课和课外活动的内容，以生动的形象，由近及远地进行以‘五讲四美’（讲文明、讲礼貌、讲卫生、讲秩序、讲道德；心灵美、语言美、行为美、环境美）和‘五爱’（爱祖国、爱人民、爱劳动、爱科学、爱社会主义）为中心的社会常识（包括法律常识）和社会公德教育，指导学生从小就培育良好的思想品德，各种正确的行为习惯，包括在真理面前和人格上

---

① 《全日制五年制小学思想品德课教学大纲》（试行草案），见课程教材研究所编：《20 世纪中国中小学课程标准教学大纲汇编：思想政治卷》，人民教育出版社 2001 年版，第 49 页。

② 《全日制五年制小学思想品德课教学大纲》（试行草案），见课程教材研究所编：《20 世纪中国中小学课程标准教学大纲汇编：思想政治卷》，人民教育出版社 2001 年版，第 55 页。

③ 《中共中央关于改革学校思想品德和政治理论课程教学的通知》（1985 年 8 月 1 日），见课程教材研究所编：《20 世纪中国中小学课程标准教学大纲汇编：思想政治卷》，人民教育出版社 2001 年版，第 265 页。

人人平等的习惯，勤俭、节约和守时的习惯，逐步培养自己管理自己的生活并帮助家庭、别人、公众能力"[①]。同时，要求中学政治课也应该达到相应的教学目标，"在初中阶段，要进行道德、民主与法制、纪律教育，进行社会生活和社会发展规律以及社会主义建设常识的教育，使学生逐步养成爱国主义和社会主义人道主义的道德品质和高尚的审美情趣，了解和遵守社会主义民主、社会主义法制和民主集中制的原则，树立遵守法律和纪律的观念，对我国社会主义社会的实际情况和发展方向有一定的初步的认识，树立自己对社会的责任感。在高中阶段要进行初步的经济学和其他社会科学的教育，使学生正确认识人生的意义以及个人和社会、权利和义务、主观和客观、自由和必然、幸福和牺牲、革新和传统、成功和失败、感情和理智、环境和毅力、精神和物质、先进性和群众性、理想和现实、现象和本质、中国和世界等一系列相互关系，初步学习运用马克思主义的观点、方法分析和观察社会现象，逐步树立为建立高度民主、高度文明的社会主义现代化国家和实现共产主义事业而奋斗的远大理想"[②]。不可否认，中共中央这一"通知"精神对此后中小学德育课程的进一步改革产生了重要影响，一系列德育课程教学大纲、纲要、标准相继出台。

就小学而言，国家教委(后改为教育部)于 1986 年 5 月颁布了《全日制小学思想品德课教学大纲》，1988 年和 1993 年颁布了《小学德育纲要》的试行版和正式版，1990 年颁布了《九年义务教育全日制小学思想品德课教学大纲》(初审稿)，1992 年颁布了《九年义务教育全日制小学思想品德课教学大纲》(试用)，1997 年颁布了《九年义务教育小学思想品德课和初中思想政治课课程标准》(试行)，2001 年颁布了《九年义务教育小学思想品德课和初中思想政治课课程标准》(修订)等。凡此种种，都充分体现了国家教育部门对小学思想品德课教学的高度重视和政策导向，是值得肯定的。

关于中学，国家教委(后改为教育部)也先后颁布了一系列的德育工作

---

① 《中共中央关于改革学校思想品德和政治理论课程教学的通知》(1985 年 8 月 1 日)，见课程教材研究所编：《20 世纪中国中小学课程标准教学大纲汇编：思想政治卷》，人民教育出版社 2001 年版，第 265 页。

② 《中共中央关于改革学校思想品德和政治理论课程教学的通知》(1985 年 8 月 1 日)，见课程教材研究所编：《20 世纪中国中小学课程标准教学大纲汇编：思想政治卷》，人民教育出版社 2001 年版，第 266 页。

指导性文件。1985 年 11 月 18 日，国家教委拟在部分地区进行中学思想政治课改革："初一社会主义公民(内容为道德、民主和法制)；初二社会发展简史；初三社会主义建设常识(内容包括政治常识、经济建设常识和就业前的教育)；高一革命人生观(结合人生观教育普及辩证唯物主义和历史唯物主义知识)；高二经济常识；高三上学期政治常识，下学期进行毕业前的思想教育。"①1987 年 4 月，国家教委颁布了《关于进一步扩大中学思想政治课改革实验的通知》。1988 年和 1995 年，国家教委先后颁布了《中学德育大纲》的试行版和正式版；1996 年，国家教委颁布了《全日制普通高级中学思想政治课课程标准(试用)》等。

毫无疑问，随着中小学德育纲要、大纲和课程标准的制定与颁行，必然极大地推动德育课程教学的规范化与科学化进程，促使德育工作从"天上"回归"人间"。

四、德育教学的改革与创新

与"改革开放"以来德育课程的规范化和科学化进程相契合，政府决策部门和广大教育工作者在德育教学改革方面也进行了许多可贵的探索。这些探索在不同的历史阶段各有其侧重点，但总体上表现出日益完善的发展态势。

其一，从抽象概念到贴近实际。

粉碎"四人帮"后，随着中学政治课和小学思想品德课的开设，德育课程被正式纳入国家课程计划，开始步入健康、理性的发展轨道。但由于"十年"动乱的后遗症和"改革开放"后所出现的新问题，如何上好中学政治课和小学思想品德课，对中小学教师而言是一个重要挑战。以中学政治课为例，1980 年国家教委所确立的《青少年修养》、《政治常识》、《社会发展简史》、《政治经济学常识》、《辩证唯物主义常识》等 5 门德育课程无疑是"文革"后拨乱反正的重要德育革新。虽然当时国家教委就强调"中学政治课必须贯彻理论联系实际的原则。教师首先要遵循实践是检验真理的唯一标准这一马克思主义的基本原则，实事求是地运用马列主义、毛泽东思想基本原理，联系

① 《关于落实中学思想政治课改革实验的通知》(1985 年 11 月 18 日)，见课程教材研究所编：《20 世纪中国中小学课程标准教学大纲汇编：思想政治卷》，人民教育出版社 2001 年版，第 269 页。

社会主义现代化这个总任务和当前形势，把教材的基本内容正确地通俗地讲解清楚，使学生逐步掌握马列主义、毛泽东思想的基础知识。同时，要结合学生的知识水平和接受能力，注意改进教学方法，防止照本宣读、空洞说教，改变学生死记硬背的现象"①。但几年实行下来，这5门课程仍然存在着一些急需改进的问题。其中，"过分强调理论性、系统性的倾向"尤为突出，"对时代发展的需要、对社会主义现代化建设的要求和学生思想实际考虑不够，人生观、经济与政治常识方面的教育也较少……有些教材的内容编写往往从概念出发，偏多、偏深，不够通俗"②。

为了"改变理论脱离实际"的现象，国家教委于1986年在系统总结以往政治课改革经验、教训的基础上，对中学政治课程设置方案作了重新调整与厘定："初中一年级《公民》、初中二年级《社会发展简史》、初中三年级《中国社会主义建设常识》、高中一年级《共产主义人生观》、高中二年级《经济常识》、高中三年级《政治常识》。"③其中，"公民"课的设立无疑是社会主义经济改革不断深化的必然要求，是德育贴近实际生活需要的一个突出表现。虽然在解放以前就设有公民课，但此时重新开设，显然赋有新的时代意义。具体而言，就是指"通过教学，使学生懂得做一个社会主义公民必须具备的基本道德规范、法律规范和社会生活准则，逐步培养爱国主义和社会主义人道主义的道德品质及高尚的审美情趣和劳动观念；逐步树立社会主义的法制观念和自觉的纪律观念，养成遵纪守法、遵守民主集中制的良好习惯；具有初步的辨别是非、善恶、美丑，抵御不良影响的能力，为培养有理想、有道德、有文化、有纪律的公民打下良好基础"④。

1993年，国家教委再次强调"全日制中学思想政治课的教学应紧密联系实际"，又一次对思想政治课程做了调整。对其中的公民教育也提出了更加具体的要求，指出要"对学生进行有理想、有道德、有文化、有纪律的社会主义公民的基础教育，使他们初步明确我国社会主义道德准则，树立集体主义

① 《改进和加强中学政治课的意见》，见课程教材研究所编：《20世纪中国中小学课程标准教学大纲汇编：思想政治卷》，人民教育出版社2001年版，第236页。

② 张志建著：《中学政治课发展史》，北京师范大学出版社1994年版，第321页。

③ 《中学思想政治课改革实验教学大纲》（初稿），见课程教材研究所编：《20世纪中国中小学课程标准教学大纲汇编：思想政治卷》，人民教育出版社2001年版，第271页。

④ 《中学思想政治课改革实验教学大纲》（初稿），见课程教材研究所编：《20世纪中国中小学课程标准教学大纲汇编：思想政治卷》，人民教育出版社2001年版，第272页。

的思想，培养忠于祖国、忠于人民、关心集体、遵守纪律、热爱劳动、艰苦朴素、尊重他人、孝敬父母、遵守社会公德、诚实守信等良好品质和分辨是非的初步能力。懂得维护祖国的统一与安全，维护国家的利益和荣誉是公民应尽的义务……对学生进行社会主义民主与法制观念教育，使他们知道法律的作用，帮助学生树立维护宪法权威的观念，培养学生依法享有公民权利和依法履行公民义务的观念，公民应依法办事和违法制裁的观念，正确运用民主权利，提高遵纪守法的自觉性，树立公民的责任感”①。

进入21世纪以后，德育课程教学仍然在改革中不断调整，但其发展方向显然越来越贴近社会及儿童的生活实际。2001年，教育部颁行的《小学思想品德课和初中思想政治课课程标准》（修订）就“增加了‘三个代表’重要思想的基本内容；充实了‘没有共产党就没有新中国’、‘我国的根本政治制度’、‘一国两制’和‘科教兴国战略’等国情国策方面以及有关当今世界形势的知识”；同时，“在八、九年级，删去了一些离学生生活较远的法律条文和一些史实及概念化、学生难于理解的教学内容”②。

其二，从知识灌输到情理交融。

德育教学固然要进行有关知识的传授，但这种传授绝非抽象的知识灌输，而是师生之间的情感交流、心灵碰撞和思想沟通，是通过丰富多彩的启发教学，上升至情理交融的精神境界。

1982年，国家教委颁行的《全日制五年制小学思想品德课教学大纲》（试行草案）特别指出，思想品德课的教学方法“要灵活多样，生动活泼。要从儿童的年龄特征出发，形象具体，深入浅出地进行教育，要注意运用对比的方法，把思想性、知识性和趣味性正确地结合起来”③。1986年，国家教委颁行的《全日制小学思想品德课教学大纲》再次要求思想品德课要“坚持启发式教学。教师要运用灵活多样、生动活泼的教学方法，充分调动学生的积极性

① 《九年义务教育全日制初级中学思想政治课教学大纲》（试用），见课程教材研究所编：《20世纪中国中小学课程标准教学大纲汇编：思想政治卷》，人民教育出版社2001年版，第300～301页。

② 《〈九年义务教育小学思想品德课和初中思想政治课课程标准〉（试行）修订说明》，见中华人民共和国教育部编订：《九年义务教育小学思想品德课和初中思想政治课课程标准》（试行），人民教育出版社2001年版，正文前第7页。

③ 《全日制五年制小学思想品德课教学大纲》（试行草案），见课程教材研究所编：《20世纪中国中小学课程标准教学大纲汇编：思想政治卷》，人民教育出版社2001年版，第55页。

和主动性，引导学生独立思考，明辨是非，自己教育自己”[1]。1992年，国家教委颁行的《九年义务教育全日制小学思想品德课教学大纲》(试用)不仅重申了“启发式”教学原则，而且强调思想品德教学要“以情感人，情理交融。教师要以自己的真情实感，以情载理，激发学生的道德感情”[2]。1996年，国家教委颁行的《全日制普通高级中学思想政治课课程标准》(试行)同样标示“提倡启发式的教学原则”，要求教师“综合采用多种教学方法教学，设法引起学生的学习兴趣，主动求学”。[3] 很显然，提倡启发式教学，注重以情育人并努力达至情理交融的境界，是国家主管部门一以贯之的政策导向。

从实践领域看，许多优秀的德育教学专家也确实进行了许多可贵的探索。长期担任小学思想品德课教学工作的上海市虹口区第三中心小学高级教师毛蓓蕾，就特别善于通过师生间的情感互动去“塑造儿童美好的心灵”。她说：“在我校1980年刚开设思想品德课时，也曾反思过六七十年代小学毛泽东思想课和政治课的弊端。那时，不考虑儿童的年龄特点，各年级一律板着面孔讲道理，把孩子们培养成了‘小教条’。这绝不应该成为小学思想品德课的教学特点。于是，我们从研究小学生的特点入手。我们发现，在思想品德课教学中，同样的道德要求，有的教师讲课后效果极好，有的教师讲了等于白讲，学生听而不闻。究其原因，前者师生关系紧密，学生都喜欢他；后者师生关系紧张，甚至有些对立。看来情感因素起很大的作用，要在动之以情上下功夫。”[4]那么，毛老师是如何在“情”上下功夫呢？她是如何“以情激情”而达至情理交融的境界呢？下面，不妨以其所上的《社会主义祖国好》为例，感受其精湛的教学艺术。她是从四川省某地遭受特大水灾的场景入课的：

“凶猛的洪水淹没了庄稼，卷走了牛羊，房子倒塌了，铁路被冲坏了，桥梁也断裂。人民的生命受到了严重威胁。小英和她的爷爷跟随

---

① 《全日制小学思想品德教学大纲》，见课程教材研究所编：《20世纪中国中小学课程标准教学大纲汇编：思想政治卷》，人民教育出版社2001年版，第61页。

② 《九年义务教育全日制初级小学思想政治课教学大纲》(试用)，见课程教材研究所编：《20世纪中国中小学课程标准教学大纲汇编：思想政治卷》，人民教育出版社2001年版，第73页。

③ 《全日制普通高级中学思想政治课课程标准》(试行)，见课程教材研究所编：《20世纪中国中小学课程标准教学大纲汇编：思想政治卷》，人民教育出版社2001年版，第401页。

④ 毛蓓蕾：《塑造儿童美好的心灵》，见吴慧珠主编：《中国著名特级教师教学思想录·小学思想品德卷》，江苏教育出版社1996年版，第3～4页。

乡亲们逃到高地上。眼见周围都是滔滔洪水,小英急哭了。”

讲到这里,我以严肃的表情、暂时的停顿来引发学生对处在危险境地的小英和她爷爷的焦虑感。我想激起了这一种焦虑感,会使学生产生急切盼望小英和乡亲们获救的心情。于是我接着说:

“爷爷望着洪水,抚摸着小英的头,亲切地安慰道:‘小英,不要焦急,祖国人民会来关心我们的,党会来救援我们的。’小英爷爷说得对,党中央组织各个部门千方百计地去支援灾区人民,全国人民也都关怀着灾区的情况。7月15日那天一大早,小英和乡亲们忽然听到了嗡嗡的飞机声,大家抬头一看,呀,飞机来了,大家高兴地叫了起来:‘飞机!飞机!祖国人民来救助我们了!’这时,只见一大包一大包里放的一定是灾民急需的粮食、衣服、药品和日常用品。人们激动得流下了泪水。”

由于我自己对灾民抱有强烈的同情心,自己的情感十分投入,所以我充满真情实感的娓娓叙说,使学生们也激动不已,当堂引起了共鸣。稍停片刻后,我又启发同学们:

“请大家想一想,这时小英和老乡们在想些什么呢?他们会对前来保护灾民的亲人解放军说些什么呢?他们想的是,我们的祖国和人民多好啊,社会主义大家庭充满了温暖,真是一方有难处,八方来支援。乡亲们表示,等洪水退去,一定要加倍努力,把自己的家乡建设得更美好!”

这时,全班同学的情绪都很激动,有一位男同学站起来问道:“毛老师,那边的洪水已经退了吗?灾民们现在的生活怎么样了?还很困难吧。”

我见以情激情已获得了预期的效应,孩子们的脑海里已掀起了波澜,就紧接着说:“报上的消息说,洪水已稍稍退了一点儿,灾民们还有不少困难,那么,我们该为他们做些什么呢?”

班上同学情绪高涨,都迫不及待地要求发言。

“我要给灾区的小朋友写慰问信。”

“我愿意把衣服送给灾区的同学们。”

“我可以把平时节省下来的积蓄寄到灾区去。”

同学们的情绪反应是这样的热烈，这样的真诚，我也深受感动。[①]

在这里，我们确实体会到毛老师在整个教学过程中的全身心投入，她不仅善于捕捉学生表情、言谈、举止、内心活动的细微变化，而且能够及时地进行情感激发和思想引导，从而极大地感染了学生，调动了学生的积极性和主动性，使之从一个特定事件的发生、发展及解决过程，自然地体会出“社会主义祖国好”的德育主题。没有刻意的说教，只有情感的激发和心灵的激越，却换来了理想的德育效果。诚如德育专家朱小蔓说：“道德教育要真正成为一种抵达心灵、发育精神的教育，一定要诉诸情感。”[②]实施有效的情感教育，促使师生内在心灵的自由交流与沟通，无疑是上好德育课的重要关键。

除上海的毛蓓蕾老师外，天津、北京等全国各地也都涌现出许多优秀的德育名师，他们也都进行了许多行之有效的教学改革与探索。天津市和平区昆明路小学特级教师田晓秋，她在长期的思想品德课教学实践中逐渐形成了自己的真知灼见和独特经验。她说：“我们在教学过程中无论选择什么样的教学方法，都要考虑到激情。‘情’是联结教师与学生的纽带，‘情’是引发道德认识的动力；‘情’是沟通知和行的桥梁……我要求自己在课堂教学中不仅要明理传知，还要致力于激情，做到‘以情引情、以趣激情、以境生情’，使学生和教师思想产生共鸣。在师生情感交融中，使学生将教育要求转化为自己的思想和行为。”[③]如“以趣激情”，就是要抓住学生对具体形象思维感兴趣的活动进行启发诱导，田老师举例说：“在讲《尊敬长辈》时，我除了对学生讲清尊敬长辈的道理外，还组织学生进行对话和表演，使他们学习尊敬长辈的语言和动作。他们扮演爷爷、奶奶、孙子、孙女，非常高兴，认真地表演，很多人争着要求充当角色，这样学生们在课堂上边看、边学，既激发了兴趣，又指导了行为。我又进一步要求他们回家‘表演’，看一看谁做得好，就请家长为他写一封表扬信。第二天，我收到了很多家长的表扬信，在信中他们赞扬孩子在家尊敬老人的表现。就这样，学生们在有趣的表演中培养

---

① 毛蓓蕾：《塑造儿童美好的心灵》，见吴慧珠主编：《中国著名特级教师教学思想录·小学思想品德卷》，江苏教育出版社1996年版，第18～19页。

② 朱小蔓著：《情感德育论》，人民教育出版社2005年版，第10页。

③ 田晓秋：《为学生形成良好的思想品德奠基》，见吴慧珠主编：《中国著名特级教师教学思想录·小学思想品德卷》，江苏教育出版社1996年版，第249页。

了自己尊敬长辈的良好品德行为。"[①]事实上,注重思想品德教学中的情感因素是许多优秀德育名师的共识。北京市小学特级教师李大同也深有感触地写道:"因为考虑到道德情感在道德品质形成中的重要作用,又鉴于小学生是最富于感情的,所以,我们在思想品德课的教学中,在给学生讲道理的过程中,始终要求老师要以自己饱满的感情去感染学生,激发学生的道德情感,同时又在激情的过程中,把道理讲得更明白,这样情理交融,对于小学生提高道德认识是非常有益的。"[②]

作为塑造人的艺术,德育教学方法无疑是多种多样的,[③]以上所述的"情理交融法"只是其中较为突出之一,但它从一个侧面生动地反映了"改革开放"以来德育教学改革的一个重要亮点。

其三,从思想政治道德教育到心理健康教育。

由于受习惯思维的影响,广义的德育主要指思想政治道德教育。随着"改革开放"的进一步深入,特别是20世纪90年代以后社会主义市场经济的逐步确立,人们的价值观念和利益分配再一次发生深刻变化,个人心理问题愈益突出,心理健康教育也越来越受到重视。1994年8月31日,《中共中央关于进一步加强和改进学校德育工作的若干意见》首次指出:"要积极开展青春期卫生教育,通过多种方式对不同层次的学生进行心理健康教育和指导,帮助学生提高心理素质,健全人格,增强承受挫折、适应环境的能力。"[④]1995年,国家教委颁发的《中学德育大纲》(正式版)更明确地规定:"德育即对学生进行政治、思想、道德和心理品质教育。"2001年1月17日,中共中央办公厅、国务院办公厅颁发的《关于适应新形势进一步加强和改进中小学德育工作的意见》再次强调:"中小学校都要加强心理健康教育,培养学生

① 田晓秋:《为学生形成良好的思想品德奠基》,见吴慧珠主编:《中国著名特级教师教学思想录·小学思想品德卷》,江苏教育出版社1996年版,第250页。

② 李大同:《在提高学生道德认识方面下功夫》,见吴慧珠主编:《中国著名特级教师教学思想录·小学思想品德卷》,江苏教育出版社1996年版,第296页。

③ 特级教师王震亚先生曾饶有兴趣地将小学思想品德教学方法概括为:开讲激情法、情境教学法、比较教学法、榜样分析法、辨析导行法、课堂讨论法、诗教熏陶法、引思探究法、行为训练法、结尾余韵法等十种。参见王震亚:《为思想品德课教学方法改革倾注心力》,见吴慧珠主编:《中国著名特级教师教学思想录·小学思想品德卷》,江苏教育出版社1996年版,第177～203页。

④ 《中共中央关于进一步加强和改进学校德育工作的若干意见》,见课程教材研究所编:《20世纪中国中小学课程标准教学大纲汇编:思想政治卷》,人民教育出版社2001年版,第363页。

良好的心理品质。"[①]很显然，作为德育的组成部分，心理健康教育越来越引起政府主管部门的高度重视。

事实上，心理健康教育之所以备受关注，不只是人们逐渐认识到它是德育的组成部分，同时还进一步发现其也是素质教育的核心基础。著名特级教师吴昌顺敏锐指出："现在提倡素质教育，说法纷纭，三分法、四分多层法、叠加法等，不一而足。我们的基本观点是：最基础的是两个，身体素质是物质基础，心理素质是精神基础。'人'的一撇就是身体健康，一捺就是心理健康。只有前者而没有后者，趴下；只有后者而没有前者，卧着；身心健康兼备，才能相互支撑，站立起来。形成健康的人格，才有可能提高政治思想素质、科学文化素质、劳动技能素质等。否则，失去了基础，势必全部落空，特别是中小学阶段，尤其如此。"[②]在他看来，中学生固然也会出现政治、思想、品德、纪律等方面的问题，"但比较起来，多数的、大量的却是心理问题，这一点在过去我们没有正视是一个失误，现在必须提高认识，摆到议事日程上来。错误机会进行再教育，就会为时已晚，造成不必要的也是不可挽回的损失"[③]。

德育工作的实效性缺乏是当代德育改革的重要问题，这其中原因固然很多，但忽视心理健康教育，将心理问题混同于思想问题，显然是一个重要原因。北京著名特级教师、全国优秀班主任丁榕尖锐指出："很多领导、老师、班主任，还没有看到心理教育的重要意义，还把许多应属于心理问题的教育当思想问题来解决。所以学生接受起来很不情愿，或是听而不入，或是讲而无效，缺乏实效性。要想使思想教育真正深入学生心灵，德育工作必须向纵深发展，补上心理教育这一课，使我们的德育工作从方式、方法到内容都有新的意义。"[④]在她看来，如果把本属心理问题当作思想问题去处理，必然使德育工作简单化、形式化而削弱其实效性；反之，"如果我们能把属于心理问题的行为从心理的角度去研究，把学生处理不当的问题教他学会处理，

① 中国教育年鉴编辑部：《中国教育年鉴》(2002)，人民教育出版社2002年版，第140页。

② 《心理健康教育是德育当务之急》，见吴昌顺著：《明师心语》，人民教育出版社2003年版，第58页。

③ 《心理健康教育是德育当务之急》，见吴昌顺著：《明师心语》，人民教育出版社2003年版，第60页。

④ 《加强心理教育是当前迫切任务》，见丁榕著：《班级管理科学与艺术——我的班主任情》，人民教育出版社2004年版，第335页。

有针对性做好工作，就会帮助我们把理想教育工作提高到一个新水平”[①]。丁老师还进一步指出，忽视心理健康教育其实也就是漠视学生的本体需要，忘记“以人为本”的教育原则。她颇为自信地指出：“我认为德育不见实效的原因，正是我们在德育中忽略了以人为本这一重要的指导思想，忽略了在德育中不仅要加强思想教育，而且还要将心理健康教育的内容渗透在其中。以人为本对于老师来说，就是以学生为本，以学生为本就是不能光研究教育者的需要，还要研究学生的需要；不能光研究办班集体如何建设，还要研究学生的个性如何发展和完善；不能光研究如何教学生掌握知识、培养能力，还要研究如何挖掘学生的潜能。而研究学生需要的教育、研究个性发展和完善的教育、挖掘学生潜能的教育正是心理健康教育的重要内容。”[②]

概言之，心理健康教育不仅是转型期中国社会发展的必然要求，而且是素质教育的精神支撑，是保证当代德育实效性的重要关键。

---

① 《谈学校中的心理教育》，见丁榕著：《班级管理科学与艺术——我的班主任情》，人民教育出版社2004年版，第344页。

② 《德育的两翼——心理健康教育和思想教育》，见丁榕著：《班级管理科学与艺术——我的班主任情》，人民教育出版社2004年版，第361～362页。

第五章　全球化时代的多元文化环境与当代中国德育创新

中国中小学德育在现代化进程中已经走过了百年历史。百年来，无论是德育改革的内在逻辑与制度变迁，还是德育进化过程中的人格追求和目标建构，抑或是德育课程、教材、教学的复杂变革，都凝聚着先驱者的探索艰辛，也反映了历史发展的曲折。进入 21 世纪，面临愈演愈烈的全球化浪潮冲击，当代中国学校德育无疑在人格素质、价值取向、制度实践等方面都将遭遇新的挑战，如何回应这些挑战是当代中国学校德育不容回避的深层问题。

第一节　全球化与传统人格的现代转型

现代化是我们现在仍在孜孜以求的事业，全球化则是中国教育现代化进程中的特殊际遇。如何应对现代化进程中的全球化挑战，实现传统人格的现代转型，无疑是当代中国德育改革的重要视点。

一、教育现代化进程中的全球化际遇

现代化是中国几代人的梦想。从第一次鸦片战争，特别是第二次鸦片战争起，中国有识之士就深刻地认识到西方坚船利炮的强大威力，先是直观地提出了“师夷长技以制夷”的防御型现代化口号，继而办起了军事工业与企业，开始了旨在器物变革的洋务运动。与之相应，从 1862 年创办京师同文馆起，就陆续产生了一批新式洋务学堂。从十九世纪六十至九十年代，虽然这些以“中体西用”为指导思想的洋务学堂仅办了数十所，但作为中国早

期教育现代化的最初尝试，毕竟动摇了两千年来业已僵化的传统教育板块，打开了了望世界的窗口。从那时候起，伴随着帝制的覆灭、民国的兴起、军阀的混战、国共两大阵营的对抗、人民共和国的成立及其曲折发展，虽然政治、军事和意识形态斗争异常激烈，并对教育产生深刻影响；但总体而言，除十年“文革”动乱外，中国从未放弃教育现代化的艰难探索，并在不同历史阶段取得了举世瞩目的重要成就。一百多年来，我们大致经历了“五四”运动之前的早期教育现代化探索、“五四”运动至1949年的多元教育现代化探索，以及新中国成立后的社会主义教育现代化探索。其中，社会主义教育现代化探索也走过了50多年的风风雨雨。直至今日，完整意义上的现代化和教育现代化并未实现，仍然是我们不懈努力的美好理想与方向。

全球化则是当代中国人的生存境遇。全球化被认为发端于15世纪的欧洲，与1492年哥伦布发现新大陆等航海壮举密不可分，经过后来的工业革命以及几个世纪以来的对外扩张与海外殖民，逐渐形成了全球范围内的资本主义商业帝国和市场体系。但这种以经济掠夺、殖民地剥削为特色的“全球化”，与当代以信息网络技术与高科技研发为依托的“全球化”并不相同，二者性质决然异趣。正是在这个意义上，我们很自然地把“全球化”当做当代科技进步的结果，视其为“20世纪最后30年特殊历史条件的产物”①。事实上，“全球化”一词迟至20世纪80年代中期才被正式提出，并很快“成了思想、商业、媒体以及其他领域共用的一个术语”②。英国社会学家安东尼·吉登斯曾饶有兴趣地说道：“全球化可能不是一个特别具有吸引力或华丽的辞藻。但是，世纪末的任何一个想要理解我们将来的人绝对不能忽视它。我去过国外许多地方演讲，最近我去的国家没有一个不是在热烈讨论全球化问题的……每个商业领袖都谈论它。没有一次政治演讲是完全不涉及它的。然而，即使在20世纪80年代晚期，这个词在学术界或日常语言中被普遍使用，因为它已经无处不在了。”③

不可否认，全球化源自西方，与西方的现代化高度发展、现代性全球扩

---

① [加]罗伯特·考克斯：《从不同的角度透视全球化》，见梁展编选：《全球化话语》，上海三联书店2002年版，第20页。

② [美]罗兰·罗伯逊：《为全球化定位：全球化作为中心概念》，见梁展编选：《全球化话语》，上海三联书店2002年版，第6页。

③ [英]安东尼·吉登斯著，周红云译：《失控的世界》，江西人民出版社2001年版，第2页。

张密切地联系在一起。荷兰学者让·内德文·皮斯特指出:"全球化的释义中最普遍的是这样的一些观念:通过一种技术的、商业的和文化的趋同,世界正在变得更加一致和更加标准化,而这种趋同倾向发源于西方,而且全球化与现代化联系在一起。"①安东尼·吉登斯则更明确地将"全球化"与"现代化"联系起来分析,他说:"现代性正在内在地经历着全球化的过程,这在现代制度的大多数基本特性方面,特别是在这些制度的脱域与反思方面,表现得很明显……全球化可以被定义为:世界范围内的社会关系的强化,这种关系以这样一种方式将彼此相距遥远的地域连接起来,即此地所发生的事件可能是由许多英里以外的异地事件而引起,反之亦然。这是一个辩证的过程,因为有这种可能,即此地发生的桩桩事件却朝着引发它们的相距遥远的关系的相反方向发展。地域性变革与跨越时——空的社会联系的横向延伸一样,都恰好是全球化的组成部分。"②全球化极大地强化了全球一体的意识,跨越了地域界限,延伸了时空阻隔,使地球真正缩小成为一个村庄。一句话,全球化作为一种新的生活方式,把每个人与这个地球村庄紧紧地联系在一起。职是之故,有学者更直接地指出:"全球化的本质特征在于对全球的意识,这是一种处于全球情境中的个体所拥有的意识,尤其是世界是我们参与其中的舞台的这种意识。"③

全球化作为一种客观存在,自其肇始之日,便很快席卷世界。"全球化并不是我们今天生活的附属物,它是我们生活环境的转变,它是我们现在的生活方式。"④毫无疑问,全球化是当代中国教育现代化进程中的特殊际遇,面对全球化浪潮,我们别无选择,只有勇敢地投入其中,最大限度地吸收其有利因素,尽可能地防范其不利影响,重构人才战略,努力探讨传统人格的现代转型。

二、全球化对传统价值观念和道德教育的冲击

全球化加速了现代化进程,也为个人发展开辟了无限广阔的前景,"迫

---

① [荷兰]让·内德文·皮斯特:《作为杂合的全球化》,见梁展编选:《全球化话语》,上海三联书店2002年版,第103页。

② [英]安东尼·吉登斯著,田禾译:《现代性的后果》,译林出版社2000年版,第56～57页。

③ [美]乔纳森·弗里德曼著,郭建如译:《文化认同与全球性过程》,商务印书馆2003年版,第295页。

④ [英]安东尼·吉登斯著,周红云译:《失控的世界》,江西人民出版社2001年版,第15页。

使人们以一种更为开放、反思性的方式生活"①。需要指出的是,源自西方的"全球化"必然深深地烙上了西方文化的强势话语和价值观念的印记。诚如学者万俊人所说:"今天的全球化实际上不过是源自西方世界的现代化扩张的继续,其实质内涵决不限于全球的一体化,毋宁说,它曾经是,现在依然是一件包含着现代人类社会的政治、经济和文化价值观念等多个方面的重大的'现代性'事件!"②

事实上,经济全球化与文化全球化总是天然地联系在一起,经济上的强势必然要反衬出其文化上的优越。吉登斯指出:"全球化并不以公平的方式发展,而且它所带来的结果绝对不是完全良性的。对许多生活在欧洲和北美洲以外的人来说,全球化似乎就是西化或者美国化,因为美国现在是唯一的超级大国,在全球秩序中占据主导的经济、文化和军事位置。在全球化的最显而易见的文化体现中,许多都是美国的,如:可口可乐、麦当劳和美国有线新闻等。"③应该看到,以美国为首的超级大国,正是利用其经济、军事上的优势,凭借"全球化"的助力,强行推行西方特别是美国价值观,企图对非西方国家进行文化殖民。

不难察觉,全球化本身充满着陷阱。但对于长期封闭,且近代以来备受欺凌、"文革"期间饱受摧残的中国人而言,全球化显然更是一次难得的机遇。改革开放以来,我们不仅全方位地打开国门,主动接纳世界各国的先进文化,而且积极争取并最终加入了 WTO,以独特方式参与全球经贸文化活动。虽然在全球经济文化大交流中不免带来了西方道德观念中的某些负面因素;但全球化本身所蕴藏的开放、变革、创新精神,西方伦理教育中的自由、民主、独立、主体、权利、竞争、法制等观念,必然对中国传统伦理中的某些封闭、保守意识以及相沿成俗的习惯思维方式产生巨大冲击,并引发其自觉或不自觉的变革。

平心而论,由于二千多年的封建帝国统治及其深厚的教化基础,民国之后的多重政治斗争与党派德育,建国之后的德育政治化,特别是"文革"十年动乱的以政治代德育,致使中国德育改革在全球化背景下仍然步履维艰。甚至到 20 世纪末年,仍有学者惊呼:"无论从理论还是实践方面看,我国道

① [英]安东尼·吉登斯著,赵旭东等译:《社会学》,北京师范大学出版社 2003 年版,第 76 页。

② 万俊人著:《现代性的伦理话语》,黑龙江人民出版社 2002 年版,第 342 页。

③ [英]安东尼·吉登斯著,周红云译:《失控的世界》,江西人民出版社 2001 年版,第 10 页。

德教育在主流方面还处于一种传统的模式之中。"[①]如何立足本土，吸收全球化时代的各国德育智慧，对传统道德教育进行创造性转化仍然是我们德育改革工作者今后义不容辞的责任。

三、从"现代中国人"到"世界中国人"

无论是现代化，还是全球化，归根到底都是为了人，为了人类自身的幸福。从教育学的角度观察，培养具有现代素质、全球意识的"世界中国人"，才是全球化背景下当代德育现代化的努力方向。

20世纪40年代，著名教育家陈鹤琴先生经过自己长期的中国化新教育探索，博采中西之长，提出了极具创新思想的"活教育"目的论——"做人，做中国人，做现代中国人"。其中，"做人"重在人的基础道德素质的奠基，"做中国人"旨在民族精神的培育，"做现代中国人"则突出了当代中国人所特有的时代使命感。陈鹤琴说："拿目前的情形来说吧，中国还处在半封建半殖民地的境遇，人民生活的艰辛，有如水深火热，但亦正因为如此，每一个人都负荷了一个历史任务，那便是对外反对帝国主义的干涉，争取民族历史任务，那便是对外反对帝国主义的干涉，争取民族独立；对内肃清封建残余，建树科学民主，这是中国人当前的生活内容与意向，而活教育就在要求做这样中国人，现代中国人。"[②]在他看来，"做现代中国人"必须具备健康的身体、建设的本领、创造的能力、合作的态度、服务的意识。应该肯定，这五个条件蕴涵了体育、智育、德育诸方面的深刻内涵，反映了国情民性与时代精神的结合，突出了"现代中国人"所肩负的神圣历史使命。为了进一步突出现代社会的开放意识和世界观念，陈鹤琴后来进一步指出，"做现代中国人"还应该具备另一个重要条件——世界的眼光，他说："所谓世界的眼光，就是对世界的看法，我们要有对世界的正确的看法，必须要了解世界的事事物物，大自然是怎样在运动着，大社会是怎样发展着。大自然大社会是与人生息息相关的。我们不能不去认识它，了解它，唯其认识世界，才能使眼光远大，不斤两于个人的利害得失。"[③]在他看来，中国的发展离不开世界，"中国是世界的

---

① 鲁洁：《人对人的理解：道德教育的基础》，见朱小蔓主编：《道德教育论丛》(第1卷)，南京师范大学出版社2000年版，第227页。

② 《陈鹤琴全集》(第五卷)，江苏教育出版社1991年版，第63页。

③ 《陈鹤琴全集》(第五卷)，江苏教育出版社1991年版，第66页。

一环，不能脱离世界关系而孤立自存的，譬如在第二次世界大战中，当时日本侵略中国，并不只是危害中国的生存，意大利侵略阿比西尼亚，并不仅是危害阿比西尼亚，而是危害世界和平，所以全世界人民要团结起来，击败共同敌人"[①]。在这里，我们隐约地感觉到陈鹤琴已具备了一定程度的全球化意识，他甚至大胆地提出，不只要"做人，做中国人"，还要"做世界人"。[②]

斗转星移，今天以知识经济为基础的全球化时代，已非陈鹤琴所处的半封建半殖民地时代所比拟。陈鹤琴提出的"做现代中国人"，乃至"做世界人"的主张，固然蕴藏着十分深刻的思想哲理，但在当时历史条件下不可能变成真正的现实。今天，当我们重温陈鹤琴的有关论述时，当我们吸收并超越"现代中国人"，去重构具有现代素质、全球意识的"世界中国人"时，不能不赋予新的时代意义。

所谓"现代素质"，当然是有别于传统人的现代人素质。在这方面，现代化专家阿列克斯·英克尔斯等人经过长期的研究，曾于 19 世纪 60 年代提出"现代人"必须具备的 12 项基本素质：(1) 乐于接受新经验；(2) 准备接受社会变革；(3) 善于提供并能接受不同意见；(4) 注重获取意见的事实与信息；(5) 树立面向现在与未来的价值取向；(6) 具有强烈的个人效能意识；(7) 无论在公共事物还是在私人生活中都倾向于制定长期计划；(8) 强调世界的可依赖性和人的可信赖感；(9) 重视专门技术并承认以此作为分配报酬的正当基础；(10) 相信科技价值并乐于从事与新的行为方式密切相连的现代职业；(11) 维护并尊重个人尊严；(12) 愿意了解生产及其过程。[③] 应该肯定，这 12 项基本素质要求虽然在"全球化"盛行前不久的 20 世纪 60 年代提出，但其中的许多内容仍然适用于整个全球化时代，特别是"乐于接受新经验"、"准备接受社会变革"、"善于提供并能接受不同意见"、"树立面向现在与未来的价值取向"、"具有强烈的个人效能意识"、"维护并尊重人格尊严"等，都同样是全球化时代的重要人格特质。当然，全球化还需要陈鹤琴所推崇的"创造的能力"和"合作的态度"。与传统社会相比，全球化时代的高新技术发明与实践应用明显加快，没有实践能力、创造智慧和创新精神就不可

---

① 《陈鹤琴全集》(第五卷)，江苏教育出版社 1991 年版，第 67 页。

② 《陈鹤琴全集》(第五卷)，江苏教育出版社 1991 年版，第 62 页。

③ [美]阿列克斯·英克尔斯等著，顾昕译：《从传统人到现代人》，中国人民大学出版社 1992 年版，第 20～30 页。

能适应急速变动的社会，国家与民族也将因为缺少创新而失去发展的动力；而封闭式的孤军作战也必然在全球化时代失去前进的方向，在经济一体化、文化全球化的今天，我们不仅要"学会认知"、"学会做事"、"学会生存"，更要学会合作，"学会共同生活，学会与他人一起生活"。① 只有合作，才能发展，才能共生，才能在开放的全球化时代立于不败之地。

所谓"全球意识"，就是指要具有站在全球一体的战略高度去审视问题的意识。具体而言，就是反对孤立地、单向度地看问题，提倡整体辩证，和谐共生。整体辩证，即是指把世界看作一个相互耦合、彼此互补的有机整体，强调国家之间、民族之间总是相互依存地联系在一起。在这方面，中国理学家的"理一分殊"和儒家经典《周易大传》中的"一阴一阳之谓道"，确实为我们培养"全球意识"提供了智慧源泉：在共谋现代化的全球理念下，容许各国选择自己道路而任其自主发展。至于和谐共生，强调的是人与自然、人与社会，以及人与人之间的彼此协调和谐，共生共荣。在几个世纪的现代化过程中，由于过分强调人对自然的征服，致使森林砍伐、水土流失、大气污染、酸雨流行以及全球范围内的温室效应，造成严重的自然生态失衡。有鉴于此，我们不妨遵循儒家"仁者以万物为一体"的生态理念，秉持"天人合一"的哲学思想，以"民吾同胞，物吾与也"的博大情怀，去凝练"全球一体"的崇高精神，培养具有真正"全球意识"的时代新人。

半个多世纪前，陈鹤琴已敏感地意识到"中国是世界的一环"，并通过实践探索萌生了其"做现代中国人"和"做世界人"的天才构想。在全球化浪潮滔天的当今社会，我们更不能不因时变革、与时俱进地将培养具有"现代素质"、"全球意识"的"世界中国人"作为我们孜孜以求的崇高目标。

第二节　多元文化、网络世界与东西方道德教育整合

与文化全球化同步，当代中国社会在"改革开放"政策引导的大环境下，逐渐地走出了长期计划经济的阴影，并于20世纪90年代确立了社会主义市场经济体系，多元文化的相互激荡已是当代中国社会文化的基本构成。

① 国际21世纪教育委员会：《教育——财物蕴藏其中》，教育科学出版社1996年版，第82页。

数字化生存、网络化世界是当代中国社会生活的客观现实，面对网络世界的挑战，当代中国学校德育不能不联通家庭、社会力量做出应有的战略回应。全球伦理建构是经济一体化、文化全球化、信息网络化的必然要求，如何以全球伦理建构为契机，整合东西方道德教育智慧，是当代中国德育融入世界的重要方向。

一、中国社会的多元文化构成及其当代表现

据学者研究，所谓“多元文化”这一术语，“在 20 世纪 20 年代就已出现”，其本意既指差异悬殊的“殖民地和后殖民地社会的文化”，又指共同生存的“不同的民族文化”。[①] 事实上，多元文化还可以指同一个国家、社会或民族中所并存的不同类型且彼此关联的文化。

多元文化并存是中国文化的重要传统，但这种并存的多元文化很少是平行发展的，其发展程度取决于特定社会结构的内在需要。在先秦群雄争霸的时代，其文化景观固然是百家争鸣、多元共生，儒、墨、道、法诸家各坚持其文化理念而并立于世。但随着历史的发展与变迁，封建社会内部的经济政治结构发生微妙变化，至汉武帝遂确立了“独尊儒术”的文化政策，其它各家文化均遭到了人为的压制。两汉之际，佛教传入中国，本土道教也潜滋暗长，从而逐渐呈现出儒、佛、道多元并存的文化格局。三家文化绝非没有冲突，但更多的是由冲突走向融合，并推动了儒家文化的自我更新，出现了影响数百年之久的新儒学文化——宋明理学文化。从民族文化的角度而言，儒家无疑是以汉民族文化为主体，但在发展中确实吸收了包括佛教在内的域外文化的合理因素，佛教等外来文化、土生土长的道教文化和少数民族文化均可以自由发展。不过，作为价值导向，历代封建统治者和主流教育家始终把弘扬儒家文化视作自己的神圣职责，并外化为十分严密的科举制度，构筑了“学校系统和非学校社会系统所组成的动态交叉立体教化网络”[②]。

平实而论，中国封建社会中的多元文化充其量只能是以儒家为主体的多元文化。也许是儒家文化过于早熟，抑或是儒家文化具有极强的文化凝聚力和同化力，更重要的是封建社会的统治需要，儒家文化在鸦片战争前一

---

① 郑金洲著：《教育文化学》，人民教育出版社 2000 年版，第 218 页。

② 黄书光主编：《中国社会教化的传统与变革》，山东教育出版社 2005 年版，第 38 页。

直保留了正统主流地位。鸦片战争的炮火摧毁了儒家文化的神圣光环，带来了与封建帝国完全不同的西方近代文化。从那时候起，中国迎来了自佛教文化传入后的又一次外来文化大冲击。由于此次文化大撞击与西方军事侵略相伴随，故不可避免地烙上了殖民文化的色彩。就文化类型而言，近代中国既存在殖民文化，又存在反殖民文化；既存在西方近代文化，又存在中国传统文化；既存在天主教、基督教新教文化，又存在佛教及道教文化；既存在国民党的三民主义文化，又存在共产党的新民主主义文化，等等。然而，任何一种类型的文化都不可能孤立地发展，都是在相互冲突与汇合中辩证地发展，都是在与时代社会变迁的搏击中显示自己的独特价值。近代中国的多元文化发展同样是不平衡的，以中国共产党为代表的文化生力军，不仅对中国社会性质作出准确判断，把握住了近代中国文化的发展方向；而且最终凭借军事上的胜利，上升为社会的主流文化。

中华人民共和国的成立标志了新民主主义和社会主义主流文化地位的正式奠定。由于意识形态斗争的需要，资产阶级文化和封建主义文化均遭到不同程度的打击，苏联的社会主义文化模式一度备受推崇。鉴于严峻的国际形势和冷战需要，我们对资本主义文化持十分严厉的排斥态度。“文革”期间，更是横扫一切“牛鬼蛇神”，所谓“封、资、修”文化被统统打倒，儒、佛、道等传统文化几乎被连根拔除，企图在全封闭、清一色的无产阶级文化环境中进行社会主义计划经济建设。历史已经证明，这是一条自毁长城的死路。

直到1978年“改革开放”政策的确立，中国再一次打开国门。与1840年被动打开国门不同，此次中国是历经百般磨难、深思熟虑后主动开启国门的。恰好又逢世界“全球化”浪潮兴起，西方的现代文化和后现代文化几乎同时卷入，加上固有的传统文化大有复兴之势，以及占主流地位的以马克思主义为指导的社会主义文化，当代中国社会文化形态可谓众彩纷呈、争奇斗艳。这一多元文化格局既包含传统文化与现代文化的矛盾，又存在马克思主义与非马克思主义文化的分歧，还同时潜藏现代文化与后现代文化的纠结。毫无疑问，国门打开后，特别是社会主义市场经济确立之后，中国进入了全面的社会转型期，多元文化及其相互论争已是不可逆转的客观现实。正如当代教育家叶澜所说：“当前中国社会价值观正在由一元向多元发展，原主流价值系统已受到挑战，失去原来全面主导、支配人的行为的地位，而新的主流价值体系尚未形成，更难说已经处于支配主导地位，各种不同价值观的相互冲突尤其激烈。”[①]如何综合吸收各家文化之长，丰富和重建主流文化的核心价值观，创造性地开展德育改革，无疑是当代中国德育义不容辞的重要使命。

二、网络世界的价值挑战与对策

与多元文化背景相契合，当代中国社会已步入信息网络社会，网络世界已是我们日常生活的栖身之所。在信息全球化的当代社会，我们离开网络世界必将手足无措，信息网络技术正在深刻地改变我们的日常生活方式和思维方式。网络为青少年的更好成长与发展提供了难得的机遇，但也潜藏着许多不良影响。

作为工业化社会之后的一种全新社会形态，信息网络社会是人类第四媒介——信息网络技术高度发展的结果。美国学者 E·拉兹洛指出：“在 20 世纪的最后 10 年里，我们到达了一个决定性的历史关头……我们正在脱离建立于第一次工业革命之初、以国家为基础的工业社会，走向在新的技术、新的威胁和新的机遇影响下出现的，相互联系并以信息为基础的全球社会的经济体制。”[②]美国另一位学者阿尔文·托夫勒更直接指出：“任何国家如果不具备包括计算机、数据传送和其他新传播手段在内的 21 世纪的电子基础设施，就无法驾驭 21 世纪的经济。”[③]计算机和网络社会的崛起，凸显了人的生活方式和思维方式的巨大变革。信息网络技术不仅超越了时空的局限，使空间任意流动、时间无限绵延，极大地丰富了人们的精神文化生活；而且它本身就是现代高新技术与生产力的集中体现。比尔·盖茨、戴尔等网络英雄的出现，已雄辩地证明了信息网络技术正在改变权力与财富分配的固有游戏规则：“权力不再以诸如某个办公室或某个组织的权威之类的传统标准为基础，财富的含义正在从诸如黄金、货币和土地之类有形的东西转移开去。一个比黄金、货币和土地更灵活的无形的财富和权力基础正在形成。

---

① 叶澜主编：《“新基础教育”探索性研究报告集》，上海三联书店 1999 年版，第 197～198 页。

② [美]E·拉兹洛著，李吟波等译：《决定命运的选择——21 世纪的生存抉择》，三联书店 1997 年版，第 3 页。

③ [美]阿尔文·托夫勒著，刘炳章等译：《力量转移——临近 21 世纪时的知识、财富和暴力》，新华出版社 1996 年版，第 405 页。

这个新基础以思想、技术和通讯占优势为标志，一句话，以‘信息’为标志。”①

网络世界作为我们当代生活的现实境遇，我们不必逃避，也不可能逃避，它为青少年的更好成长和发展提供了诸多有利条件：

首先，拓宽了视野。网络是开放的平台、知识的海洋、缤纷的世界，它极大地开阔了学生的视野，学生可以完全根据自己的学习兴趣和需要，快速地搜索到大量相关的主题知识链，这是传统书本和课堂教学所无法比拟的。在很大程度上，网络世界是儿童生活的乐园，是现实生活的自然延伸。

其次，学会了选择。儿童不是被动的接受器，而是活生生的学习主体，网络知识的丰富性、多样性和互动性使儿童有更多自主选择的可能，一些未经成人“过滤”的亚文化知识也常常纳入儿童的视野。这种自主习得的知识不仅牢固，而且极有助于儿童独立探索精神、思考能力的养成，毕竟“有选择是一种社会进步，因为只有赋予儿童更多的选择，儿童才有可能拥有更独立的思考能力”②。

第三，张扬了个性。网络隐匿了人的真实身份，儿童不再担心自己的考试成绩及其在班上的排名压力，无所顾忌地扮演网络游戏王国中的“至尊”、“大侠”角色，竭尽所能地彰显其主体精神和独立个性。这种主体精神、独立个性虽然只是虚拟之物象，但教师若能借助网络的各种交往对话功能，并结合实际生活进行适时引导，则必然有助于儿童个性人格的健康成长。

需要指出的是，网络在为学生成长带来诸多有利条件的同时，也不可避免地潜藏着一些挥之不去的隐忧：

其一，西方意识形态、文化价值观念的全面渗透。互联网没有国界，作为媒体中的后来居上者，信息网络从来就是各国意识形态、文化价值观念彼此争夺的焦点，一些老牌的西方现代资本主义国家往往凭借其经济、军事和科技上的优势迅速抢占新媒体的制导权，并往往从人们并不在意的商业文化入手。英国学者汤林森指出：“我们或许可以认定，麦当劳所代表的文化传达的是一种时间上的，而不是空间上的（‘美国的’）文化支配（‘现代性’）。但此刻我们也得承认，认定麦当劳文化代表美国文化帝国主义的话语，至少亦有其连贯而一致的看法：也就是说，它显示了美国文化当中具有‘帝国主

---

① [美]E·拉兹洛著，李吟波等译：《决定命运的选择——21世纪的生存抉择》，三联书店1997年版，第6页。

② 卜卫著：《大众媒体对儿童的影响》，新华出版社2002年版，第417页。

义'倾向的霸权文化之特征。"①毫无疑问,以美国为代表的西方意识形态和文化价值观念正在以各种形式进行全球渗透。除麦当劳外,可口可乐、迪斯尼、好莱坞、微软等美国品牌也都全球流行,这些商业品牌所承载的美国文化价值观可谓不言而喻。据学者研究,目前"互联网络上60%的网民在美国,90%的信息量使用英语。美国人在网上的声音比其他所有国家加起来的总和还要大得多。因此,网络的民主更像是美国人的民主"②。虽然这一统计数据不可能恒常不变,但也充分说明当前以美国和英语世界为代表的西方文化确实占据了互联网霸主地位的客观现实,它们在传播西方科学文化的同时,必然要进行资本主义意识形态渗透和价值观的宣传。面对如此强劲的西方文化风暴和网络空间的主导文化缺失,未成年人能否把握住自己的人生航向,确实是当代德育面临的重大挑战。

其二,不良信息严重泛滥。网络没有国界,也没有种族、阶级、贵贱之分,它是属于全人类的,只要一根网线和接口,任何人都可以高效、快捷、方便地发布和接受海量信息。正因为如此,网上充斥了色情、暴力、恐怖、邪教、反社会、乃至心理变态等各式各样的不良信息,肆无忌惮的网上漫骂和人身攻击已是司空见惯,精心策划的虚假广告和"网络恶搞"也是层出不穷,从而极大地扰乱和迷惑了我们的正常视线。至于刻意的黑客行动、网络赌博以及纯粹以营利为目的的各种游戏软件,都对青少年产生了极其不利的消极影响。在诸多不良信息中,仅色情网站一项,其数量之多就足以让人瞠目结舌。据近期学者统计,"互联网上的色情网站已有420万,占全部网站的12%,色情网页3.72亿";与此同时,世界上每天还要新增2万多个色情网站。③ 滚滚而来的不量信息严重污染了网络文化环境,未成年人何以"出污泥而不染"是当代德育改革面临的又一难题。

其三,"网络综合症"时有发生。由于网络是一个巨大的信息海洋,遨游其中者不乏比尔·盖茨这样的旷世奇才,引无数网络英雄竞折腰。许多中小学生沉迷其中,热衷于网络游戏,以至荒废学业。一些严重的痴迷者更是废寝忘食,如醉酒般飘飘然不知所以,一旦下网便魂飞魄散、六神无主,此种症状极可能已经网络中毒。如何判定是否已患上"网络综合症"?美国心理

① [英]汤林森著,冯建三译:《文化帝国主义》,上海人民出版社1999年版,第147页。

② 谢海光主编:《互联网与思想政治工作概论》,复旦大学出版社2000年版,第50页。

③ 钟瑛著:《网络传播伦理》,清华大学出版社2005年版,第11~12页。

学家曾提出十条诊断标准：

1. 下网后总念念不忘网事。
2. 总嫌上网的时间太少而不满足。
3. 无法控制上网。
4. 一旦减少上网的时间就会焦躁不安。
5. 一上网就能消散种种不愉快。
6. 上网比上学做功课更重要。
7. 为上网宁愿失去重要的人际交往和工作。
8. 不惜支付巨额上网费。
9. 对亲友掩盖频频上网的作为。
10. 下网后有疏离、失落感。[①]

这十条标准未必十分准确，但大致描述出网络中毒者的基本症状。近年来，我国中小学生已屡屡发生迷恋网络而不能自拔，甚至酿成人间悲剧的事例。如“湖南华容县一名曾经是‘学习标兵’的初三学生，因沉迷网络游戏无法自拔，留下两份遗书后服毒身亡”；“江西修水县山口镇一名姓邱的13岁少年在偷家里的钱上网遭到父母打骂后，上吊自杀身亡”。[②] 一个网络成瘾的学生被母亲关在家里，但他仍然无法戒掉对网络的想往，苦苦地向母亲哀求：“妈妈，你让我去玩吧，我知道是网络游戏害了我，可我不玩实在受不了！现在我既不想上课，也不想吃肯德基，对什么事都不感兴趣。不知为什么，我的脚总是不由自主地想往网吧跑。”[③]如何医治“网络综合症”，拯救不慎中毒的天真孩子，同样是当代德育改革面临的重要现实问题。

如上所述，由信息网络世界所引发的系列问题确实十分严重。面对这些棘手问题，学校、家庭、社会诸方面理应配合。

就学校而言，当然要利用品德与生活、品德与社会、思想品德等德育课，以及信息技术教育课，加大网络道德文明宣传与教育，以各种形式强化网络规范，提升网络文化品质，自觉抵制网络不良信息，全力推行文明上网。强化教师责任意识，对行为异常的学生要及时进行深度了解和心理疏导，努力做到双向互动，及时排解现实生活与网络世界带给学生的无形压力，指导学

① 转见谢海光主编：《互联网与思想政治工作概论》，复旦大学出版社2000年版，第111～112页。

② 唐汉卫、张茂聪编著：《中外道德教育经典案例评析》，山东人民出版社2005年版，第9页。

③ 陈正良著：《冲突与整合：德育环境的系统建构》，中国社会科学出版社2005年版，第221页。

生正确使用网络，尽可能地对学生进行正面的价值引导，有意识地培养学生的搜集、鉴别、判断、处理乃至应用能力。在信息全球化的时代，“一个有创造性的教师应能帮助学生在自学的道路上迅速前进，教会学生怎样对付大量的信息，他(她)更多地是一名向导和顾问，而不是机械传递知识的简单工具”①。此外，学校可以依据学生需要，建设学生喜闻乐见的校本网站与德育网站，引导学生在参与网络生活、建构网络文化的过程中健康成长。那种盲目排斥网络的想法和做法是错误的，是对时代潮流的背离。

就家庭和社会而言，自然要积极配合学校网络文明道德宣传与教育，发挥非学校教育的独特功能。作为孩子的监护人，家长在尊重儿童的前提下有权监督孩子的上网行为，如制定合理的上网时限，推荐适合儿童身心特点的优秀网站，与孩子共同学习文明上网规范，甚至利用网络分级技术，尽可能地封闭不良网站。此外，家长也应该正面鼓励孩子，定期与孩子讨论网络知识，引导其正确上网。至于社会，理当制定一系列切实可行的网络管理办法，对于社会上的非法网吧必须给予严厉打击，并予以取缔。据 2002 年所进行的一次全国网吧调查，发现“北京市共有网吧 2400 家，其中证明不全者有 2200 家。上海市 2600 家，非法经营 1000 余家。广东 6000 多家，非法经营 3000 多家。就全国 20 多万家网吧而言，持有正规手续的不到 50%”②。如此巨大数目的非法网吧显然是以营利最大化为目的，它们根本无视法律的尊严和网络的规范，把贪婪投向纯真的儿童，误入其中的孩子往往如迷途的羔羊找不到回家的路向。因此，加强网吧监管，净化网络环境，完善网络技术，制定网络条例，开展网德宣传，实施网络立法，努力建设有利于学生身心发展的健康网吧，无疑是当代中国社会网络建设的神圣职责。

三、全球伦理建构与东西方道德教育整合

1993 年 9 月 4 日——一个对人类而言极不平凡的日子，就在这一天“第二届世界宗教议会”正式通过了《走向全球伦理宣言》。该宣言指出：“我们所说的全球伦理，并不是指一种全球的意识形态，也不是指超越一切现存宗教的一种单一的统一的宗教，更不是指用一种宗教来支配所有别的宗教。

① S·拉塞克、G·维迪努著，马胜利等译：《从现在到 2000 年教育内容发展的全球展望》，教育科学出版社 1992 年版，第 108 页。

② 钟瑛著：《网络传播伦理》，清华大学出版社 2005 年版，第 177 页。

我们所说的全球伦理，指的是对一些有约束性的价值观、一些不可取消的标准和人格态度的一种基本共识。没有这样一种在伦理上的基本共识，社会或迟或早都会受到混乱或独裁的威胁，而个人或迟或早也会感到绝望。”[①]这一界定，深刻地表达了此次宗教大会并非讨论一般的宗教神学问题，而是为了所有信教者和不信教者的共同幸福，是为了“全球秩序”的合理重建，以及全世界各族人民的“和平共存”。[②] 基于如上考虑，会议达成了“全球伦理”的基本共识，其核心内容为：

1. 没有道德便没有人权。

2. 两项基本的要求：

·“每一个人都应受到符合人性的对待。”

·“己所不欲，勿施于人！”

3. 四条不可取消的指令：

·一种非暴力和敬重生命的文化：“不可杀人！”——“尊重生命”！

·一种团结的文化和公正的经济秩序：“不可偷窃！”——“处事正直，办事公平”！

·一种宽容的文化和诚实的生活：“不可撒谎”——“言行都应诚实”！

·一种男女之间权利平等与伙伴关系的文化：“不可奸淫”——“彼此尊重，彼此相爱”！[③]

《走向全球伦理宣言》是与宗教界领袖和学者们反复讨论的结果，它凝聚了数千年来的人类道德经验与智慧，确实在一定程度上破除了单一宗教伦理和单一国别民族伦理的独断论，体现了对所有宗教和世俗伦理的普遍尊重。如《宣言》中的“己所不欲，勿施于人”，这一“黄金法则”就不仅出现在儒家经典《论语》上，而且与基督教和犹太教的经书也密切联系在一起，如基督教的《马太福音》称：“你们应该爱邻如己，我是耶和华”；犹太教的《利未记》中有：“你应该爱你的邻居；你自己所厌恶的，不要用它去对付别人；我是

---

① [德]孔汉思、库舍尔编，何光沪译：《全球伦理世界宗教议会宣言》，四川人民出版社 1997 年版，第 12 页。

② [德]孔汉思、库舍尔编，何光沪译：《全球伦理世界宗教议会宣言》，四川人民出版社 1997 年版，第8～10页。

③ [德]孔汉思、库舍尔编，何光沪译：《全球伦理世界宗教议会宣言》，四川人民出版社 1997 年版，第 168 页。

耶和华"①。这种从世界各宗教及非宗教传统中所提炼出来的共同原则,并通过充分讨论审议,最终确定为当代人伦关系的基本要求之一,这不能不说是此次大会的一个重要贡献。

《走向全球伦理宣言》在全球化愈演愈烈、全球性问题日益彰显的背景下提出,无疑具有特别重要的意义。伴随着海外殖民地的掠夺和世界市场的开拓,西方的现代化已经走过了数百年的历史,许多封闭的国门被强行打开;人类的经济文化联系越来越密切,本来封闭的历史也就越来越呈现出"世界历史"的意味。然而,这一"世界历史"从一开始就充满了残酷的侵略和反侵略战争,资本主义的原始积累及其发展从来就没有离开过血与火的洗礼,是饱含着被压迫民族的无数辛酸与泪水,西方资本主义国家正是在征服世界、征服自然的高歌中实现了工业化与现代化,并正在迈向后现代社会。

随着现代化范式的全球扩张,包括中国在内的许多发展中国家都在努力探索适合全球化背景的现代化道路。当代中国不可能关起门来进行现代化建设,在融入世界的现代化和全球化进程中,我们同样面临着资源短缺、生态失衡、人口过剩以及恐怖主义威胁等全球性问题。美国学者拉兹洛曾警告说,如果人类还是一味地满足自己的狭隘利益而盲目地征服自然,那么人类赖以生存的土壤、空气和水都将进一步受到污染,而"通过土壤、空气和水中的毒素的积累,食物和饮料中有毒添加剂,我们将冒小规模但可能广泛的灾难的风险。并由于核事故和核废料而冒大规模灾难的风险"②。

除了对生存环境日益恶化的担忧外,另一美国学者兹比格涅夫·布热津斯基则对人类的极端功利主义和个人欲望极度膨胀深感忧虑,他特别引述了当代罗马天主教教皇的讲话,"严厉谴责了把满足各种个人欲望置于社会责任之上的文化所必不可免地带来的道德堕落,严厉谴责了不断地争相刺激这些欲望的市场——包括大众传播媒介在市场中的作用——中所固有的危险"③。至于有目共睹的"911"恐怖袭击事件、不断升级的地区军事冲突

① [美]H·T·D罗斯特著,赵稀方译:《黄金原则》,华夏出版社2000年版,第68页。

② [美]欧文·拉兹洛著,王宏昌等译:《布达佩斯俱乐部全球问题最新报告:第三个1000年》,社会科学文献出版社2004年版,第33页。

③ [美]兹比格涅夫·布热津斯基著,潘嘉玢、刘瑞祥译:《大失控与大混乱》,中国社会科学出版社1994年版,第201页。

以及跨国犯罪的增多，都强烈地彰显出日益严重的全球性问题。

为了和平与发展，为了地球村庄人民的共同利益，也为了民族国家自身发展的长远利益，我们确实需要建立一套世界各国人民共同遵守的价值标准和行为规则——“全球伦理”，使我们大家都能够在资源有限的美丽地球上和谐相处、共同生活。

全球伦理建构对当代中国教育，特别是道德教育改革提供了重要启迪，提醒我们要树立全球意识，弘扬民族精神，创造性地融通整合东西方文化教育智慧。具体而言，就是要注意以下几个方面：

其一，树立全球开放意识，继续破除狭隘的华夏文化中心论，努力吸收世界先进道德教育经验。诚然，从 1978 年确立“改革开放”国策以来，中国教育即开始全方位“面向世界”，举凡国外教育理论、制度、经验等均被全面引进。有学者依据中国人民大学书报资料中心所编的《报刊资料索引》统计，发现“1980 年到 2000 年间，全国主要报纸、杂志上所登的研究、介绍国外教育的论文相当丰富，总量达 13000 多篇，年均 650 篇”[①]；另据中国版本图书馆编的《全国新书目》统计，发现“1978 年到 2000 年，有关国外教育的各类译著、专著达 1070 余种”[②]。无论是有关国外教育的论文还是译、著，其数量都十分惊人，它们都从一个侧面充分展示了 1978 年以来中国教育所具有的较强的对外开放度，是近代以来中外教育交流史上所罕见。应该认识到，中国毕竟是一个具有数千年民族文化和教育传统的国家，灿烂的古代文化是我们伟大民族的骄傲，我们对佛教等外来文化也有过十分自觉的吸收与再创造；但在历史发展中，我们确实也曾不自觉地滋生出华夏文化中心论——“夷夏之辨”，并由于长期固执此论而无视国际局势变化，对已经启动的西方现代化运动失去知觉，遂在近代付出了十分沉重的代价。今天，可能很少有盲目排外者，但随着中国传统文化价值的重新发现和“读经热”的持续升温，我们应该警惕华夏文化中心论的回潮，努力吸收和借鉴包括道德教育在内的世界先进教育。经过近 30 年的国外教育引进与交流，西方的存在主义道德教育理论、认知发展道德教育理论、价值澄清理论、社会学习道德教育理

① 朱宗顺著：《交流与改革——教育交流视野中的中国教育改革（1978—2000）》，浙江教育出版社 2006 年版，第 53 页。

② 朱宗顺著：《交流与改革——教育交流视野中的中国教育改革（1978—2000）》，浙江教育出版社 2006 年版，第 55 页。

论、人本主义道德教育理论、体谅关心道德教育理论等均被较系统地引入中国。这些理论都有其本国的历史文化背景和特定的适用对象，引进中国后务必经过批判性分析，并结合中国国情进行实践再检验和理论再探索，努力做到取之精华、去之糟粕，“拿来那些适合我国国情特征的，对我们学校德育有参考价值的部分，为我国两个文明建设服务”①。

其二，弘扬民族文化精神，克服西方偏重知识技能教育之弊，积极探索传统教育的现代转换。警惕华夏中心论回潮的提示并不表明数典忘祖，对华夏文化教育发展做出巨大贡献的思想家、发明家、科学家、教育家，我们仍然要致以深深的敬意。先秦“百家争鸣”的学术高峰、宋明博大精深的思想创造以及古代科技史上的“四大发明”，都充分体现了中华民族所具有的伟大创新精神。在教育上，从孔子不分族类、贵贱、庶鄙的“有教无类”之全民观念，到儒家“见利思义”、“义以为上”的义利统一观，再到自修、引导与研究相结合的自由讲学精神，至于儒家所追求的“孔颜乐处”的人生境界、“天人合一”的博大情怀、日用切己的生活智慧，以及儒家学者所精心编写的《三字经》、《百家姓》、《千字文》、《幼学琼林》等蒙学读物，都蕴涵着许多合理因素，亟待我们进行创造性的资源开掘。与源远流长的儒家教化传统不同，西方在现代化进程中明显偏重知识技能教育和功利主义教育，这种单向度教育是工业化时代技术理性的产物，是一种残缺的现代教育。因此，如何克服西方工业化技术理性下的教育偏弊，吸收中国传统教化的合理要素，进行创造性的资源开掘与学术转换，无疑是当代中国德育改革的重要方面。特别是竞争愈演愈烈的中小学阶段，表面上的“素质教育”已蒙上了西方技术理性下的功利主义教育阴影。这就提醒我们要努力加大改革力度，“将其片面的唯知识主义和技术实用理性的纯知识教育模式，转变(复归?)为‘全面教育’的模式，亦即‘智德双修’、‘目的理性’与‘工具理性’兼融，‘德、智、体、美’综合协调的新型教育模式”②。如若不然，不惟“素质教育”理想将要落空，走向“全球伦理”更是一句空话。

其三，倡导“和而不同”、双赢共生，融合东西方文化教育智慧，追求全民乃至全人类和谐共荣的社会理想。全球化并非同质化，乃是多样化基础上

① 袁桂林著：《当代西方道德教育理论》，福建教育出版社2005年版，第305页。

② 万俊人著：《寻求普适伦理》，商务印书馆2001年版，第576页。

的协调统一，这就是中国儒家传统“和而不同”的哲学智慧——一种极具生命力的多样化统一体。作为有自己独特文化传统的国家，中国固然要参与全球化进程，但这种参与绝对不能以迷失自我为代价，而是在平等中和谐共生。美国学者欧文·拉兹洛就认为：“一种单一的全球文明将失去各大文化传统的内在的丰富性”，强调“实现一定程度的统一性的方法不是通过文化统治来消灭文化多样性，而是在现在文化之间创造更密切的和更永久的交流和接触……更密切和更永久的联系将缓和敌意，减少冲突的可能性并加强团结。它们将使不同文化的人民能发现共同利益和找到互相有益的目标。”[①]即是说，不同的文明或文化只有通过更多的交流和接触，才能发现更多的共同利益和目标。而不是像亨廷顿那样站在文化霸权者的位置，强行将西方与非西方的文化价值观置于对抗状态，人为地制造所谓“文明的冲突”。20世纪以来，仅二次世界大战就造成多达3600万平民伤亡，“在第一次世界大战期间共约1300万名妇女、儿童和老人；在第二次大战期间约2000万名妇女、儿童和老人。另外，还必须加上爆发于第二次世界大战前中日战争中大约1500万名中国老百姓的死亡人数”[②]。20世纪已经给人类带来了太多的冲突和死亡，“如果21世纪的世界要实现一定程度的稳定和持久，必须实现一种适合生活在全球化系统中的新认知图像。这将必然是一种整体论的认知图像，将人和自然，科学和精神，技术力量和精神悟性，整合在一个新的和包罗万象的综合中”[③]。这一融万物于一体的新认知图像，其实就是中国“天人合一”的整体辩证思维。依据儒家的教育哲学见解，人与天地、自然是相融共生的，“能尽人之性，则能尽物之性；能尽物之性，则可以赞天地之化育；可以赞天地之化育，则可以与天地参矣”[④]。人们在修身立己、扩充人性之时，也就参与了天地化育，并与之合一而永生。美国学者乔治·麦克林说：“儒家的和谐观念看来特别适合为这个日趋技术化的世界提供自由和创造的空间，特别是如果将其置于一种开放和无限定的存在观念

① [美]欧文·拉兹洛著，王宏昌等译：《布达佩斯俱乐部全球问题最新报告：第三个1000年》，社会科学文献出版社2004年版，第96页。

② [美]兹比格涅夫·布热津斯基著，潘嘉玢、刘瑞祥译：《大失控与大混乱》，中国社会科学出版社1994年版，第16页。

③ [美]欧文·拉兹洛著，王宏昌等译：《布达佩斯俱乐部全球问题最新报告：第三个1000年》，社会科学文献出版社2004年版，第116页。

④ 《中庸》，见孟宪承编：《中国古代教育文选》，人民教育出版社1919年版，第110页。

中更是如此。”[①]如是观之，人类社会要走向和谐共荣，需要的正是“和而不同”、“天人合一”的和谐哲学，以及建基于其上的新认知图像和东西融通、“全球一体”的新教育智慧。

第三节 生活世界与当代学校德育探索

反思20世纪以来中国社会的生存环境与德育变迁，我们深切感受到不同时期所表现出来的不同程度的德育政治化和功利化现象。破除这一习以为常的历史惯性，必须转变思维方式，回归“生活世界”，并结合时代精神，进行创造性的学校德育改革探索。

一、脱离儿童生活实际的德育政治化与功利化

不可否认，一定社会的德育总是为一定社会的政治、经济服务；但过分强调和固守这一德育的“社会性功能”，则必然削弱其“个人性功能”而背离儿童的实际生活需求。“只有当德育在个人关系领域内充分发挥它的功能，德育才不是把人作为工具来培养，而是作为目的来培养。德育才赋有了它的原应有的本质的意义。这种德育才不致使被教育对象视作为‘异己’‘异化’了的德育，才能成为对象们衷心自愿接受的德育。”[②]然而，遗憾的是，躁动的20世纪并没有更多地关注儿童自身的健康成长，而是整体突出了德育的社会性功能，过分强调德育政治化、功利化的价值导向。

依据“大德育”传统，我们所说的广义德育即是指思想教育、政治教育、道德教育、法制教育和心理健康教育等相互关联的有机统一体；而德育政治化则明显地窄化了德育的本质内涵，突出了德育中“高、大、全”的政治导向。就思想渊源而言，中国儒家即是以伦理政治为其德育建构的理论指向，提出了“格物、致知、诚意、正心、修身、齐家、治国、平天下”的内圣外王式治国策略。不过，儒家德育的实践基点乃是基础性道德修身，治国、平天下只是其道德修身的自然结果。与之不同，20世纪的中国德育政治化所强调的则是

---

① [美]乔治·麦克林著，干春松等译:《传统与超越》，华夏出版社2000年版，第102页。

② 《试论德育功能观的转变》，见鲁洁著:《超越与创新》，人民教育出版社2001年版，第237～238页。

以“高、大、全”的政治信仰来引导德育变革。以国民政府的训育为例，就是强调要以“三民主义”精神为指针，以国民党党员守则为学生守则，责令学校一律开设“党义课”(后改为“公民课”)，要求学生自觉奉行“四维八德”——“礼、义、廉、耻，忠、孝、仁、爱，信、义、和、平”，其专制主义的德育政治化导向不言自明。与国民党的党化德育旨趣不同，中国共产党主张以人民利益为重，要求以共产主义精神教育年轻一代，公开声称德育要为革命战争与阶级斗争服务。应该肯定，在严酷的战争环境中，国共双方德育均突出了各自的政治导向，这是可以理解的。

新中国成立后，由于当时所处的十分严峻的国际环境，德育的政治化导向非但没有削弱，反而得到了进一步加强。其后，由于毛泽东反复强调无产阶级与资产阶级的尖锐矛盾，甚至提出“以阶级斗争为纲”，致使战争年代所突出的德育政治化情结愈演愈烈。至“文革”期间，更达到登峰造极的地步，一切都围绕着政治运动转，所谓德育也就完全异化为简单化、片面化的政治教育。这样一来，“德育工作实际是作为政治工作来做的。虽然也承认德育包括道德品质的教育，但实际上是‘围绕坚定正确的政治方向’进行品质培养的，大大窄化了德育的功能”①。事实上，“文革”期间，德育不仅被严重“窄化”，而且“采用了用政治原则与标准取代道德原则与标准的思维模式”，将人类的基础文明规范“砸了个稀巴烂”。②

与德育政治化相呼应，德育的功利化乃至工具化也是 20 世纪以来中国德育的又一痼疾。人类的科学进步并没有导致道德水平的相应提高，这不仅引起 18 世纪法国教育家卢梭的困惑，同样引发了 20 世纪中外学者对科学价值有限性的思考。在中国，虽然有“玄学派”张君劢公开质疑科学价值的普遍意义，声称科学并不能解决人生观的问题；但是，这一合理化的质疑在 20 世纪 20 年代“科玄之争”中并占据优势地位，最终以丁文江、胡适为代表的“科学派”胜利而告终，科学的神圣性得到了进一步确证，从而导致了唯科学主义在中国的长期流行。与之相反，同时代的德国思想家胡塞儿则深刻地认识到科学在带给人类进步的同时，也带来了危机，这就是对人的“日常生活世界”的遗忘。胡塞儿指出：“最为重要的值得重视的世界，是早在伽

---

① 赵渭荣著：《转型期的中国政治社会化研究》，复旦大学出版社 2001 年版，第 135 页。

② 檀传宝著：《信仰教育与道德教育》，教育科学出版社 1999 年版，第 112 页。

利略那里就以数学的方式构成的理念存有的世界开始偷偷摸摸地取代了作为唯一实在的，通过知觉实际地被给予的、被经验到并能被经验到的世界，即我们的日常生活世界。”[①]即是说，过度膨胀的科学主义不仅遗忘了科学自身产生的基础，而且遮蔽了人所能经验到的日常生活世界，而离开生活世界的德育只能是行之不远的无本之水。

然而，过分沉浸于科学主义的唯科学论者并没有意识到自己的缺陷，他们在征服自然中尝到了“叫电气给他赶车，以太给他送信”（胡适语）的甜头，却遗忘了对自然过分索取而带来的环境污染、洪水泛滥、生态失衡等灾难对人类的周期性报复；他们惊叹各式精密武器的科技含量以及原子弹的巨大威力，却遗忘了 20 世纪两次世界大战和无数次地区军事冲突所带给人类的无尽苦难。正是科学主义与功利主义的神秘结合，导致了人类原始欲望的极度膨胀，缺失了最起码的人性关怀。面对汹涌澎湃的西方功利主义思潮和现代化的全球扩张，被誉为最后儒家的梁漱溟断言：“尚理智”、“主功利”的近代西方人，“从那向前的路一味向外追赶，完全抛荒了自己，丧失了精神；外面生活富丽，内里生活却贫乏至于零”。[②]

对功利主义、物质主义、消费主义的追求是伴随着工业化和现代化的增长而增长，至全球化时代则更为严重，仿佛整个世界都弥漫着一种及时行乐和功利至上的时尚。这一点，英国思想家齐格蒙·鲍曼曾有过十分形象的描述。他说：“最重要的是不要将满足延迟，如果您能够即时获得满足。不管你追求什么，现在就要努力得到它；因为你不能知道，今天你追求的满足明天还会不会是你的目标。”[③]因为在后现代的社会中，人们最看重的就是体验、冒险与尝试，“他们都意识到生命只有一次，因此必须努力去享受、体验并加以表达”[④]。至于某些大国霸权主义者凭借其军事科技的优势，并以所谓“合法”的暴力形式去肆意干涉他国内政，正在无休止地膨胀和扩充自己的功利私欲，更是人所共知的事实。

---

① [德]埃德蒙·胡塞尔著，张庆熊译：《欧洲科学危机和超验现象学》，上海译文出版社 1988 年版，第 58 页。

② 《东西方文化及其哲学》，见《梁漱溟全集》（第一卷），山东人民出版社 1989 年版，第 505 页。

③ [英]齐格蒙·鲍曼著，郁建兴等译：《生活在碎片之中——论后现代道德》，学林出版社 2002 年版，第 98 页。

④ [英]迈克·费瑟斯通著，刘精明译：《消费主义与后现代主义》，译林出版社 2000 年版，第 126 页。

事实上，现代社会的功利主义导向不仅抹杀了人的尊严，使人性沙漠化；而且使德育工具化，使德育这一塑造人类心灵的神圣工作沦落为取悦为权势者功利需要和政治意图的技艺表演。这一点，在"文革"期间的各种"语录课"、"批判课"中表演得淋漓尽致。诚然，德育不可避免要为市场经济建设服务，但正如鲁洁教授所说："如果我们忽视了超越于物质功利的人的精神建构，忽视人对于各种精神需要：从自尊、自强、利他、爱国，一直到对人生终极的关怀等等的追求，德育就会脱离当今蕴含于广大群众之中的内在需要，也无以建构当代社会主义社会的精神风貌，德育也将丧失时代所赋予它的意义。"①

二、回归"生活世界"的当代德育探索

德育政治化、功利化乃至工具化的现象给了我们以太多的感慨，它是百年来社会剧烈变化的产物，也是中西文化激烈冲突的折射。"改革开放"后，特别是社会主义市场经济体制确立以后，中国德育开始逐渐摆脱过于政治化的束缚，并警惕德育功利化和工具化的倾向，力求让长期累积的崇高化德育回归"生活教育世界"，回到孩子们自己的生活中来。毫无疑问，"回归生活"已成为当代德育改革创新的必然选择。

其一，回归真实的生活世界，用儿童熟悉的前进的生活引导儿童向上发展。在如上所述的德育政治化、功利化中，我们看到的是成人对儿童世界的过度干预，儿童的生活乐趣没有了，金色的童年梦想也过早地消失了。有鉴于成人观念、书本知识、外在权威对儿童自己内在世界和生命成长的严重干扰，20世纪初年的美国教育家杜威即提出了"教育即生活"、"教育即生长"、"学校即社会"的理论，突出了儿童与现实生活的联系，并意图把学校浓缩成"社会的雏形"。在杜威看来，成人非但不能过度干预儿童，"在某种道德的和理智的方面，成人必须变成幼小儿童才对"②。他深刻指出，儿童的未成熟状态本身具有重要价值，他说："未成熟状态这词的前最缀'未'却有某种积极的意义，不仅仅是一无所有或缺乏的意思……我们所未成熟状态就是有生长的可能性。"③杜威极其重视和珍爱儿童这一"生长的可能性"，它是儿童

---

① 《道德教育：一种超越》，见鲁洁著：《超越与创新》，人民教育出版社2001年版，第275页。

② [美]杜威著，王承绪等译：《道德教育原理》，浙江教育出版社2003年版，第65页。

③ [美]杜威著，王承绪等译：《道德教育原理》，浙江教育出版社2003年版，第64页。

自己生活世界的"根","哪里有生活,哪里就已经有热切的和激动的活动。生长并不是从外面加到活动中的东西;而活动自己做的东西"①。在他看来,教育就是要尊重儿童,把属于儿童自己的"儿童期"还给儿童,让儿童在生活中生长,并为其更好、更充分的生长提供良好的条件和智慧的引导。杜威说:"因为生活就是生长,所以一个人在一个阶段的生活和在另一个阶段的生活,是同样真实,同样积极的,这两个阶段的生活,内部同样丰富,地位同样重要。因此,教育就是不问年龄大小,提供生长或充分生活的条件的事业。"②

陶行知师承于杜威,继承了杜威思想的合理内核并超越了杜威,他从更广阔的社会生活出发,立足于当时的中国国情,提出了"生活即教育"的理论,称:"生活教育是生活所原有,生活所自营,生活所需的教育(Life education means an education of life, by life and for life)。教育的根本意义是生活之变化。生活无时不变即生活无时不含有教育的意义。"③生活教育的奥妙,即是要首先解放儿童,让他们回到真实自然、无时不变的生活中去;儿童在生活中一定会遇到种种的困难和疑问,教育者的高明之处就是要用儿童熟悉的前进的生活进行因势利导,促使其内在德性的自然成长,学校理应成为生活进步的先导。陶行知解释说:"我们承认自古以来便有生活即有教育。但同在一社会,有的人是过着前进的生活,有的人是过着落后的生活。我们要前进的生活来引导落后的生活,要大家一起来过前进的生活,受前进的教育。"④陶行知这一"生活教育"理论虽然成形于20世纪30年代,当时半殖民地半封建的社会生活环境与全球化时代的当代社会也完全不同;但"生活教育"理论对儿童"生活世界"的呼唤,以及该理论本身所包含的深刻教育哲理,对当代德育改革仍具有十分重要的启迪之功。

德育专家鲁洁教授在阐述21世纪新课程改革时指出:"'回归生活'是这次课程改革中各门课程共同追求的目标。"在谈到小学"品德与生活"、"品德与社会"的课程改革时,她明确反对"脱离、背离生活的道德规范教育、社会知识等教育",强调"'品德与生活'是按照儿童几个方面的生活来建构的:

① [美]杜威著,王承绪等译:《道德教育原理》,浙江教育出版社2003年版,第65页。

② [美]杜威著,王承绪等译:《道德教育原理》,浙江教育出版社2003年版,第75页。

③ 《生活教育》,见《陶行知全集》(第二卷),湖南教育出版社1985年版,第633页。

④ 《生活教育之特质》,见《陶行知全集》(第三卷),湖南教育出版社1985年版,第27页。

健康、安全的，愉快、积极的，负责、有爱心的，动脑筋、有创意的生活。‘品德与社会’是按照儿童逐渐扩大的生活圈（场域）来建构的：我的成长、我与家庭、我与社区、家乡、我是中国人、走近世界。它们不是从学科概念中推导出来的”。[1] 这一“回归生活”的课程理念和改革路向否定了过去强加给孩子的种种外在的学科式的概念构造，突出了课程的生活化和综合化，从而为学生“开辟了一条通向他们生活的渠道，使他们在生活的内在联系中获得整体的发展，特别是有利于他们的品德与社会性发展”[2]。而品德与社会性的发展恰恰是儿童人格健康成长的基础。从这个意义上说，当代新德育改革把握住了基础德育的核心理念和本质内涵，是对长期以来德育政治化、功利化的一种反驳，是全球化时代德育变革的一次创新之举。当然，新德育改革能否真正取得实际效果，还需要有高水平的师资队伍，以及学校内外人性化管理措施的综合配套。

其二，树立完整的生命意识，关爱儿童的内在需要和人格尊严，促使其身心健康成长。回归儿童的“生活世界”，归根到底还是为了生活世界中的儿童自己，为了儿童的完整生命的健康成长。作为具有无限发展潜质的生命体，每一个教师都应该以“敬畏生命”，并“促进生命”发展的态度去珍爱所有的儿童，不仅要给予真诚的关爱与尊重，更需要细心的呵护、滋养和引导。因为教育就是一个直面生命、关怀生命、唤醒生命和再造生命的崇高事业。不可否认，随着现代化的全球推进和人类文明程度的不断提高，人的主体精神和独立意识大大增强了，从而“产生了主体主义和个人主义”；但“同样真实的是，以往任何一个时代也没有像现时代这样出现了客体主义和非个人化倾向的泛滥；更加糟糕的是，现时代的客体主义和非个人化倾向还以集体的名义，作为有价值的东西而被广泛地认可”[3]。反观20世纪以来的中国德育演化，这种不把人当人看，甚至“以集体的名义”所施予的片面教化并不少见；特别是由于应试教育思想的根深蒂固，致使一些教师与家长一味以分数为重，严重漠视儿童自身的内在需要与兴趣，以考试成绩将学生进行等级分

① 鲁洁：《回归生活——“品德与生活”“品德与社会”课程与教材探寻》，载《课程·教材·教法法》，2003年第9期。

② 鲁洁：《回归生活——“品德与生活”“品德与社会”课程与教材探寻》，载《课程·教材·教法法》，2003年第9期。

③ [德]海德格尔著，郜元宝译：《人，诗意地安居》，广西师范大学出版社2000年版，第37页。

类，从而极大地伤害了学生的人格尊严。令人震惊的“徐力弑母”事件，就不仅充分暴露了当代生命教育的严重缺失，而且也在一定程度上折射出当代部分教育体制的非人性痼疾。

如何从“敬畏生命”的哲学高度来关怀儿童的生命成长，仍然是当代德育改革不容回避的重要问题。一个多年从事德育工作的专家写下了这样一则故事：

> 我永远不会忘记的是在一个春节的早晨，一个二十多年前我教过的学生，领着他10岁的儿子来看我，一进门，就给我跪下了，并对儿子说：“叫奶奶，你知道吗，没有奶奶，就没有你爸爸的今天。”他边说着边泪流满面。看着眼前这个如今已为国家做出贡献的成年人，我想起了二十多前的一件往事。在他还是一个十几岁的孩子的时候，我查出是他偷了别人的东西，他当时吓坏了。可我没有当着全班的面叫他“小偷”，也没有公布他偷东西的事儿，更没有告诉家长，而是悄悄地告诉他：你不是“小偷”，因为我知道，你一定很喜欢这件东西，想看看后就还给人家，不是你的东西你是不会要的。之后，我买了相同的东西送给他，并告诉他，以后喜欢什么就告诉我，没有经过人家允许，动人家的东西会变成小偷的。他以后真的再也没拿过别人的东西。没想到，事隔二十多年了，他还记着。这倒使我很后怕，我不敢想如果我当时我在班上大喊“我抓住了小偷，他就是小偷”，二十多年后的今天他将是什么样子，也可能小偷的帽子一直会戴到今天。①

这是一个具有极高艺术价值的德育案例，从这个生动的案例中，我们看到了一个真正德育工作者——丁榕老师的光辉形象！在这里，不仅体现了她对有过错儿童的尊重和发自内心的深切关爱，而且也深刻地反映了她处理整个事件过程中所表现出来的教育智慧。她深知“查出是他偷了人家的东西，这就是对他的最大惩罚”，因此没有把精力放在事后的惩罚上，而是关注事后的教育艺术及其升华，她特意“买了相同的东西送给他”的感化力，以及精妙绝伦的因势利导，都必然深深地撼动其内心的愧疚，从而自觉地接受了这慈母般的教化。值得庆幸的是，像丁老师这样的德育工作者已越来越多，进入21世纪的新课程改革已把“为了每位学生的发展”与“为了中华民

---

① 丁榕著：《班级管理科学与艺术——我的班主任情》，人民教育出版社2004年版，第351～352页。

族的复兴”，并列为旗帜上的两句纲领性口号，许多教师不仅走下了讲台，融入进儿童的生活世界，甚至“蹲下来以欣赏的眼光看每一个孩子”，结果发现了奇妙的德育效应：“学生因教师的欣赏而十分自信，教师因欣赏学生而感到教育工作的快乐。”①

其三，融入多元的文化生态环境，养成主流价值取向和人生态度，共建美好的和谐社会。如前所述，全球化是当代中国人的生存境遇，多元文化并存则是当代中国文化生态的基本格局。就现实而言，回归“生活世界”也就是要正视全球化背景下的多元文化并存的生态环境。面对扑面而来的多元文化冲击，我们首先要秉持开放的心态予以积极地接纳，因为“社会中的单一文化就像农业中种植单一作物一样，短期内看来好像是有效的，但不能持久”②。计划经济下的单一文化与封闭教育不仅使我们失去了对异国文化教育精华的汲取，而且因为缺少外力的冲击而走向了枯萎，那种盲目排斥外来文化教育的思想显然已失去了市场。美国未来学专家阿尔文·托夫勒和海迪·托夫勒夫妇曾风趣地说道：“当经济落后的诗人和知识分子还在谱写国歌时，第三次浪潮文明国家的诗人和知识分子已在放声歌唱‘无国界’世界的美德了。”③但同样需要注意的是，不协调的多样化也将导致混乱，因为“人类的共同未来不能多样化而没有协调，也不能统一而没有多样化”④。

面对多元文化的剧烈冲击和社会转型期所激发出来的思想震荡，我们在“和而不同”的原则下务必坚持核心价值观的引导。这不仅可以弘扬中华民族精神，凝聚人心，保证社会主义发展的先进方向；而且也是“帮助学生顺利融入社会、积极适应和参与社会进步与社会建设、实现个人价值的有效途径”⑤。当然，核心价值观和正确人生态度的树立绝非一朝一夕之功，亦非计

---

① 《蹲下来欣赏学生——教室里的变革系列报道之十二》，见李建平著：《聚焦新课程》，首都师范大学出版社 2002 年版，第 273 页。

② [美]欧文·拉兹洛编辑，戴侃、辛未译：《多种文化的星球——联合国教科文组织国际专家小组的报告》，社会科学文献出版社 2001 年版，第 231 页。

③ [美]阿尔文·托夫勒、海迪·托夫勒著，阿迪等译：《未来的战争》，新华出版社 1996 年版，第 23 页。

④ [美]欧文·拉兹洛编辑，戴侃、辛未译：《多种文化的星球——联合国教科文组织国际专家小组的报告》，社会科学文献出版社 2001 年版，第 232 页。

⑤ 朱小蔓：《当前中国中学道德教育课程标准及其创新方式》，见中华人民共和国教育部办公厅编：《未成年人思想道德建设大家谈——教育系统开展教育思想大讨论参考资料》，教育科学出版社 2004 年版，第 83 页。

划时代的强制灌输所能奏效，它更需要回到儿童的生活世界，因为“我们不可能也不应该把学校与社会环境隔离开来，进行清一色的主流文化或高雅文化的教育，因为这样的教育必然是脱离生活实际的乌托邦教育，与信息化时代精神格格不入……事实上，主流文化与非主流文化、高雅文化与通俗文化保持适当的张力，还为学生提供了比较选择和独立思考的空间，从而在客观上较好地解决了提倡多样化与弘扬主旋律的辩证统一，有效地保证了学生对主流文化的认可和信心”①。因此，新课程标准背景下的当代中国德育改革，“在坚持核心价值观引导的同时要以人为本，回归学生生活，从而使道德教育成为温馨的、有魅力的、受学生欢迎的课程”②。除显性德育课程外，还需要各种隐性德育课程的巧妙协助，以及家庭、社会力量的共同配合。

概言之，多元文化的有机统一和主流价值观念的合理重建是当代中国德育改革与和谐社会发展的基本方向。

① 黄书光等著：《中国基础教育改革的文化使命》，教育科学出版社 2001 年版，第 224～225 页。

② 朱小蔓：《当前中国中学道德教育课程标准及其创新方式》，见中华人民共和国教育部办公厅编：《未成年人思想道德建设大家谈——教育系统开展教育思想大讨论参考资料》，教育科学出版社 2004 年版，第 85 页。

主要参考文献

（一）

1. 高凤谦、蔡元培、张元济校订：《最新初等小学修身教科书》，第三、四、五、六、七册，上海：商务印书馆 1906 年版。

2. 沈颐、范源廉、董文合编：《新编中华修身教科书》（第八册），上海：中华书局 1914 年 1 月初版、1915 年 6 月十版。

3. 包公毅、沈颐、高凤谦编：《共和国教科书·高等小学新修身》（第二册），上海：商务印书馆 1912 年 6 月初版、1913 年 3 月 53 版。

4. 吕金录、宗亮寰、赵景源编校：《复兴公民教科书》（高小第二册），上海：商务印书馆 1937 年第 11 版。

5. 国立编译馆主编：《初级中学公民》（第三册），上海：国定中小学教科书七家联合供应处 1946 年版。

6. 上海中小学教材编写组：《语文》（中学二年级第二学期用），上海：上海市中小学教材编写组出版 1970 年。

7. 中国第二历史档案馆编：《中华民国史档案资料汇编》（第五辑第一编 教育），南京：江苏古籍出版社 1994 年版。

8. 教育部编：《第二次中国教育年鉴》（第一编），上海：商务印书馆 1948 年版。

9. 缪仞言辑录：《第二次全国教育会议始末记》（第二编），上海：上海江东书局民国 19 年（1930）。

10. 中国教育年鉴编辑部：《中国教育年鉴》（2002），北京：人民教育出版社 2002 年版。

11. 龚自珍著：《龚自珍全集》，上海：上海人民出版社 1975 年版。

12. 康有为著:《大同书》,郑州:中州古籍出版社 1998 年版。

13. 康有为著:《论语注》,北京:中华书局 1984 年版。

14. 康有为著:《孟子微·礼运注·中庸注》,北京:中华书局 1987 年版。

15. 康有为著:《康有为全集》(第一集),上海:上海古籍出版社 1987 年版。

16. 汤志钧编:《康有为政论集》(上、下册),北京:中华书局 1981 年版。

17. 朱维铮校注:《梁启超论清学史二种》,上海:复旦大学出版社 1985 年版。

18. 李华兴、吴嘉勋编:《梁启超选集》,上海:上海人民出版社 1984 年版。

19. 梁启超著:《新民说》,沈阳:辽宁教育出版社 1994 年版。

20. 王栻主编:《严复集》(第一、四册),北京:中华书局 1986 年版。

21. 蔡尚思、方行编:《谭嗣同全集》(上、下册),北京:中华书局 1981 年版。

22. 胡伟希编选:《民声——辛亥时论选》,沈阳:辽宁人民出版社 1994 年版。

23. 朱维铮、姜义华编注:《章太炎选集》,上海:上海人民出版社 1981 年版。

24. 张之洞著:《劝学篇》,郑州:中州古籍出版社 1989 年版。

25. 张之洞著:《张之洞全集》(第六册),石家庄:河北人民出版社 1998 年版。

26. 陈焕章著:《孔门理财学》(下),长沙:岳麓书社 2005 年版。

27. 郑大华点校:《采西学议——冯桂芬 马建忠》,沈阳:辽宁人民出版社 1994 年版。

28. 郅志选注:《猛回头——陈天华 邹容集》,沈阳:辽宁人民出版社 1994 年版。

29. 孙中山著:《孙中山选集》(下卷),北京:人民出版社 1957 年版。

30. 中山大学历史系孙中山研究室等编:《孙中山全集》(第七集),北京:中华书局 1985 年版。

31. 高平叔编:《蔡元培全集》(第二、三卷),北京:中华书局 1984 年版。

32. 高平叔编:《蔡元培全集》(第六卷),北京:中华书局 1985 年版。

33. 高平叔编:《蔡元培全集》(第七卷),北京:中华书局 1989 年版。

34. 李廷翰著:《教育丛稿》(下册),北京:中华书局 1921 年版。

35. 高瑞泉编选:《向着新的理想社会——李大钊文选》,上海:上海远东出版社 1995 年版。

36. 任建树等编:《陈独秀著作选》(第一卷),上海:上海人民出版社1993年版。

37. 胡适著:《胡适文存》(一集),上海:亚东图书馆1921年版。

38. 葛懋春等编辑:《胡适哲学思想资料选》(上册),上海:华东师范大学出版社1981年版。

39. 白吉庵等编:《胡适教育论著选》,北京:人民教育出版社1994年版。

40. 鲁迅著:《鲁迅全集》(第一、三、十一卷),北京:人民文学出版社1981年版。

41. 华中师范学院教育科学研究所主编:《陶行知全集》(第一、二、三卷),长沙:湖南教育出版社1985年版。

42.《陶行知全集》编辑委员会编:《陶行知全集》(第一卷),成都:四川教育出版社1991年版。

43. 北京市教育科学研究所编:《陈鹤琴全集》(第五卷),南京:江苏教育出版社1991年版。

44. 中国文化书院学术委员会编:《梁漱溟全集》(第一卷),济南:山东人民出版社1989年版。

45. 赵清、郑城编:《吴虞集》,成都:四川人民出版社1985年版。

46. 王兴国编:《杨昌济文集》,长沙:湖南教育出版社1983年版。

47. 中央教科所编:《徐特立教育文选》,北京:人民教育出版社1986年版。

48. 吕达主编:《陆费逵教育论著选》,北京:人民教育出版社2000年版。

49. 张彬编:《经亨颐教育论著选》,北京:人民教育出版社1993年版。

50. 中央教科所编:《董纯才教育文选》,北京:教育科学出版社2005年版。

51. 北京师范大学编:《林砺儒文集》,广州:广东教育出版社1994年版。

52. 吴式颖等编:《马卡连柯教育文集》(上、下卷),北京:人民教育出版社2005年第二版。

53. 何劲松编:《池田大作集》,上海:上海远东出版社2003年版。

54. 张枬、王忍之编:《辛亥革命前十年间时论选集》(第一卷下册),北京:生活·读书·新知三联书店1960年版。

55. 教育部普通司编:《优良小学事汇》(第一辑),上海:商务印书馆1919年版。

56. 中央大学实验小学校编:《一个小学十年努力纪》,上海:中华书局

1933年第6版。

57. 廖世承等编:《施行新学制后之东大附中》,上海:中华书局1939年第5版。

58. 丁守和主编:《中国近代启蒙思潮》(上、中、下卷),北京:社会科学文献出版社1999年版。

59. 孙宝瑄著:《忘山庐日记》(上),上海:上海古籍出版社1983年版。

60. 舒新城编:《中国近代教育史资料》(上、中、下册),北京:人民教育出版社1961年版。

61. 舒新城编:《近代中国教育史料》补编,《民国丛书》第二编46,上海:上海书店据中华书局1933年版影印。

62. 孟宪承编:《中国古代教育文选》,北京:人民教育出版社1979年版。

63. 朱有瓛主编:《中国近代学制史料》(第二辑上册),上海:华东师范大学出版社1987年版。

64. 李桂林等编:《中国近代教育史资料汇编・普通教育》,上海:上海教育出版社1995年版。

65. 李桂林主编:《中国现代教育史教学参考资料》,北京:人民教育出版社1987年版。

66. 璩鑫圭、唐良炎编:《中国近代教育史资料汇编・学制演变》,上海:上海教育出版社1991年版。

67. 高时良主编:《中国近代教育史资料汇编・洋务运动时期教育》,上海:上海教育出版社。

68. 陈元晖等编:《老解放区教育资料》(一),北京:教育科学出版社1981年版。

69. 教育科学研究筹备处编:《老解放区教育资料选编》,北京:人民教育出版社1959年版。

70. 陕西省教育厅编:《中小学的政治思想教育》,西安:陕西人民出版社1959年版。

71. 华东师大教育系教研室编:《教育学参考资料》(上册),上海:人民教育出版社1980年版。

72. 陈元晖等编:《老解放区教育资料》(一),北京:教育科学出版社1981年版。

73. 陕西师范大学教育科学研究所编辑:《陕甘宁边区教育资料》(小学教育部分)(上册),北京:教育科学出版社 1981 年版。

74. 陕西师范大学教育科学研究所编辑:《陕甘宁边区教育资料》(中等教育部分)(上),北京:教育科学出版社 1981 年版。

75. 王谦主编:《晋察冀边区教育资料选编》(初等教育分册)(上),石家庄:河北教育出版社 1990 年版。

76. 王谦主编:《晋察冀边区教育资料选编》(回忆录分册),石家庄:河北教育出版社 1990 年版。

77. 王用斌等编选:《晋察冀边区教育资料选编》(续集),北京:北京师范大学出版社 1991 年版。

78. 教育科学研究所筹备处编:《老解放区教育资料选编》,北京:人民教育出版社 1959 年版。

79.《人民教育》社编:《老解放区教育工作经验片段》,上海:上海教育出版社 1979 年版。

80. 中共中央文献研究室编:《三中全会以来重要文献选编》(下),北京:人民出版社 1982 年版。

81. 宋恩荣、章咸主编:《中华民国教育法规选编》(1912—1949),南京:江苏教育出版社 1990 年版。

82. 袁振国编:《中国当代教育思潮》(1949—1989),上海:三联书店 1991 年版。

83. 何东昌主编:《中华人民共和国重要教育文献》(1949—1975),海口:海南出版社 1998 年版。

84. 何东昌主编:《中华人民共和国重要教育文献》(1976—1990),海口:海南出版社 1998 年版。

85. 何东昌主编:《中华人民共和国重要教育文献》(1991—1997),海口:海南出版社 1998 年版。

86. 课程教材研究所编:《20 世纪中国小学课程标准·教学大纲汇编:课程(教学)计划卷》,北京:人民教育出版社 2001 年版。

87. 课程教材研究所编:《20 世纪中国小学课程标准·教学大纲汇编:思想政治卷》,北京:人民教育出版社 2001 年版。

88. 北京师范大学教育科学研究所编:《中小学教育政策法令选编》

(1949—1966)(上、下册),北京:内部发行 1979 年版。

89. 金铁宽主编:《中华人民共和国教育大事记》(第 1 卷),济南:山东教育出版社 1995 年版。

90. 北京图书馆、人民教育出版社图书馆合编:《民国时期总书目》(1911—1949),北京:书目出版社 1995 年版。

91. 盛朗西编:《小学课程沿革》,上海:中华书局 1934 年版。

92. 万竹小学校编:《万竹小学概况》,上海:开明印刷局 1937 年版。

93. 傅国涌编:《过去的中学》,武汉:长江文艺出版社 2006 年版。

94. 北京师大附中编:《北京师大附中》,北京:人民教育出版社 2000 年版。

95. 上海市大同中学编:《上海市大同中学》,北京:人民教育出版社 2002 年版。

96. 成都市石室中学编:《成都市石室中学》,北京:人民教育出版社 1999 年版。

97. 南京金陵中学编:《南京金陵中学》,北京:人民教育出版社 1998 年版。

98. 顾明远总主编:《中国教育大系・马克思主义与中国教育》(下),武汉:湖北教育出版社 1994 年版。

99. 教育资料丛刊社编:《小学的思想政治教育》,上海:新华书店 1950 年版。

100. 文化教育出版社编:《怎样在中小学中进行共产主义道德教育》,北京:文化教育出版社 1955 年版。

101. 学习杂志编辑部编:《社会主义教育课程阅读文件汇编》(第一编),北京:人民出版社 1957 年版。

102. 教育半月刊社编:《对小学生进行社会主义思想教育的经验》,郑州:河南人民出版社 1958 年版。

103. 上海教育出版社编辑:《加强对青少年的阶级教育》,上海:上海教育出版社 1963 年版。

104. 雷锋著:《雷锋日记》(1959—1962),北京:解放军文艺出版社 1963 年版。

105. 上海第五钢铁厂革命委员会编:《批黑文　谱新篇——批林批孔资料汇编》,上海:上海第五钢铁厂革命委员会,内部发行 1974 年版。

106. 瞿葆奎主编:《中国教育改革》,北京:人民教育出版社 1991 年版。

107. 瞿葆奎主编:《德育》,北京:人民教育出版社 1989 年版。

108. 金铁宽主编:《中华人民共和国教育大事记》(2),济南:山东教育出版社 1995 年版。

109. 吴慧珠主编:《中国著名特级教师教学思想录·小学思想品德卷》,南京:江苏教育出版社 1996 年版。

110. 中华人民共和国教育部编订:《九年义务教育小学思想品德课和初中思想政治课课程标准》(试行),北京:人民教育出版社 2001 年版。

111. 梁展编选:《全球化话语》,上海:上海三联书店 2002 年版。

112. 中华人民共和国教育部办公厅编:《未成年人思想道德建设大家谈——教育系统开展教育思想大讨论参考资料》,北京:教育科学出版社 2004 年版。

(二)

1. 毛泽东著:《毛泽东选集》(第二卷),北京:人民出版社 1991 年版。

2. 人民教育出版社编:《毛泽东同志论教育工作》,北京:人民教育出版社 1992 年版。

3. 邓小平著:《邓小平文选》(第二卷),北京:人民出版社 1994 年版。

4. 中共中央宣传部编:《毛泽东邓小平江泽民论弘扬和培育民族精神》,北京:学习出版社 2003 年版。

5. 廖世承著:《中学教育》,上海:商务印书馆 1924 年初版、1932 年国难后第一版。

6. 杨同芳著:《中学训育》,上海:世界书局 1941 年版。

7. 吴俊升编:《德育原理》,上海:商务印书馆 1948 年第三版。

8. 蔡元培著:《中国伦理学史》,上海:商务印书馆 2000 年版。

9. 胡守芬编著:《小学共产主义道德教育的内容和方法》,上海:新知识出版社 1957 年版。

10. 陈元晖等编写:《老解放区教育简史》,北京:教育科学出版社 1982 年版。

11. 王炳照等主编:《中华人民共和国教育历史传统与基础》,海口:海南出版社 2000 年版。

12. 吕型伟主编:《上海普通教育史》(1949—1989),上海:上海教育出版社 1994 年版。

13. 吕达著:《中国近代课程史论》,北京:人民教育出版社 1994 年版。

14. 叶澜主编:《“新基础教育”探索性研究报告集》,北京:上海三联书店 1999 年版。

15. 鲁洁著:《超越与创新》,北京:人民教育出版社 2001 年版。

16. 朱小蔓著:《情感德育论》,北京:人民教育出版社 2005 年版。

17. 朱小蔓主编:《道德教育论丛》(第 1 卷),南京:南京师范大学出版社 2000 年版。

18. 陈桂生著:《中国德育问题》,福州:福建教育出版社 2006 年版。

19. 田正平主编:《中外教育交流史》,广州:广东教育出版社 2004 年版。

20. 郑金洲著:《教育文化学》,北京:人民教育出版社 2000 年版。

21. 张志建著:《中学思想政治课发展史》,北京:北京师范大学出版社 1994 年版。

22. 高谦民主编:《中国小学思想品德教学史》,济南:山东教育出版社 1995 年版。

23. 檀传宝著:《信仰教育与道德教育》,北京:教育科学出版社 1999 年版。

24. 王伦信著:《清末民国时期中学教育研究》,上海:华东师范大学出版社 2002 年版。

25. 郑航著:《中国近代德育课程史》,北京:人民教育出版社 2004 年版。

26. 孙少平编著:《新中国德育 50 年》,福州:福建教育出版社 2002 年版。

27. 郑谦著:《被“革命”的教育》,北京:中国青年出版社 1999 年版。

28. 程晋宽著:《“教育革命”的历史考察:1966—1976》,福州:福建教育出版社 2001 年版。

29. 袁桂林著:《当代西方道德教育理论》,福州:福建教育出版社 2005 年版。

30. 陈永森著:《告别臣民的尝试——清末民初的公民意识与公民行为》,北京:中国人民大学出版社 2004 年版。

31. 宗有恒等编著:《马相伯与复旦大学》,太原:山西教育出版社 1996 年版。

32. 孟悦著:《人·历史·家园:文化批评三调》,北京:人民文学出版社

2006 年版。

33. 朱宗顺著:《交流与改革——教育交流视野中的中国教育改革(1978—2000)》,杭州:浙江教育出版社 2006 年版。

34. 万俊人著:《寻求普适伦理》,北京:商务印书馆 2001 年版。

35. 万俊人著:《现代性的伦理话语》,哈尔滨:黑龙江人民出版社 2002 年版。

36. 吴昌顺著:《明师心语》,北京:人民教育出版社 2003 年版。

37. 丁榕著:《班级管理科学与艺术——我的班主任情》,北京:人民教育出版社 2004 年版。

38. 黄金麟著:《历史、身体、国家——近代中国的身体形成(1895—1937)》,北京:新星出版社 2006 年版。

39. 卜卫著:《大众媒体对儿童的影响》,北京:新华出版社 2002 年版。

40. 谢海光主编:《互联网与思想政治工作概论》,上海:复旦大学出版社 2000 年版。

41. 钟瑛著:《网络传播伦理》,北京:清华大学出版社 2005 年版。

42. 唐汉卫、张茂聪编著:《中外道德教育经典案例评析》,济南:山东人民出版社 2005 年版。

43. 陈正良著:《冲突与整合:德育环境的系统建构》,上海:中国社会科学出版社 2005 年版。

44. 李建平著:《聚焦新课程》,上海:首都师范大学出版社 2002 年版。

45. 李国强著:《中央苏区教育史》(修订本),南昌:江西教育出版社 2001 年版。

46. 倪伟著:《"民族"想象与国家统制——1929—1948 年南京政府的文艺政策及文学运动》,上海:上海教育出版社 2003 年版。

47. 张宪文、方庆秋主编:《蒋介石全传》,海口:海南人民出版社 1996 年版。

48. 赵渭荣著:《转型期的中国政治社会化研究》,上海:复旦大学出版社 2001 年版。

49. 李杏保、顾黄初著:《中国现代语文教育史》,成都:四川教育出版社 2000 年二版。

50. 胡伯威著:《"儿时"民国》,桂林:广西大学出版社 2006 年版。

51. 黄书光著:《中国教育哲学史》(第四卷),济南:山东教育出版社2000年版。

52. 黄书光、王伦信、袁文辉著:《中国基础教育改革的文化使命》,北京:教育科学出版社2001年版。

53. 黄书光主编:《中国社会教化的传统与变革》,济南:山东教育出版社2005年版。

54. 黄书光主编:《中国基础教育改革的历史反思与前瞻》,天津:天津教育出版社2006年版。

(三)

1. [美]杜威著,王承绪等译:《道德教育原理》,北京:浙江教育出版社2003年版。

2. [美]威廉·A·约瑟夫著,夏军等译:《极左思潮与中国(1958—1981)》,南京:东南大学出版社1989年版。

3. [美]阿列克斯·英克尔斯等著,顾昕译:《从传统人到现代人》,北京:中国人民大学出版社1992年版。

4. [美]莫里斯·梅斯纳著,张瑛等译:《毛泽东的中国及其发展模式》,北京:社会科学文献出版社1992年版。

5. [美]兹比格涅夫·布热津斯基著,潘嘉玢、刘瑞祥译:《大失控与大混乱》,北京:中国社会科学出版社1994年版。

6. [美]阿尔文·托夫勒、海迪·托夫勒著,阿迪等译:《未来的战争》,北京:新华出版社1996年版。

7. [美]阿尔文·托夫勒著,刘炳章等译:《力量转移——临近21世纪时的知识、财富和暴力》,北京:新华出版社1996年版。

8. [美]E·拉兹洛著,李吟波等译:《决定命运的选择——21世纪的生存抉择》,北京:三联书店1997年版。

9. [美]欧文·拉兹洛编辑,戴侃、辛未译:《多种文化的星球——联合国教科文组织国际专家小组的报告》,北京:社会科学文献出版社2001年版。

10. [美]欧文·拉兹洛著,王宏昌等译:《布达佩斯俱乐部全球问题最新报告:第三个1000年》,北京:社会科学文献出版社2004年版。

11. [美]欧文·拉兹洛著,王宏昌等译:《布达佩斯俱乐部全球问题最新报告:第三个 1000 年》,北京:社会科学文献出版社 2004 年版。

12. [美]乔治·麦克林著,干春松等译:《传统与超越》,华夏出版社 2000 年版。

13. [美]乔纳森·弗里德曼著,郭建如译:《文化认同与全球性过程》,北京:商务印书馆 2003 年版。

14. [美]柯伟林著,陈谦平等译:《德国与中华民国》,南京:江苏人民出版社 2006 年版。

15. [美]柯伟林著,陈谦平等译:《德国与中华民国》,南京:江苏人民出版社 2006 年版。

16. [苏]伊·阿·凯洛夫总主编:《教育学》,北京:人民教育出版社 1957 年版。

17. [苏]米·依·加里宁著,陈昌浩、沈颖译:《论共产主义教育和教学》,北京:人民教育出版社 1957 年第一版、1981 年第二版。

18. [苏]苏共中央社会社会科学院哲学教学研究室、俄罗斯联邦教育科学院教育学和教育史研究所编:《共产主义教育原理》,北京:人民教育社 1962 年版。

19. [英]安东尼·吉登斯著,田禾译:《现代性的后果》,南京:译林出版社 2000 年版。

20. [英]安东尼·吉登斯著,周红云译:《失控的世界》,南昌:江西人民出版社 2001 年版。

21. [英]安东尼·吉登斯著,赵旭东等译:《社会学》,北京:北京师范大学出版社 2003 年版。

22. [英]汤林森著,冯建三译:《文化帝国主义》,上海:上海人民出版社 1999 年版。

23. [英]迈克·费瑟斯通著,刘精明译:《消费主义与后现代主义》,南京:译林出版社 2000 年版。

24. [英]齐格蒙·鲍曼著,郁建兴等译:《生活在碎片之中——论后现代道德》,上海:学林出版社 2002 年版。

25. [法]米歇尔·福柯,刘北成、杨远婴译:《规训与惩罚》,北京:生活·读书·新知三联书店 2003 年版。

26. [德]海德格尔著,郜元宝译:《人,诗意地安居》,桂林:广西师范大学出版社 2000 年版。

27. [德]埃德蒙·胡塞尔著,张庆熊译:《欧洲科学危机和超验现象学》,上海:上海译文出版社 1988 年版。

28. [德]孔汉思、库舍尔编,何光沪译:《全球伦理世界宗教议会宣言》,成都:四川人民出版社 1997 年版。

29. S·拉塞克、G·维迪努著,马胜利等译:《从现在到 2000 年教育内容发展的全球展望》,北京:教育科学出版社 1992 年版。

30. 国际 21 世纪教育委员会:《教育——财物蕴藏其中》,北京:教育科学出版社 1996 年版。

(四)

1. 贾丰臻:《论道德教育》,《教育杂志》第四卷第 9 号,1912 年版。

2. 朱元善:《今后之教育方针》,《教育杂志》第八卷第 4 号,1916 年版。

3. 蒋梦麟:《民主主义教育》,《教育杂志》第 10 卷第 10 号,1918 年版。

4. 张粒民:《小学校之公民教育》,《教育杂志》第十六卷第 4 号,1924 年版。

5. 丁晓先:《小学社会科教学概要》,《教育杂志》第十六卷第 1 号,1924 年版。

6. 胡适:《学生与社会》,《共进》1922 年 3 月 10 日。

7.《各地学校开展"学习雷锋"活动》,《人民教育》1963 年第 11 期。

8.《课程设置一定要精简》,《人民日报》1969 年 7 月 31 日。

9. 鲁洁:《回归生活——"品德与生活""品德与社会"课程与教材探寻》,《课程·教材·教法法》2003 年第 9 期。

10. 黄书光:《生活世界中的当代德育反思》,《教育科学研究》2005 年第 10 期。

后 记

三年前，当我还在主编《中国社会教化的传统与变革》一书时，即萌发了对德育变革进行历史探究的学术冲动，以为二者有重要的相关性。从那时候起，就开始搜集阅读相关的文献资料和学术新著，有意识地关注现实德育实践的种种改革，并尝试提出自己的研究设想和构架。然而，当我真正进入写作状态时，才发现德育变革的复杂性和丰富性，才感悟到德育学的魅力所在。为了更好地把握住问题的来龙去脉，或进行某些侧面的细部深描，我不得不四处奔波，力求多查找一些新资料，由是研究工作进展缓慢，以至于我的朋友们都已交稿，作为丛书主编的我还在“挑灯夜战”。在此，特向具有宽容和敬业精神的责任编辑李广军先生深表谢忱。

经过数年劳神之后的今天，确实有一种如释重负的感觉。呈现在读者诸君面前的拙著，不敢说已完全把握了中国中小学德育改革演进的脉络动向、本质特点及其文化底色，但确实已做了“虽不能至，心向往之”的努力。本书在写作过程中曾有幸地得到叶澜教授、杨小微教授、丁钢教授、杜成宪教授、熊川武教授、郑金洲教授等前辈专家、学者的指导、帮助和支持，在此特致以衷心感谢。由于能力所限，书中不妥之处势必难免，恳请热心的读者们不吝赐教，多多指正。

本书研究获得“中华人民共和国教育部高等学校优秀青年教师教学科研奖励计划资助”，并列入笔者主持的国家“985 工程”华东师范大学当代中国基础教育发展创新基地建设项目：“中国传统文化教育资源与当代中国基础教育发展研究”，在此一并致谢。

华东师范大学基础教育改革与发展研究所　黄书光

2007 年 9 月 25 日